纯粹哲学丛书

黄裕生 主编

2016年度教育部人文社科研究项目"施泰因交互主体性现象学研究"（项目编号：16YJA720006）

同感与人格

TONGGAN YU RENGE

埃迪·施泰因的交互主体性现象学研究

郁欣　著

江苏人民出版社

图书在版编目(CIP)数据

同感与人格:埃迪·施泰因的交互主体性现象学研
究 / 郁欣著. — 南京:江苏人民出版社,2020.6
ISBN 978 - 7 - 214 - 19122 - 9

Ⅰ.①同… Ⅱ.①郁… Ⅲ.①埃迪·施泰因—现象学
—研究 Ⅳ.①B516.6②B089

中国版本图书馆 CIP 数据核字(2019)第 291612 号

书　　　　名	同感与人格——埃迪·施泰因的交互主体性现象学研究
著　　　者	郁　欣
责 任 编 辑	戴亦梁
装 帧 设 计	许文菲
责 任 监 制	陈晓明
出 版 发 行	江苏人民出版社
出版社地址	南京市湖南路 1 号 A 楼,邮编:210009
出版社网址	http://www.jspph.com
照　　　排	江苏凤凰制版有限公司
印　　　刷	江苏凤凰通达印刷有限公司
开　　　本	652 毫米×960 毫米　1/16
印　　　张	15.5　　插页　3
字　　　数	192 千字
版　　　次	2020 年 6 月第 1 版　2020 年 6 月第 1 次印刷
标 准 书 号	ISBN　978 - 7 - 214 - 19122 - 9
定　　　价	48.00 元

(江苏人民出版社图书凡印装错误可向承印厂调换)

从纯粹的学问到真实的事物

——"纯粹哲学丛书"改版序

江苏人民出版社自 2002 年出版这套"纯粹哲学丛书"已有五年，共出书 12 本，如今归入凤凰出版传媒集团"凤凰文库"继续出版，趁改版机会，关于"纯粹哲学"还有一些话要说。

"纯粹哲学"的理念不只是从"纯粹的人"、"高尚的人"、"摆脱私利"、"摆脱低级趣味"这些意思引申出来的，而是将这个意思与专业的哲学问题，特别是与德国古典哲学的问题结合起来思考，提出"纯粹哲学"也是希望"哲学""把握住""自己"。

这个提法，也有人善意地提出质询，谓世上并无"纯粹"的东西，事物都是"复杂"的，"纯粹哲学"总给人以"脱离实际"的感觉。这种感觉以我们这个年龄段或更年长些的人为甚。当我的学生刚提出来的时候，我也有所疑虑，消除这个疑虑的理路，已经在 2002 年的"序"中说了，过了这几年，这个理路倒是还有一些推进。

"纯粹哲学"绝不是脱离实际的，也就是说，"哲学"本不脱离实际，也不该脱离实际,"哲学"乃是"时代精神"的体现;但是"哲学"也不是要"解决"实际的具体问题,"哲学"是对于"实际-现实-时代""转换"一个"视角"。"哲学"以"哲学"的眼光"看""世界","哲学"以"自己"的眼光"看"世界,也就是以"纯粹"的眼光"看"世界。

为什么说"哲学"的眼光是"纯粹"的眼光?

"纯粹"不是"抽象",只有"抽象"的眼光才有"脱离实际"的问题,因为它跟具体的实际不适合;"纯粹"不是"片面",只有"片面"的眼光才有"脱离实际"的问题,因为"片面"只"抓住-掌握""一面",而"哲学"要求"全面"。只有"全面-具体"才是"纯粹"的,也才是"真实的"。"片面-抽象"都"纯粹"不起来,因为有一个"另一面"、有一个"具体"在你"外面"跟你"对立"着,不断地从外面"干扰"你,"主动-能动"权不在你手里,你如何"纯粹"得起来?

所以"纯粹"应在"全面-具体"的意义上来理解,这样,"纯粹"的眼光就意味着"辩证"的眼光,"哲学"为"辩证法"。

人们不大谈"辩证法"了,就跟人们不大谈"纯粹"了一样,虽然可能从不同的角度来"回避"它们,或许以为它们是相互抵触的,其实它们是一致的。

"辩证法"如果按日常的理解,也就是按感性世界的经验属性或概念来理解,那可能是"抽象"的,但那不是哲学意义上的"辩证"。譬如冷热、明暗、左右、上下等等,作为抽象概念来说,"冷"、"热"各执一方,它们的"意义"是"单纯"的"抽象",它们不可以"转化",如果"转化"了,其"意义"就会发生混淆;但是在现实中,在实际上,"冷"和"热"等等是可以"转化"的,不必"变化"事物的温度,事物就可以由"热""转化"为"冷",在这个意义上,执著于抽象概念反倒会"脱离实际",而坚持"辩证法"的"转化",正是"深入""实际"的表现,因为实际上现实中的事物都是向"自己"的"对立面""转化"的。

哲学的辩证法正是以一种"对立面""转化"的眼光来"看-理解"世界的,不执著于事物的一面——偏,而是"看到-理解到"事物的"全面"。

哲学上所谓"全面",并非要"穷尽"事物的"一切""属性",而是"看到-理解到-意识到"凡事都向"自己"的"相反"方面"转化","冷"必然要"转化"为"非冷",换句话说,"冷"的"存在",必定要"转化"为"冷"的"非存在"。

在这个意义上,哲学的辩证法将"冷-热"、"上-下"等等"抽象-片面"的"对立""纯粹化"为"存在-非存在"的根本问题,思考的就是这种"存在-非存在"的"生死存亡"的"大问题"。于是,"哲学化"就是"辩证化",也就是"纯净化-纯粹化"。

这样,"纯粹化"也就是"哲学化",用现在流行的话来说,就是"超越化";"超越"不是"超越"到"抽象"方面去,不是从"具体"到"抽象",好像越"抽象"就越"超越",或者越"超越"就越"抽象",最大的"抽象"就是最大的"超越"。事实上恰恰相反,"超越"是从"抽象"到"具体","具体"为"事物"之"存在"、"事物"之"深层次"的"存在",而不是"表面"的"诸属性"之"集合"。所谓"深层",乃是"事物"之"本质","本质"亦非"抽象",而是"存在"。哲学将自己的视角集中在"事物"的"深层",注视"事物""本质"之"存在"。"事物"之"本质","本质"之"存在",乃是"纯粹"的"事物"。"事物"之"本质",也是"事物"之"存在",是"理性-理念"的世界,而非"驳杂"之"大千世界"-"感觉经验世界"。"本质-存在-理念"是"具体"的、"辩证"的,因而也是"变化-发展"的。并不是"现象""变"而"理念-本质""不变",如果"变"作为"发展"来理解,而不是机械地来理解,则恰恰是"现象"是相对"僵化"的,而"本质-理念"则是"变化-发展"的。这正是我们所谓"时间(变化发展)"进入

"本体-本质-存在"的意义。

于是,哲学辩证法也是一种"历史-时间"的视角。我们面对的世界,是一个历史的世界、时间的世界,而不仅是僵硬地与我们"对立"的"客观世界"。"客观世界"也是我们的"生活世界",而"生活"是历史性的、时间性的,是变化发展的,世间万事万物无不打上"历史-时间"的"烙印","认出-意识到-识得"这个"烙印-轨迹",乃是哲学思考的当行,这个"烙印"乃是"事物-本质-存在""发展"的"历史轨迹",这个"轨迹"不是直线,而是曲线。"历史-时间"的进程是"曲折"的,其间充满了"矛盾-对立-斗争",也充满了"融合-和解-协调",充满了"存在-非存在"的"转化",充满了"对立面"的"转化"和"统一"。

以哲学-时间-历史的眼光看世界,世间万物都有相互"外在"的"关系"。"诸存在者"相互"不同",当然也处在相互"联系"的"关系网"中,其中也有"对立",譬如冷热、明暗、上下、左右之类。研究这种"外在"关系,把握这种"关系"当然是非常重要的,须得观察、研究以及实验事物的种种属性和他物的属性之间的各种"关系",亦即该事物作为"存在者"的"存在""条件"。"事物"处于"外在环境"的种种"条件""综合"之中,这样的"外在""关系"固不可谓"纯粹"的,它是"综合"的、"经验"的;然则,事物还有"自身"的"内在""关系"。

这里所谓的"内在""关系",并非事物的内部的"组成部分"的关系,这种把事物"无限分割"的关系,也还是把一事物分成许多事物,这种关系仍是"外在"的;这里所谓"内在"的,乃是"事物""自身"的"关系",不仅仅是这一事物与另一事物的关系。

那么,如何理解事物"自身"的"内在""关系"?"事物自身"的"内在""关系"乃是"事物自身""在""时间-历史"中"产生"出来的"非自身-他者"的"关系",乃是"是-非"、"存在-非存在"的"关系",而不是

"白"的"变成""黑"的、"方"的"变成""圆"的等等这类关系。这种"是非-存亡"的关系,并不来自"外部",而是"事物自身"的"内部"本来就具备了的。这种"内在"的"关系"随着时间-历史的发展"开显"出来。

这样,事物的"变化发展",并非仅仅由"外部条件"的"改变"促使而成,而是由事物"内部自身"的"对立-矛盾"发展-开显出来的,在这个意义上,"内因"的确是"决定性"的。看到事物"变化"的"原因""在""事物自身"的"内部",揭示"事物发展"的"内在原因",揭示事物发展的"内在矛盾",这种"眼光",可以称得上是"纯粹"的(不是"驳杂"的),是"哲学"的,也是"超越"的,只是并不"超越"到"天上",而是"深入"到事物的"内部"。

以这种眼光来看世界,世间万物"自身"无不"存在-有""内在矛盾",一事物的"存在"必定"蕴涵"该事物的"非存在",任何事物都向自身的"反面""转化",这是事物自己就蕴涵着的"内在矛盾"。至于这个事物究竟"变成""何种-什么"事物,则要由"外部""诸种条件"来"决定",但是哲学可以断言的,乃是该事物-世间任何事物都不是"永存"的,都是由"存在""走向-转化为""自己"的反面——"非存在","非存在"就"蕴涵""在"该事物"存在"之中。在这个意义上,我们对事物采取"辩证"的态度,也就是采取"纯粹"的态度,把握住"事物"的"内在矛盾",也就是把握住了"事物自身",把握住了"事物自身",也就是把握住了"事物"的"内在""变化-发展",而不"杂"有事物的种种"外部"的"关系";从事物"外部"的种种"复杂关系"中"摆脱"出来,采取一种"自由"的、"纯粹"的态度,抓住"事物"的"内在关系",也就是"抓住"了事物的"本质"。

抓住事物的"本质",并非不要"现象","本质"是要通过"现象""开显"出来的,"本质"并非"抽象概念","本质"是"现实",是"存在",是

"真实",是"真理";抓住事物的"本质",就是要"透过现象看本质"。"哲学"的眼光,"纯粹"的眼光,"辩证"的眼光,"历史"的眼光,正是这种"透过现象""看""本质"的眼光。

"透过现象看本质","现象"是"本质"的,"本质"也是"现象"的,"本质""在""现象"中,"现象"也"在""本质"中。那么,从"本质"的眼光来"看""现象-世界"又复何如?

从"纯粹"的眼光来"看""世界",则世间万物固然品类万殊,但无不"在""内在"的"关系"中。"一事物"的"是-存在"就是"另一事物"的"非-非存在","存在""在""非存在"中,"非存在"也"在""存在"中;事物的"外在关系",原本是"内在关系"的"折射"和"显现"。世间很多事物,在现象上或无直接"关系",只是"不同"而已。譬如"风马牛不相及","认识到-意识到""马""牛"的这种"不同"大概并不困难,是一眼就可以断定的。对于古代战争来说,有牛无马,可能是一个大的问题。对于古代军事家来说,认识到这一点也不难,但是要"意识到-认识到""非存在"也"蕴涵着""存在",二者是一而二、二而一的,并不因为"有牛无马"而放弃战斗,就需要军事家有一点"大智慧"。如何使"非存在""转化"为"存在"? 中国古代将领田单的"火牛阵"是以"牛"更好地发挥"马"的战斗作用的一例,固然并非要将"牛""装扮"成"马",也不是用"牛"去"(交)换""马",所谓"存在-非存在"并非事物之物理获胜或生物的"属性"可以涵盖得了的。"存在-非存在"有"历史"的"意义"。

就我们哲学来说,费希特曾有"自我""设定""非我"之说,被批评为主观唯心论,批评当然是很对的,他那个"设定"会产生种种误解;不过他所论述的"自我"与"非我"的"关系"却是应该被重视的。我们不妨从一种"视角"的"转换"来理解费希特的意思:如"设定"——采取一种"视角"——"A-存在",则其他诸物皆可作"非 A-非存在"观。"非 A"不"＝(等于)""A",但"非 A"却由"A""设定","非存在"由"存在""设定"。我们固不可说"桌子"是由"椅子""设定"的,这个"识见"是"常识"就可以判断的,没有任何哲学家会违反它,但是就"椅子"与"非椅子"的关系来说,"桌子"却是"在""非椅子"之内,而与"椅子"有一种"对立统一"的关系,"非椅子"是由于"设定"了"椅子"而来的。扩大开来说,"非存在"皆由"存在"的"设定"而来,既然"设定""存在",则必有与其"对立"的"反面"——"非存在""在","非存在"由"存在""设定",反之亦然。

"我"与"非我"的关系亦复如是。"意识-理性""设定"了"我",有了"自我意识",则与我""对立"的"大千世界"皆为"非我",在这个意义上,"非我"乃由"(自)我"之"设定"而"设定",于是"自我""设定""非我"。我们看到,这种"设定"并不是在"经验"的意义上来理解的,而是在"纯粹"的意义上来理解的,"自我"与"非我"的"对立统一"关系乃是"纯粹"的、"本质"的、"哲学"的、"历史"的,因而也是"辩证"的。我们决不能说,在"经验"上大千世界全是"自我""设定"——或者叫"建立"也一样——的,那真成了狄德罗批评的,作如是观的脑袋成了一架"发疯的钢琴"。哲学是很理性的学问,它的这种"视角"的转换——从"经验"的"转换"成"超越"的,从"僵硬"的"转换"成"变化发展"的,从"外在"的"转换"成"内在"的——并非"发疯"式的胡思乱想,恰恰是很有"理路"的,而且还是很有"意义"的:这种"视角"的"转换",使得从"外在"关系看似乎是"风马牛不相及"的"事物"都有了"内在"的联系。"世界在普遍联系之中"。许多事物表面上"离"我们很"远",但作为"事物本身-自身-物自体"看,则"内在"着-"蕴涵"着"对立统一"的"矛盾"的"辩证关系",又是"离"我们很"近"的。海德格尔对此有深刻的阐述。

"日月星辰"就空间距离来说,离我们人类很远很远,但它们在种种方面影响人的生活,又是须臾不可或离的,于是在经验科学尚未深入研究之前,我们祖先就已经在自己的诗歌中吟诵着它们,也在他们的原始宗教仪式中膜拜着它们;尚有那人类未曾识得的角落,或者时间运行尚未到达的"未来",我们哲学已经给它们"预留"了"位置",那就是"非我"。哲学给出这个"纯粹"的"预言",以便一旦它们"出现",或者我们"发现"它们,则作出进一步的科学研究。"自我"随时"准备"着"迎接""非我"的"挑战"。

"自我"与"非我"的这种"辩证"关系,使得"存在"与"非存在""同出一元",都是我们的"理性""可以把握-可以理解"的:在德国古典哲学,犹如黑格尔所谓的"使得""自在-自为之物""转化"为"为我之物";在海德格尔,乃是"存在"为"使存在",是"动词"意义上的"存在","存在"与"非存在"在"本体论-存在论"上"同一"。

就知识论来说,哲学这种"纯粹"的"视角"的"转换",也有相当重要的意义。知识论也"设定"一个不以人的意志为转移的"客体",这个"客体"乃是一切经验科学的"对象",也是"前提",但是哲学"揭示"着"客体"与"主体"也是"对立统一"的"辩证关系",一切"非主体"就是"客体",于是仍然在"存在-非存在"的关系之中,那一时"用不上"的"未知"世界,同样与"主体"构成"对立统一"关系,从而使"知识论"展现出广阔的天地,成为一门有"无限"前途的"科学",而不局限于"主体-人"的"眼前"的"物质需求"。哲学使人类知识"摆脱""急功近利"的"限制",使"知识"成为"自由"的。"摆脱""急功近利"的"限制",也就是使"知识-科学"有"哲学"的"涵养",使"知识-科学"也"纯粹"起来,使"知识-科学"成为"自由"的。古代希腊人在"自由知识"方面给人类的贡献使后人受益匪浅，但这种"自由-纯粹"的"视角"，当得益于他们的"哲学"。

从这个意义来看，我们所谓的"纯粹哲学"，一方面当然是很"严格"的，从康德到黑格尔的德国古典哲学，哲学有了自己很专业的一面，再到胡塞尔，曾有"哲学"为"最为""严格"（strict-strenge）之称；另一方面，"纯粹哲学"就其题材范围来说，又是极其广阔的。"哲学"的"纯粹视角"，原本就是对于那表面上似乎没有关系的、在时空上"最为遥远"的"事物"，都能"发现"有一种"内在"的关系。"哲学"有自己的"远"、"近"观。"秦皇汉武"已是"过去"很多年的"事情"，但就"纯粹"的"视角"看也并不"遥远"，它仍是伽达默尔所谓的"有效应的历史"，仍在"时间"的"绵延"之"中"，它和"我们"有"内在"的关系。

于是，从"纯粹哲学"的"视角"来看，大千世界、古往今来，都"在""视野"之"中"，上至"天文"，下至"地理"，"至大无外"、"至小无内"，无不可以"在""视野"之"中"；具体到我们这套丛书，在选题方面也就不限于讨论康德、黑格尔、海德格尔等等专题，举凡社会文化、政治经济、自然环境、诗歌文学，甚至娱乐时尚，只要以"纯粹"的眼光，有"哲学"的"视角"，都在欢迎之列。君不见，法国福柯探讨监狱、疯癫、医院、学校种种问题，倡导"穷尽细节"之历史"考古"观，以及论题不捐细小的"后现代"诸公，其深入程度，其"解构"之"辩证"运用，岂能以"不纯粹"目之？

"纯粹哲学丛书"改版在即，有以上的话想说，当否敬请读者批评指正。

叶秀山
2007 年 7 月 10 日于北京

9

序"纯粹哲学丛书"

人们常说，做人要像张思德那样，做一个"纯粹的人"，高尚的人，如今喝水也要喝"纯净水"，这大概都没有什么问题；但是说到"纯粹哲学"，似乎就会引起某些怀疑，说的人，为避免误解，好像也要做一番解释，这是什么原因？我想，这个说法会引起质疑，是有很深的历史和理论的原因的。

那么，为什么还要提出"纯粹哲学"的问题？

现在来说"纯粹哲学"。说哲学的"纯粹性"，乃是针对一种现状，即现在有些号称"哲学"的书或论文，已经脱离了"哲学"这门学科的基本问题和基本要求，或者可以说，已经没有什么"哲学味"，但美其名曰"生活哲学"或者甚至"活的哲学"，而对于那些真正探讨哲学问题的作品，反倒觉得"艰深难懂"，甚至断为"脱离实际"。在这样的氛围下，几位年轻的有志于哲学研究的朋友提出"纯粹哲学"这个说法，以针砭时弊，我觉得对于哲学作为一门学科的发展是有好处的，所以也觉得是可以支持的。

人们对于"纯粹哲学"的疑虑也是由来已久。

在哲学里，什么叫"纯粹"？按照西方哲学近代的传统，"纯粹"（rein, pure）就是"不杂经验"、"跟经验无关"，或者"不由经验总结、概括出来"这类的意思，总之是和"经验"相对立的意思。把这层意思说得清楚彻底的是康德。

康德为什么要强调"纯粹"？原来西方哲学有个传统观念，认为感觉经验是变幻不居的，因而不可靠，"科学知识"如果建立在这个基础上，那么也是得不到"可靠性"，这样就动摇了"科学"这样一座巍峨的"殿堂"。这种担心，近代从法国的笛卡尔就表现得很明显，而到了英国的休谟，简直快给"科学知识""定了性"，原来人们信以为"真理"的"科学知识"竟只是一些"习惯"和"常识"，而这些"习俗"的"根据"仍然限于"经验"。

为了挽救这个似乎摇摇欲坠的"科学知识"大厦，康德指出，我们的知识虽然都来自感觉经验，但是感觉经验之所以能够成为"科学知识"，能够有普遍的可靠性，还要有"理性"的作用。康德说，"理性"并不是从"感觉经验"里"总结-概括"出来的，它不依赖于经验，如果说，感觉经验是"杂多-驳杂"的，理性就是"纯粹-纯一"的。杂多是要"变"的，而纯一就是"恒"，是"常"，是"不变"的；"不变"才是"必然的"、"可靠的"。

那么，这个纯一的、有必然性的"理性"是什么？或者说，康德要人们如何理解这个（些）"纯粹理性"？我们体味康德的哲学著作，渐渐觉得，他的"纯粹理性"说到最后乃是一种形式性的东西，他叫"先天的"——以"先天的"译拉丁文 a priori 不很确切，无非是强调"不从经验来"的意思，而拉丁文原是"由前件推出后件"，有很强的逻辑的意味，所以国外有的学者干脆就称它作"逻辑的"，意思是说，后面的命题是由前面的命题"推断"出来的，不是由经验的积累"概括"出来的，因而不是经验的共同性，而是逻辑的必然性。

其实，这个意思并不是康德的创造，康德不过是沿用旧说；康德的创造性在于他认为旧的哲学"止于"此，就把科学知识架空了，旧的逻辑只是"形式逻辑"——"止于"形式逻辑，而科学知识是要有内容的。康德觉得，光讲形式，就是那么几条，从亚里士多德创建形式逻辑体系以来，到康德那个时代，并没有多大的进步，而科学的知识，日新月异，"知识"是靠经验"积累"的，逻辑的推演，后件已经包含在前件里面，推了出来，也并没有"增加"什么。所以，康德哲学在"知识论"的范围里，主要的任务是要"改造"旧逻辑，使得"逻辑的形式"和"经验的内容"结合起来，也就是像有的学者说的，把"逻辑的"和"非逻辑的"东西结合起来。

从这里，我们看到，即使在康德那里，"纯粹"的问题，也不是真的完全"脱离实际"的；恰恰相反，康德的哲学工作，正是要把哲学做得既有"内容"，而又是"纯粹"的。这是一件很困难的工作，康德做得很艰苦，的确也有"脱离实际"的毛病，后来受到很多的批评，但是就其初衷，倒并不是为了"钻进象牙之塔"的。

康德遇到了什么困难？

我们说过，如果"理性"的工作，只是把感觉经验得来的材料加工酿造，提炼出概括性的规律来，像早年英国的培根说的那样"归纳"出来的，那么，一来就不容易"保证""概括"出来的东西一定有普遍必然性，二来这时候，"理性"只是"围着经验转"，也不大容易保持"自己"，这样理解的"理性"，就不会是"纯粹"的。康德说，他的哲学要来一个"哥白尼式的大革命"，就是说，过去是"理性"围着"经验"转，到了我康德这里，就要让"经验"围着"理性"转，不是让"纯粹"的东西围着"不纯"的东西转受到"污染"，而是让"不纯"的东西围着"纯粹"的东西转得到"净化"。这就是康德说的不让"主体"围着"客体"转，而让"客体"

围着"主体"转的意义所在。

我们看到,不管谁围着谁转,感觉经验还是不可或缺的,康德主观上并不想当"脱离实际"的"形式主义者";康德的立意,还是要改造旧逻辑,克服它的"形式主义"的。当然,康德的工作也只是一种探索,有许多值得商讨的地方。

说实在的,在感觉经验和理性形式两个方面,要想叫谁围着谁转都不很容易,简单地说一句"让它们有机地结合起来"当然并不解决问题。

康德的办法是提出一个"先验的"概念来统摄感觉经验和先天理性这两个方面,并使经验围着理性转,以保证知识的"纯粹性"。

康德的"先验的"原文为 transcendental,和传统的 transcendent 不同,后者就是"超出经验之外"的意思,而前者为"虽然不依赖经验但还是在经验之内"的意思。

康德为什么要把问题弄得如此的复杂?

原来康德要坚持住哲学知识论的纯粹性而又具有经验的内容,要有两个方面的思想准备。一方面"理性"要妥善地引进经验的内容,另一方面要防止那本不是经验的东西"混进来"。按照近年的康德研究的说法,"理性"好像一个王国,对于它自己的王国拥有"立法权",凡进入这个王国的都要服从理性为它们制定的法律。康德认为,就科学知识来说,只有那些感觉经验的东西,应被允许进入这个知识的王国,成为它的臣民;而那些根本不是感觉经验的东西,亦即不能成为经验对象的东西,譬如"神-上帝",乃是一个"观念-理念",在感觉经验世界不存在相应的对象,所以它不能是知识王国的臣民,它要是进来了,就会不服从理性为知识制定的法律,在这个王国里,就会闹矛盾,而科学知识是要克服矛盾的,如果出现不可避免的矛盾,知识王国-科学的大厦，就要土崩瓦解了。所以康德在他的第一批判——《纯粹理性批判》里，一方面要仔细研究理性的立法作用；另一方面要仔细厘定理性的职权范围，防止越出经验的范围之外，越过了自己的权限——防止理性的僭越，管了那本不是它的臣民的事。所以康德的"批判"，有"分析"、"辨析"、"划界限"的意思。

界限划在哪里？正是划在"感觉经验"与"非感觉经验-理性"上。对于那些不可能进入感觉经验领域的东西，理性在知识王国里，管不了它们，它们不是这个王国的臣民。

康德划这一界限还是很有意义的，这样一来，举凡宗教信仰以及想涵盖信仰问题的旧形而上学，都被拒绝在"科学知识"的大门以外了，因为它们所涉及的"神-上帝"、"无限"、"世界作为一个大全"等等，就只是一些"观念"（ideas），而并没有相应的感觉经验的"对象"。这样，康德就给"科学"和"宗教"划了一条严格的界限，而传统的旧形而上学，就被断定为"理性"的"僭越"；而且理性在知识范围里一"僭越"，就会产生不可克服的矛盾，这就是他的有名的"二律背反"。

在这个意义上，我们看到，在知识论方面，康德恰恰是十分重视感觉经验的，也是十分重视"形式"和"内容"的结合的。所以批评康德知识论是"形式主义"，猜想他是不会服气的，他会说，他在《纯粹理性批判》里的主要工作就是论证"先天综合判断"如何可能，既然是"综合"的，就不是"形式"的，在这方面，他是有理由拒绝"形式主义"的帽子的；他的问题出在那些不能进入感觉经验的东西上。他说，既然我们所认知的是事物能够进入感觉经验的一面，那么，那不能进入感觉经验的另一面，就是我们科学知识不能达到的地方，我们在科学上则是一无所知；而通过我们的感官进得来的，只是一些印象（impression）、表象（appearance），我们的理性在知识上，只能对这些东西根据自己立的法律加以"管理",使之成为科学的、具有必然真理性的知识体系,所以我们的科学知识"止于""现象"(phenomena),而"物自身"(Dinge an sich)、"本体"(noumena)则是"不可知"的。

原来,在康德那里,这种既保持哲学的纯粹性,又融入经验世界的"知识论"是受到"限制"的,康德自己说,他"限制""知识",是为"信仰"留有余地。那么,就我们的论题来说,康德所理解的"信仰"是不是只是"形式"的? 应该说,也不完全是。

我们知道,康德通过"道德"引向"宗教-信仰"。"知识"是"必然"的,所以它是"科学";"道德"是"自由"的,所以它归根结蒂不能形成一门"必然"的"科学知识"。此话怎讲?

"道德"作为一门学科,讨论"意志"、"动机"、"效果"、"善恶"、"德性"、"幸福"等问题。如果作为科学知识来说,它们应有必然的关系,才是可以知道、可以预测的;但是,道德里的事,却没有那种科学的必然性,因而也没有那种"可预测性"。在道德领域里,一定的动机其结果却不是"一定"的;"德性"和"幸福"就更不是可以"推论"出来的。世上有德性的得不到幸福,比比皆是;而缺德的人往往是高官得做、骏马得骑。有那碰巧了,既有些德性,也有些幸福的,也就算是老天爷开恩了。于是,我们看到,在经验世界里,"德性"和"幸福"的统一,是偶尔有之,是偶然的,不是必然的。我们看到一个人很幸福,不能必然地推断他一定就有德性,反之亦然。在这个意义上,这种关系,是不可知的。

所谓"不可知",并不是说我们没有这方面的感觉经验的材料,对于人世的"不公",我们深有"所感";而是说,这些感觉材料,不受理性为知识提供的先天法则的管束,形不成必然的推理,"不可知"乃是指的这层意思。

"动机"和"效果"也是这种关系,我们不能从"动机"必然地"推论"出"效果",反之亦然。也就是说,我们没有足够的理由说一个人干了一件"好事",就"推断"他的"动机"就一定也是"好"的;也没有足够的理由说一个人既然动机是好的,就一定会做出好的事情来。

之所以会出现这种情况,乃是因为"道德"的问题概出于意志的"自由",而"自由"和"必然"是相对立的。

要讲"纯粹",康德这个"自由"是最"纯粹"不过的了。"自由"不但不能受"感觉经验-感性欲求"一点点的影响,而且根本不能进入这个感觉经验的世界,就是说,"自由"不可能进入感性世界成为"必然"。这就是为什么康德把他的《实践理性批判》的主要任务定为防止"理性"在实践-道德领域的"降格":理性把原本是超越的事当做感觉经验的事来管理了。

那么,康德这个"自由"岂不是非常的"形式"了?的确如此。康德的"自由"是理性的"纯粹形式",它就问一个"应该",向有限的理智者发出一道"绝对命令",至于真的该做"什么",那是一个实际问题,是一个经验问题,实践理性并不给出"教导"。所以康德的伦理学,不是经验的道德规范学,而是道德哲学。

那么,康德的"纯粹理性"到了"实践-道德"领域,反倒更加"形式"了?如果康德学说止于"伦理学",止于"自由",则的确会产生这个问题;但是我们知道,康德的伦理道德乃是通向宗教信仰的桥梁,它不止于此。康德的哲学"止于至善"。

康德解释所谓"至善"有两层含义:一是指单纯意志方面的,是最高的道德的善;一是更进一层为"完满"的意思。这后一层的意义,就引向了宗教。

在"完满"意义上的"至善",就是我们人类最高的追求目标:"天国"。在这个意义上,我们人类要不断地修善,"超越""人自身"——已经孕育着尼采的"超人"(?),而争取进入"天国"。

在"天国"里,一切的分离对立都得到了"统一"。"天国"不仅仅是"理想"的,而且是"现实"的。在"天国"里,凡理性的,也就是经验的,反之亦然。在那里,"理性"能够"感觉"、"经验的",也就是"合理的",两者之间有一种"必然"的关系,而不像尘世那样,两者只是偶尔统一。这样,在那个世界,我们就很有把握地说,凡是幸福的,就一定是有德的,而绝不会像人间尘世那样,常常出现"荒诞"的局面,让那有德之人受苦,而缺德之人却得善终。于是,在康德的思想里,"天国"恰恰不是"虚无缥缈"的,而是实实在在的,它是一个"理想",但也是一个"现实";甚至我们可以说,唯有"天国"才是既理想又现实的,于是,我们可以说这是一种"完满"意义上的"至善"。

想象一个美好的"上天世界"并不难,凡是在世间受到委屈的人都会幻想一个美妙的"天堂",他的委屈就会得到平申;但是建立在想象和幻想上的"天堂",是很容易受到怀疑和质询的,中国古代屈原的"天问",直到近年描写莫扎特的电影 Amadeus,都向这种想象的产物发出了疑问,究其原因,乃是这个"天堂"光是"理想"的,缺乏"实在性";康德的"天国",在他自己看来,却是"不容置疑"的,因为它受到严格的"理路"的保证。在康德看来,对于这样一个完美无缺、既合理又实实在在的"国度"只有理智不健全的人才会提出质疑。笛卡尔有权怀疑一切,康德也批评过他的"我思故我在"的命题,因为那时康德的领域是"知识的王国";如果就"至善-完满"的"神的王国-天国"来说,那么"思"和"在"原本是"同一"的,"思想的",就是"存在的",同理,"存在"的,也必定是"思想"的,"思"和"在"之间,有了一种"必然"的"推理"关系。对于这种关系的质疑,也就像对于"自然律"提出质疑一样,

17

本身"不合理",因而是"无权"这样做的。

这样,我们看到,康德的"知识王国"、"道德王国"和"神的王国-天国",都在不同的层面和不同的意义上具有现实的内容,不仅仅是形式的,但是没有人怀疑康德哲学的"纯粹性",而康德的"(纯粹)哲学"不是"形式哲学"则也就变得明显起来。

表现这种非形式的"纯粹性"特点的,还应该提到康德的第三批判:《判断力批判》。就我们的论题来说,《判断力批判》是相当明显地表现了形式和内容统一的一个领域。

通常我们说,《判断力批判》是《纯粹理性批判》和《实践理性批判》之间的桥梁,或者是它们的综合,这当然是正确的;这里我们想补充说的是:《判断力批判》所涉及的世界,在康德的思想中,也可以看做是康德的"神的王国-天国"的一个"象征"或"投影"。在这个世界里,现实的、经验的东西,并不仅仅像在《纯粹理性批判》里那样,只是提供感觉经验的材料(sense data),而是"美"的,"合目的"的;只是"审美的王国"和"目的王国"还是在"人间",它们并不是"天国"。在这个意义上,我们具有(有限)理性的人,如果努力提高"鉴赏力-判断力",提高"品位-趣味",成了"高尚的人","脱离了低级趣味的人",那么就有能力在大自然和艺术品里发现"理性"和"感性"、"形式"和"内容"、"合目的性"和"合规律性"等等之间的"和谐"。也就是说,我们就有能力在经验的世界里,看出一个超越世界的美好图景。康德说,"美"是"善"的"象征","善"通向"神的王国",所以,我们也可以说,"美"和"合目的"的世界,乃是"神城-天国"的"投影"。按基督教的说法,这个世界原本也是"神""创造"出来的。

"神城-天国"在康德固然言之凿凿,不可动摇对它的信念,但是毕竟太遥远了些。康德说,人要不断地"修善",在那绵绵的"永恒"过程中,人们有望达到"天国"。所以康德的实践理性的"公设"有一条必不可少的就是"灵魂不朽"。康德之所以要设定这个"灵魂不朽",并不完全是迷信,而是他觉得"天国"路遥,如果灵魂没有"永恒绵延",则人就没有"理由"在今生就去"修善",所以这个"灵魂不朽"是"永远修善"所必须要"设定"的。于是,我们看到,在康德哲学中,已经含有了"时间"绵延的观念,只是他强调的是这个绵延的"永恒性",而对于"有限"的绵延,即人的"会死性"(mortal)则未曾像当代诸家那么着重地加以探讨;但是他抓住的这个问题,却开启了后来黑格尔哲学的思路,即把哲学不仅仅作为一些抽象的概念的演绎,而是一个时间的、历史的发展过程,强调"真理"是一个"全""过程",进一步将"时间"、"历史"、"发展"的观念引进哲学,形成了一个庞大的哲学体系。

黑格尔哲学体系可以说是"包罗万象",是百科全书式的,却不是驳杂的,可以说是"庞"而不"杂"。人们通常说,黑格尔发展了谢林的"绝对哲学",把在谢林那里"绝对"的直接性,发展为一个有矛盾、有斗争的"过程",而作为真理的全过程的"绝对"却正是在那"相对"的事物之中,"无限"就在"有限"之中。

"无限"在"有限"之中,"有限""开显"着"无限",这是黑格尔强调的一个非常重要的思想。这个思路,奠定了哲学"现象学"的基础,所以,马克思说,《精神现象学》是理解黑格尔哲学的钥匙。

"现象学"出来,"无限"、"绝对"、"完满"等等,就不再是抽象孤立的,因而也是"遥远"的"神城-天国",而就在"有限"、"相对"之中,并不是离开"相对"、"有限"还有一个"绝对"、"无限"在,于是,哲学就不再专门着重去追问"理性"之"绝对"、"无限",而是追问:在"相对"、"有限"的世界,"如何""体现-开显"其"不受限制-无限"、"自身完满-绝对"的"意义"来。"现象学"乃是"显现学"、"开显学"。从这个角度来说,黑格尔的哲学显然也不是"形式主义"的。

实际上黑格尔是在哲学的意义上扩大了康德的"知识论",但是改变了康德"知识论"的来源和基础。康德认为,"知识"有两个来源:一个是感觉经验,一个是理性的纯粹形式。这就是说,康德仍然承认近代英国经验主义者的前提:知识最初依靠着感官提供的材料,如"印象"之类的,只是康德增加了另一个来源,即理性的先天形式;黑格尔的"知识"则不依赖单纯的感觉材料,因为人的心灵在得到感觉时,并不是"白板一块",心灵-精神原本是"能动"的,而不仅仅是"被动"地接受。"精神"原本是自身能动的,不需要外在的感觉的刺激和推动。精神的能动性使它向外扩展,进入感觉的世界,以自身的力量"征服"感性世界,使之"体现"精神自身的"意义"。因而,黑格尔的"知识",乃是"精神"对体现在世界中的"意义"的把握,归根结蒂,也就是精神对自身的把握。所以在这个意义上,黑格尔的"科学-知识"(Wissenschaft),并不是一般的经验科学知识理论,而是"哲学",是"纯粹的知识",即"精神"在历史发展的进程中、在时间的进程中对精神自身的把握。

精神(Geist)是一个生命,是一种力量,它在时间中经过艰苦的历程,征服"异己",化为"自己",以此"充实"自己,从一个抽象的"力"发展成有实在内容的"一个""自己",就精神自己来说,此时它是"一"也是"全"。精神的历史,犹如海纳百川,百川归海为"一",而海因容纳百川而成其"大-全"。因此,"历经沧桑"之后的"大海",真可谓是"一个"包罗万象、完满无缺的"大-太一"。

由此我们看到,黑格尔的《精神现象学》作为"现象学-显现学",乃是精神——通过艰苦卓绝的劳动——"开显""自己""全部内容"的"全过程"。黑格尔说,这才是"真理-真之所以为真(Wahrheit)"——一个真实的过程,而不是"假(现)象"(Anschein)。

于是,我们看到,在康德那里被划为"不可知"的"本体-自身",经过黑格尔的改造,反倒成了哲学的真正的"知识对象",而这个"对象"不是"死"的"物",而是"活"的"事",乃是"精神"的"创业史",一切物理的"表象",都在这部"精神创业史"中被赋予了"意义"。精神通过自己的"劳作",把它们接纳到自己的家园中来,不仅仅是一些物质的"材料"–"质料",而是一些体现了"精神"特性(自由-无限)的"具体共相-理念",它们向人们——同样具有"精神"的"自由者-无限者(无论什么具体的事物都限制不住)"——"开显"自己的"意义"。

就我们现在的论题来说,可以注意到黑格尔的"绝对哲学"有两方面的重点。

一方面,我们看到,黑格尔的"自由-无限-绝对"都是体现在"必然-有限-相对"之中的,"必然-有限-相对"因其"缺乏"而会"变",当它们"变动"时,就体现了有一种"自由-无限-绝对"的东西在内,而不是说,另有一个叫"无限"的东西在那里。脱离了"有限"的"无限",黑格尔叫做"恶的无限",譬如"至大无外"、"至小无内",一个数的无限增加,等等,真正的"无限"就在"有限"之中。黑格尔的这个思想,保证了他的哲学不会陷于一种抽象的概念的旧框框,使他的精神永远保持着能动的创造性,也保持着精神的历程是一个有具体内容的、非形式的过程。在这个意义上,黑格尔的"绝对"并不是一个普遍的概念,而是具体的个性。这个"个性",在它开始"创世"时,还是很抽象的,而在它经过艰苦创业之后"回到自己的家园"时,它的"个性"就不再是抽象、空洞的了,而是有了充实的内容,成了"真""个性"了。

另一方面,相反的,那些康德花了很大精力论证的"经验科学",反倒是"抽象"的了,因为这里强调的只是知识的"普遍性",这种普遍性又是建立在"感觉的共同性"和理性的"先天性-形式性"基础之上的,因而它们是静止的,静观的,而缺少精神的创造性,也就缺少精神的具体个性,所以这些知识只能是"必然"的,而不是"自由"的。经验知识的共同性,在黑格尔看来,并不"纯粹",因为它不是"自由"的知识;而"自由"的"知识",在康德看来又是自相矛盾的,自由而又有内容,乃是"天国"的事,不是现实世界的事。而黑格尔认为,"自由"而又有内容,就在现实之中,这样,"自由"才是具体的,不是抽象的形式。这样,在黑格尔看来,把"形式"与"内容"割裂开来,反倒得不到"纯粹"的知识。

于是,我们看到,在黑格尔那里,"精神"的"个性",乃是"自由"的"个性",不是抽象的,也不是经验心理学所研究的"性格"——可以归到一定的"种""属"的类别概念之中。"个体"、"有限"而又具有"纯粹性",正是"哲学"所要追问的不同于经验科学的问题。

那么,为什么黑格尔哲学被批评为只讲"普遍性"、不讲"个体性"的,比经验科学还要抽象得多的学说? 原来,黑格尔在《精神现象学》中许诺,他的精神在创业之后,又回到自己的"家园",这就是"哲学"。"哲学"是一个概念的逻辑系统,于是在《精神现象学》之后,尚有一整套的"逻辑学"作为他的"科学知识(Wissenschaften)体系"的栋梁。在这一部分里,黑格尔不再把"精神"作为一个历史的过程来处理,而是作为概念的推演来结构,构建一个概念的逻辑框架。尽管黑格尔把他的"思辨概念-总念"和"表象性"抽象概念作了严格的区别,但是把一个活生生的精神的时间、历史进程纳入到逻辑推演程序,不管如何努力使其"自圆其说",仍然留下了"抽象化"、"概念化"的痕迹,以待后人"解构"。

尽管如此,黑格尔哲学仍可以给我们以启示:黑格尔的"绝对精神"既是"先经验的-先天的",同样也是"后经验的-总念式的"。

"绝对精神"作为纯粹的"自由",起初只是"形式的"、没有内容的、空洞的、抽象的;当它"经历"了自己的过程——征服世界"之后",回到了"自身",这时,它已经是有内容、充实了的,而不是像当初那样是一个抽象概念了。但是,此时的"精神"仍然是"纯粹"的,或者说,这才是真正意义上的有了内容的"纯粹",不是一个空洞的"纯粹",因为,此时的经验内容被"统摄"在"精神-理念"之中。于是就"精神-理念"来说,并没有"另一个-在它之外"的"感觉经验世界"与其"对立-相对",所以,这时的"精神-理念"仍是"绝对"的,"精神-理念"仍是其"自身";不仅如此,此时的"精神-理念"已经不是一个"空"的"躯壳-形式",而是有血肉、有学识、有个性的活生生的"存在"。

这里我们尚可以注意一个问题:过去我们在讨论康德的"先验性-先天性"时,常常区分"逻辑在先"和"时间在先",说康德的"先天条件"乃是"逻辑在先",而不是"时间在先",这当然是很好的一种理解;不过运思到了黑格尔,"时间"、"历史"的概念明确地进入了哲学,这种区分,在理解上也要作相应的调整。按黑格尔的意思,"逻辑在先-逻辑条件"只是解决"形式推理"问题,是不涉及内容的,这样的"纯粹"过于简单,也过于容易了些,还谈不上真正意义上的"纯粹";真正的"纯粹"并不排斥"时间",相反,它就在"时间"的"全过程"中,"真理"是一个"全"。这个"全-总体-总念"也是"超越","超越"了这个具体的"过程",有一个"飞跃","1"+"1"大于"2"。这就是"meta-physics"里"meta"的意思。在这个意思上,我们甚至可以说,真正的、有内容的"纯粹"是在"经验-经历"之"后",是"后-经验"。这里的"后",有"超越"、"高于"的意思,就像"后-现代"那样,指的是"超越"了"现代"(modern)进入一个"新"的"天地","新"的"境界",这里说的是"纯粹哲学"的"境界"。所以,按照黑格尔的意思,哲学犹如"老人格言",看来似乎是"老生常谈",甚至"陈词滥调",却包容了老人一生的经验体会,不只是空洞的几句话。

说到这里,我想已经把我为什么要支持"纯粹哲学"研究的理由和我对这个问题的基本想法说了出来。最后还有几句话涉及学术研究现状中的某些侧面,有一些感想,也跟"纯粹性"有关。

从理路上,我们已经说明了为什么"纯粹性"不但不排斥联系现实,而且还是在深层次上十分重视现实的;但是,在做学术研究、做哲学研究的实际工作中,有一些因素还是应该"排斥"的。

多年来,我有一个信念,就是哲学学术本身是有自己的吸引力的,因为它的问题本身就在一个更高的层面上涉及现实的深层问题,所以不是一种脱离实际的孤芳自赏或者闲情逸致;但它也需要"排斥"某些"急功近利"的想法和做法,譬如,把哲学学术当做仕途的敲门砖,"学而优则仕","仕"而未成就利用学术来"攻击",骂这骂那,愤世嫉俗,自标"清高",学术上不再精益求精;或者拥学术而"投入市场",炒作"学术新闻",标榜"创新"而诽谤读书,诸如此类,遂使哲学学术"驳杂"到自身难以存在。这些做法,以为除了鼻子底下、眼面前的,甚至肉体的欲求之外,别无"现实"、"感性"可言。如果不对这些有所"排斥",哲学学术则无以自存。

所幸尚有不少青年学者,有感于上述情况之危急,遂有"纯粹哲学"之论,有志于献身哲学学术事业,取得初步成果,并得到江苏人民出版社诸公的支持,得以"丛书"名义问世,嘱我写序,不敢怠慢,遂有上面这些议论,不当之处,尚望读者批评。

叶秀山

2001 年 12 月 23 日于北京

目　录

缩略索引

一、本书凡引用"施泰因全集"（ESGA），均直接在文中以如下形式标明出处，但凡有英译本（CWES）[①]的都加以参照："著作缩略语，ESGA 卷次，页码/ CWES 卷次，页码"，比如"PE，ESGA 5，80f./ CWES 3，63"。

LJF，ESGA 1/ CWES 1：*Aus dem Leben einer jüdischen Familie*.

SBB I，ESGA 2/ CWES 5：*Selbstbildnis in Briefen I*（1916—1933）.

BRI，ESGA 4/ CWES 5：*Selbstbildnis in Briefen III. Briefe an Roman Ingarden*.

PE，ESGA 5/ CWES 3：*Zum Problem der Einfühlung*.

BBPG，ESGA 6/ CWES 7：*Beiträge zur philosophischen Begründung der Psychologie und der Geisteswissenschaften*.

[①] 有关"施泰因全集"（ESGA）、"施泰因著作集"（ESW）、"施泰因英译著作集"（CWES）的出版情况参看"附录二：施泰因著作年表"。

US,ESGA 7/ CWES 10：*Eine Untersuchung über den Staat.*

EPh,ESGA 8：*Einführung in die Philosophie.*

PA,ESGA 10/ CWES 11：*Potenz und Akt.*

EES,ESGA 11－12/ CWES 9：*Endliches und ewiges Sein.*

AMP,ESGA 14：*Der Aufbau der menschlichen Person.*

二、本书引用施泰因其他暂未收入"施泰因全集"（ESGA）的著作均在脚注中标明出处。

Staatsexamensarbeit：	"Einfühlung（Lipps）. Darstellung nach Edith Stein", in：*Tijdschrift voor Filosofie* 53：4（1991），S. 686－699；PE，ESGA 5，S. 141－149.
Festschrift-Artikel：	"Husserls Phänomenologie und die Philosophie des hl. Thomas v. Aquino：Versuch einer Gegenüberstellung", in：*Jahrbuch für Philosophie und phäno-menologische Forschungen*，Erganz-ungsband，Tübingen，1929，S. 315－338；英译文参见 CWES 8，pp. 1－63。
Juvisy-Diskussionsbeiträge：	"Diskussionsbeiträge anlässlich der Journées d'études de la société thomiste Juvisy", 12. IX. 1932，in：*Journées d'études de la société thomiste*，Vol. I：La Phénoménologie，Le Saulchoir，Kain：Cerf，1932.
WP, ESW VI：	*Welt und Person. Beitrag zum christlichen Wahrheitsstreben*，hrsg.

von L. Gelber & R. Leuven, Louvain:
Nauwelaerts / Freiburg: Herder, 1962.

Was ist Phänomenologie? in: *Theologie und Philosophie*, 66 (1991), S. 570 – 573.

引　论

　　本书是对德国现象学家埃迪·施泰因（Edith Stein，1891—1942）的同感（Einfühlung/ Empathy）①现象学的专题研究，据笔者所知，这也是国内首次以施泰因的现象学为主题的专门研究。

　　在汉语学界，施泰因的名字并不为人们所熟知，但是她在现象学发展中的独特地位却是不容忽视的。她是德国第一批哲学女博士之一，曾是胡塞尔的得意门生和助手，是早期现象学运动中的代表人物之一。因此，对她的研究是研究现象学运动的不可或缺的一环。

　　在"引论"中，笔者并不打算详细介绍施泰因的生平以及全部著作等，有关于此，可以参考本书后面的附录一（施泰因生平年表）和附录二（施泰因著作年表）。在这里，笔者将首先关注施泰因思想总体发展的分期以及其现象学时期的主要思想，继而介绍她探讨同感问题的缘起、主要著作以及这一问题在她的现象学乃至哲学思考中的总体位置，最后将概述本书的基本思路并对本书的相关论题进行限制。

---

① 有关这一核心概念的翻译问题，笔者将在本书第二章第一节专门予以讨论。

第一节　施泰因思想总体发展的分期

自 1916 年在胡塞尔的指导下完成博士论文,到 1942 年遇难,施泰因的思想生涯仅有短暂的二十余年。一般而言,研究者们都认为施泰因的哲学思想发展有着重大的变化,但是有关其哲学思想发展的分期,却有着不尽一致的意见。

L. 盖尔伯(L. Gelber)在为其编辑的施泰因文集《世界与人格》(*Welt und Person*)[1]所写的编者导言中,曾明确地将施泰因哲学思想的发展划分为三个时期,并且宣称这种划分是依据了施泰因本人之研究的基础和目标。[2] 兰姆贝克(Karl-Heinz Lembeck)也基本赞同这种划分。[3] 这三个时期或三个阶段分别为:

1. 在第一个时期,按照盖尔伯的看法,施泰因研究的基础是自然的理性,自然的经验被视为唯一合理的认识源泉;其研究的目标则在于人之人格和社会的本质建构(Wesensbau)。兰姆贝克将这一阶段概括为"自然理性的哲学"或"批判的哲学"。这个阶段从 1916 年施泰因完成博士论文开始大约持续到 1920 年代中期。在这一时期的主要著作有:(1) 1917 年博士论文的出版部分《论同感问题》(PE, *Zum Problem der Einfühlung*, ESGA 5/ CWES 3),(2) 写于 1918/1919 年、1922 年发表在胡塞尔主编的《哲学与现象学研究年刊》(*Jahrbuch für Philosophie und phänomenologische Forschung*)第五卷上的第一篇教授资格论文《心理学和精神科学的哲学基础之文集》(BBPG, *Beiträge*

---

[1] Edith Stein, *Welt und Person. Beitrag zum christlichen Wahrheitsstreben* (WP), ESW VI, hrsg. von L. Gelber & R. Leuven, Louvain: Nauwelaerts / Freiburg: Herder 1962.

[2] 参阅 L. Gelber, "Vorwort der Herausgeber", in: WP, ESW VI, S.IXff.。

[3] 参阅 Karl-Heinz Lembeck, "Zwischen Wissenschaft und Glauben. Die Philosophie Edith Steins", in: *Zeitschrift für katholische Theologie* 112 (1990), S.271 – 287, hier S.274f.。

zur philosophischen Begründung der Psychologie und der Geisteswissenschaften，ESGA 6/ CWES 7），（3）写于 1920 年、1925 年发表在《哲学与现象学研究年刊》第七卷上的《国家之研究》（US，*Eine Untersuchung über den Staat*，ESGA 7/ CWES 10），（4）写作于 1917—1920 年间的手稿《哲学导论》（EPh，*Einführung in die Philosophie*，ESGA 8），等等。

2. 盖尔伯认为，在第二个时期，对于施泰因来说，单纯出自自然理性的哲学已经不足够，而是需要信仰和神学的协作。她开始将研究的目光朝向"真的存在"，以便探究"存在的意义"问题。兰姆贝克将这一阶段称之为"哲学与启示"或"基督宗教的哲学"。这个阶段从时间上来看，基本上是从 1920 年代中期一直到 1930 年代中后期。在这一阶段的最主要代表作是施泰因写于 1930—1936 年间、1950 年作为遗稿编辑出版的《有限和无限的存在》（EES，*Endliches und ewiges Sein*，ESGA 11 - 12/ CWES 9）。施泰因自己将这一巨著看作一个"大的存在论"的尝试。

3. 盖尔伯指出，如果说在第一个时期仅仅是自然经验和自然的可论证的真理具有其有效性价值的话，那么在第二个时期启示的真理将是一切真理的尺度，而在第三个时期，这种"真正的、活生生的信仰"作为最高的尘世间的实现还需要渴求一种"神秘地看"（die mystische Schau），它还要朝向一种对永恒生命的"极乐地看"（die selige Schau）。兰姆贝克将这一阶段简单地视为"神秘的"或"神秘主义的"。这一时期的主要作品是写于 1939—1942 年间的遗稿《十字架科学：关于十字若望的研究》（*Kreuz-eswissenschaft. Studie über Johannes vom Kreuz*，ESGA 18/ CWES 6）。

这样一种分期照顾到了施泰因思想的变化和发展，但是随之而来的问题是，人们应该如何理解施泰因思想的内在联系及其思想发展的内在逻辑? 而且,在这种分期中,施泰因的现象学家身份实际上并没有被充分地顾及,毋宁说,这种分期的基本着眼点在于自然理性与信仰或启示之间的张力。而施泰因的好友、现象学家罗曼·茵伽登(Roman Ingarden)基于他与施泰因本人多年的交往提出了另一种分期的尝试。他将施泰因哲学思想的发展划分为两个工作阶段,他划分的依据主要是施泰因的工作风格或工作方式和她关注的问题域。①

茵伽登强调,施泰因是个现象学家,现象学对于她一生的哲学思考都是根本的,她始终以一种现象学的方式来工作,尽管在后期(即在论存在的巨著中)稍有偏离。据此,茵伽登将施泰因的第一本著作直到《国家之研究》看作她思想发展的第一阶段,而对于第二阶段则只谈论《有限和无限的存在》。在他看来,在第一个阶段,施泰因关注的核心问题是"精神科学的建基问题",这一阶段的所有著作都服务于这一目标。在这个阶段,施泰因的工作方式或风格是典型的现象学式的:文献并没有成为研究的起点,而是具体的、实事性的、人们尝试着要去回答的问题才构成研究的起点;文献只是在随后的讨论中才被涉及,比如这些那些可以在哪里找到、这里或那里我不能赞成,等等;但研究的出发点一定是纯粹实事性的问题,这是所有现象学家都会坚持的。②

而在施泰因的第二阶段,不仅她关注的问题,而且她工作的方式都有所改变。在这一阶段,自亚里士多德至所谓现象学家的有关存在论的问题得到思考,而且这一思考将施泰因引向她之前从未谈论过的上帝问

---

① 参阅 Roman Ingarden, "Über die philosophischen Forschungen Edith Steins", in: Roman Ingarden, *Schriften zur frühen Phänomenologie*, *Roman Ingarden Gesammelte Werke* Bd. 3, hrsg. von W. Galewicz, Tübingen: Max Niemeyer Verlag, 1999, S. 228 – 253, hier S. 238ff. 。这篇文章最初于 1971 年以波兰文发表,德译文最早发于 *Freiburger Zeitschrift für Philosophie und Theologie* 27(1979), S. 456 – 480。
② 在此意义上,本书并非一项"现象学的"研究,而只是对一现象学家之作品的"文献学的"研究。

题。这一阶段的工作风格也与第一阶段有所不同:首先是对一个陌生意见的展示,随后是对某个特定问题的分析尝试,在其中一些确切的现象学的区分得到辩护。

显然,在茵伽登的这一分期中,施泰因的现象学家身份得到了充分的强调,而且他的这一分期基本上也对应着盖尔伯—兰姆贝克的分期的第一和第二阶段。而盖尔伯的分期的第三阶段,即兰姆贝克所谓的"神秘的"阶段,在茵伽登看来,它对于施泰因来说在某种意义上是个"悲剧性的结局",因为她已经放弃了继续从事哲学。①

茵伽登的这种分期基本上也被荷尔斯特赫特(W. Herbstrith)所接受。她也基本上将施泰因思想的发展分为两个阶段:第一阶段被称作"作为严格科学的现象学",这个阶段与盖尔伯—兰姆贝克的分期的第一阶段以及茵伽登分期的第一阶段完全一致;在第二阶段,施泰因将现象学的方法与经院哲学的思考相结合并使之更为丰富。与茵伽登不同,荷尔斯特赫特不仅将施泰因对托马斯·阿奎纳《论真理》的德文翻译、《胡塞尔的现象学与圣托马斯·阿奎纳的哲学》一文以及《有限和无限的存在》归入第二阶段,而且将《十字架科学:关于十字若望的研究》视为"对上帝认识的道路"也归入这一阶段。② 在这种分期中,施泰因的现象学一面也得到了充分的考虑,但是就如同茵伽登的分期以及盖尔伯—兰姆贝克的分期一样,施泰因思想的内在联系并没有得到明确的强调。

贝克曼·佐勒(Beate Beckmann-Zöller)新近指出,在施泰因的思想发展中存在着一个"生命项目"(Lebensprojekt):"对人格的分析"(die

---

① 参阅 Roman Ingarden, "Über die philosophischen Forschungen Edith Steins", a. a. O., S.241.

② 参阅 Waltraud Herbstrith, "Das philosophische Denken Edith Steins", in: Waltraud Herbstrith (hrsg.), *Denken im Dialog. Zur Philosophie Edith Steins*, Tübingen: Attempto Verlag, 1991, S.23 - 41.

Analyse der Person)。① 在其现象学时期的几部代表著作中,这个问题无疑都是施泰因思考的核心所在。尽管在 1920 年代以后,施泰因不再像 1920 年代以前那样忠实地追随胡塞尔,而是逐渐把握到现象学方法的界限,但是她依然进行了相当多的现象学研究。她根本的目的在于将胡塞尔的现象学与托马斯·阿奎纳的哲学进行综合,因此"对人格的分析"这一"生命项目"并没有被放弃,而是显示出很强的连续性。比如在她 1931 年的第二篇教授资格论文《可能性与现实:对存在之哲学的研究》(PA, *Potenz und Akt. Studien zu einer Philosophie des Seins*, ESGA 10/ CWES 11)中的尝试,在其作为私人讲师所做的有关哲学和神学的人类学的讲座《人之人格的建构》(AMP, *Der Aufbau der menschlichen Person*, ESGA 14)和《人是什么?》(*Was ist der Mensch?* ESGA 15)以及她的教育和性别人类学的讲座与演讲《教化与个体性的发展》(*Bildung und Entfaltung der Individualität*, ESGA 16)和《论女性》(*Die Frau*, ESGA 13/ CWES 2)等中对此"生命项目"都有所展开,即便是在其《有限和无限的存在》和《十字架科学:关于十字若望的研究》中也都包含有对其"生命项目"的新的探究。②

基于此,在本书中,我们基本上根据施泰因思想关注的重点和对现象学的基本态度的发展变化,以 1920 年代中期为界,将她的思想发展大致划

---

① 参阅 Beate Beckmann-Zöller, "Einführung", in: Edith Stein, *Beiträge zur philosophischen Begründung der Psychologie und der Geisteswissenschaften* (BBPG), ESGA 6, eingeführt und bearbeitet von Beate Beckmann-Zöller, Freiburg/ Basel/ Wien: Herder Verlag, 2010, S. IX-LXXXIX, hier S. XXIV;也可参阅施泰因 1918 年 2 月 19 日写给茵伽登的信(BRI Br. 28, ESGA 4, 72f./ CWES 5, 21f.)。另外,贝克曼·佐勒在此也指出,施泰因的这个"生命项目"是"对人格的分析",而非如 P. 舒尔茨(Peter Schulz)所说的"人格理论"(对此可参阅 Peter Schulz, *Edith Steins Theorie der Person. Von der Bewußtseinsphilosophie zur Geistmetaphysik*, Freiburg/ München, 1994),她的理由在于,所谓的"理论"(Theorien)在现象学的还原中将会被舍弃。

② 参阅 B. Beckmann-Zöller, "Einführung", in: BBPG, ESGA 6, S. XXVIII。

分为两个时期。① 需要明确说明的有两点:第一,现象学对于施泰因的思想来说是根本性的,无论是在其"作为严格科学的现象学"时期,或是在其现象学与经院哲学的综合时期。尽管施泰因在 1920 年代以后在向托马斯·阿奎纳哲学的过渡中日渐发现现象学方法的界限,而且她工作的方式和风格有所改变,但是她始终没有放弃现象学,而是试图在现象学与经院哲学之间搭建一座桥梁。第二,尽管在不同时期施泰因思想的聚焦点不断发生变化,但是在其思想中始终存在着一个"生命项目",即"对人格的分析",她只是以不同的方式、在不同的语境脉络下来展开这一"生命项目"。施泰因思想发展的变化及其内在的统一性就体现在这两个方面。

第二节　同感问题在施泰因思想中的缘起与位置

施泰因于 1913 年夏季学期开始到哥廷根跟随胡塞尔学习,1916 年夏天在胡塞尔的指导下完成题为《同感问题的历史发展及其现象学的考察》(*Das Einfühlungsproblem in seiner historischen Entwicklung und in phänomenologischer Betrachtung*)的博士论文。这是她学术生涯的开始,也是集中探讨同感问题的唯一作品。

据施泰因自己回忆,"在其有关自然与精神的课上胡塞尔提到,客观的外在世界只能主体间地被经验到,即通过进行认识的个体的多数而被经验到,这些个体处在相互的理解交换之中。因此,对其他个体的经验就是一个前提条件。胡塞尔将这种经验与利普斯(Theodor Lipps)有关

---

① 事实上,萨维奇(Marianne Sawicki)还提出另一种三个阶段的分期:(1) 1916—1922 年作为哲学家,写作了博士论文,作为胡塞尔的助手工作以及写作其他现象学文字等;(2) 1922—1933 年作为翻译者和思想普及者,翻译了纽曼(J. H. Newman)的书信、托马斯·阿奎纳的《论真理》,讨论女性的问题,写作论教育和自传等;(3) 1933—1942 年作为一个神学家,写作《有限和无限的存在》、《十字架科学》等,研究圣者等。参阅 Marianne Sawicki, *Body*, *Text*, *and Science*. *The Literacy of Investigative Practices and the Phenomenology of Edith Stein*, *Phaenomenologica* 144, Dordrecht/ Boston/ London: Kluwer, 1997, p.150.

同感的工作相连接"(LJF，ESGA 1，218f./ CWES 1，269)。施泰因这里所提到的胡塞尔在 1913 年夏季学期所开的"自然与精神"讲座课，实际上很多内容是对他《纯粹现象学与现象学哲学的观念》第二卷(以下简称《观念 II》)部分手稿的讲述(LJF，ESGA 1，203/ CWES 1，252)①。在该学期，施泰因还参加了胡塞尔所开的另外一门有关自然科学和精神科学之观念的讨论班。② 另外，在当年，胡塞尔的《纯粹现象学与现象学哲学的观念》第一卷(以下简称《观念 I》)发表在《哲学与现象学研究年刊》的首卷上，施泰因第一时间购买并阅读了该书，并且利用胡塞尔每周一个下午固定的答疑时间对该书的相关内容进行讨论(LJF，ESGA 1，200/ CWES 1，250)。

简单说来，在施泰因到达哥廷根的最开始，她就在胡塞尔的指导下开始接触了胡塞尔的《观念 I》、《观念 II》部分以及有关自然科学和精神科学之观念的思考等。我们后面会发现，这实际上对施泰因的博士论文构成了决定性的影响。在此意义上，我们可以接受 K. 舒曼(Karl Schuhmann)的看法，施泰因博士论文的问题域来自胡塞尔 1913 年夏季学期的讲课，而她的方法则来源于胡塞尔的《观念 I》。③ 可以说得更明确

---

① 施泰因《论同感问题》一书的英译者 Waltraut Stein 在其英译导言中强调了施泰因写作该书时尚未接触胡塞尔的《观念》手稿群，借此表明施泰因的此项研究相对于《观念》手稿群特别是我们如今可以读到的《观念 II》的独立性，参阅 PE, CWES 3, xvi-xxv；但是实际上，胡塞尔 1913—1916 年间多次开设过有关"自然与精神"主题的讲座或研讨班，这个主题的很多内容都与《观念 II》相关，而施泰因始终是热心的听众，因此她的博士论文的写作与《观念 II》之间的关系是值得进一步深究的。对此也可参阅 Klaus Hedwig, "Über den Begriff der Einfühlung in der Dissertationsschrift Edith Steins", in: Leo Elders (hrsg.), *Edith Stein. Leben, Philosophie, Vollendung*, Würzburg: Naumann, 1991, S.239 - 251, hier S.241f.。

② 参阅 Karl Schuhmann, *Husserl-Chronik. Denk- und Lebensweg Edmund Husserls*, *Husserliana-Dokumente* Bd. I, Den Haag: Martinus Nijhoff, 1977, S.178f.。

③ 参阅 Karl Schuhmann, "Edith Stein und Adolf Reinach", in: Reto Luzius Fetz, Matthias Rath und Peter Schulz (hrsg.), *Studien zur Philosophie von Edith Stein*, *Phänomenologische Forschungen* Bd. 26/27, Freiburg/ München: Alber, 1993, S.53 - 88, hier S.64.。

些,施泰因博士论文的重点恰恰是以胡塞尔在《观念 I》以及更早的《逻辑研究》中所提出的现象学的方法,来处理自然与精神或者自然科学与精神科学的关系问题,或者说,以现象学的方法来为精神科学寻找基础。而所谓的精神科学是与"人格"的问题紧紧联系在一起的,基于此,我们当然也可以说,施泰因的"生命项目"(对人格的分析)实际上在其博士论文中就显露了端倪,只不过她的博士论文讨论了一个专门的问题:对其他人格的理解和把握的问题。

　　施泰因恰恰是借助"同感"来谈论一种对其他人格的理解和把握的,或者说,对"同感"进行现象学的研究构成其"生命项目"(对人格的分析)的发端和基础。尽管胡塞尔在他的讲座课上,在对其他个体的经验的问题脉络中提到了利普斯的"同感"概念,但是他并没有详细指明利普斯的相关具体工作,因而在施泰因看来,这是一个有待填补的空白,因此她试图搞清楚同感究竟是什么。对于施泰因选取这一题目作为博士论文的选题,胡塞尔并没有感到"糟糕"(übel),但是他建议施泰因结合利普斯的相关研究来展开她自己的研究(LJF, ESGA 1, 219/ CWES 1, 269)。于是施泰因首先开始研究利普斯的相关著作,并在 1915 年初以同感为主题完成了国家考试,这个国家考试的文稿至少有 34 页,虽然没有能留存下来,但是我们从胡塞尔对这份文稿的摘记可以大致了解其基本内容①。在国家考试文稿中,施泰因不仅主要涉及了利普斯大量有关同感的理论,还涉及另两位现象学家有关同感的研究,一个是 M. 舍勒在1913 年出版的"同情书"第一版,即《论现象学与同情感理论以及论爱与恨》(*Zur Phänomenologie und Theorie der Sympathiegefühle und von*

---

① 在胡塞尔的遗稿中有一份题为"同感(利普斯):根据埃迪·施泰因的描述"(*Einfühlung [Lipps]. Darstellung nach Edith Stein*)手稿,该手稿是对施泰因国家考试文稿的摘记,时间基本可以确定在 1914 年 12 月或 1915 年初。该手稿最初由 K. 舒曼整理并加导论发表在 *Tijdschrift voor Filosofie* 53:4 (1991), S.686-699。现在也作为附录收入 ESGA 5, S.141-149(下引该文均据此版本,并简作"*Staatsexamensarbeit*")。

Liebe und Hass；Halle，1913)，另一个则是 M. 盖格尔(Moritz Geiger)
1910 年在第四届实验心理学会议上的报告《同感的本质和意义》(*Über das Wesen und die Bedeutung der Einfühlung*)[1]。

　　随后施泰因在此国家考试文稿的基础上撰写了她的博士论文。该论文完成于 1916 年上半年,胡塞尔在同年 7 月 29 日给出评语。因为当时胡塞尔已经从哥廷根大学转到弗莱堡大学接替李凯尔特的教椅,因此施泰因于该年 8 月 3 日在弗莱堡大学以"最优等"(*summa cum laude*)的成绩通过了博士论文的答辩(LJF，ESGA 1，342/ CWES 1，414)。随后,施泰因以助手的身份在胡塞尔身边开始工作,一边协助胡塞尔整理和编辑他的手稿,一边写作她本人的教授资格论文。

　　胡塞尔原先有意将施泰因的博士论文收入他主编的《哲学与现象学研究年刊》发表,后来因为各种原因而没有实现。在 1917 年,由于战争以及经济方面的原因,最终施泰因接受胡塞尔等人的建议将其博士论文中论题最为集中的三章(即第 II、III、IV 章)抽出来以《论同感问题》(*Zum Problem der Einfühlung*)为题在哈勒出版。非常遗憾的是,由于两次世界大战的原因,如今在科隆的施泰因档案馆、卢汶的胡塞尔档案馆、弗莱堡大学的图书馆以及她的好友茵伽登的档案馆和她的家族图书馆等这些最有可能藏有其博士论文的地方,都没有能够找到其博士论文的原稿(PE，ESGA 5，XLf.)。换言之,如今人们已经无法完全了解当年在治学严谨、要求严格的胡塞尔那里获得"最优等"评价的博士论文的原貌了。

　　不过,按照胡塞尔所写的评语、施泰因的自传回忆以及她与其他人

---

[1] 该文收入 F. Schuhmann（hrsg.），*Bericht über den IV. Kongreß für experimentelle Psychologie in Innsbruck vom 19. bis 22. April 1910*，Leipzig，1911，S.29－73。胡塞尔在其"逻各斯文"中也提及此文并有所评论,参阅胡塞尔《哲学作为严格的科学》,倪梁康译,商务印书馆 2010 年版(下文引用该书时均为此版本,不再——注明),第 321 页(边码),脚注 2。

的相关通信等①，人们大致可以还原出施泰因博士论文的整体结构。该论文应该分为七个部分②：

　　I. 从赫尔德到 20 世纪初同感问题的历史；

　　II. 同感行为的本质；

　　III. 心理物理个体的构造；

　　IV. 作为精神人格之理解的同感；

　　V. 同感的现象学及其在社会共同体与共同体构成方面的应用；

　　VI. 伦理学领域中的同感；

　　VII. 美学领域中的同感。

现在流传下来的版本只是这个论文的第 II—IV 章，即有关同感现象学的部分。这个版本在施泰因生前只出过一版，其后曾于 1980 年在慕尼黑发行过未加改动的影印版，英译本也是依据这个最初的版本。作为我们本项研究主要依据的考证版施泰因全集第五卷（2008 年）所用的底本，也是现藏于科隆施泰因档案馆中施泰因自己收藏并使用的那个最初的刊印本，只是编者将施泰因后来的阅读眉批和增补编入了其中。因此，在原先博士论文中作为历史性考察的第 I 章和作为对同感现象学的进一步拓展与应用的第 V—VII 章如今都无法读到了。施泰因后来的《国家之研究》大致上可以被看作是对此处第 V 章的一个更为详细的展开。

　　从这个整体结构中，我们也可以看出施泰因研究同感问题的基本思路以及同感问题在她的整个现象学研究中的位置。撇开历史性的考察

---

① 参阅 Husserl，"Husserls Gutachten über Steins Dissertation，29. VII. 1916"，in：*Husserliana-Dokumente Bd. III*，*Briefwechsel*，*Band 3*，*Die Göttinger Schule*，hrsg. von Elisabeth Schuhmann & Karl Schuhmann，Dordrecht/Boston/London：Kluwer 1994，S.548；以及 LJF, ESGA 1, 328f./ CWES 1, 397f.；PE, ESGA 5, 5/ CWES 3, 1 等。

② 参阅 Maria Antonia Sondermann，"Einführung"，in：PE，ESGA 5，S. XI-XXVI，hier S.XXf.。

不论,施泰因主要是分两个步骤来开展同感问题研究的:首先是在精神科学的总体视域下对同感本身的现象学研究,其次是将同感现象学运用到具体的精神科学的领域(比如伦理学、美学和社会政治哲学等)。基于此,如果说施泰因现象学时期的主要著作都与精神科学的奠基问题以及人格的构造问题相关,比如在写于 1917—1920 年间的《哲学导论》中对"人格的结构及其认识论问题"的探讨①,在写于 1918/1919 年的《心理学和精神科学的哲学基础之文集》中对个体人格和人格共同体的论述以及在写于 1920 年的《国家之研究》中对由诸自由人格构建起来的作为法权主体的国家之思考等最终都可以归入"对人格的分析"这一施泰因的"生命项目",那么,对同感的现象学描述和分析在根本上就构成了施泰因整

---

① 值得一提的是,这一手稿对理解施泰因现象学思想的发展变化,特别是她在现象学运动中所谓的"观念论—实在论"的争论问题特别重要。在 1991 年作为《施泰因著作集》(ESW)第 XIII 卷出版的该手稿本中,这一手稿的写作时间被编者标识为"1917—1932 年"。而按照现有的考证研究,这一手稿基本上成自 1917—1920 年间,特别是施泰因作为胡塞尔的私人助手工作期间。在收入《施泰因著作集》(ESW)第 VI 卷的《世界与人格》中收有一长篇遗稿"人格的存在结构及其认识论的问题"(*Die ontische Struktur der Person und ihre erkenntnistheoretische Problematik*, in: WP, ESW VI, S.137 - 197),现在则被证明是个编辑上的错误,该文实际的题目应该是"自然、自由与神恩"(*Natur, Freiheit, Gnade*),造成这一错误的原因之一在于,在施泰因的遗稿中的确存在一个标有"人格的存在结构及其认识论的问题"这一标题的封套,但根据考证研究,这个标题对应的那些已经遗失的文稿很可能归属于《哲学导论》这一研究计划。无论如何,以一种现象学的方式展开对人格的分析无疑是 1917—1920 年间施泰因关注的焦点。相关的研究可以参阅 Peter Schulz, *Edith Steins Theorie der Person. Von der Bewußtseinsphilosophie zur Geistmetaphysik*, a. a. O., S.204; Claudia Mariele Wulf, "Rekonstruktion und Neudatierung einiger früher Werke Edith Steins", in: Beate Beckmann (-Zöller) und Hanna-Barbara Gerl-Falkovitz (hrsg.), *Edith Stein. Themen-Bezüge-Dokumente*, Würzburg: Königshausen & Neumann, 2003, S.249 - 267; Claudia Mariele Wulf, "Hinführung: Bedeutung und Werkgestalt von Edith Steins *Einführung in die Philosophie*", in: EPh, ESGA 8, S.IX - XXXIV。

个现象学研究的"始—基"。①

　　然而,施泰因对于同感的理解和探讨也并没有仅仅局限在她的现象学时期。按照 R. 库恩(Rolf Kühn)的看法,在后期(1920 年代中期以后)施泰因的思考重点在于描述人格的存在论的本质结构和秩序。对于施泰因来说,人之实存就意味着一种不断尝试性的"上升"(Aufstieg),人格—存在是一种发生或行动的"存有"(Wesen),人格之本质作为"上升"在根本上就是一种在存在之中或出自存在的"生活"(Leben),而任一"生活"的真理之实现都是从"同感"开始的。在此时,"同感"已经不像早期那样仅仅意味着对异己人格之理解,而是一种"宗教和哲学生活的基本态度"(Grundhaltung),一种作为存在论的经验基本结构的朝向体验(Erleben)的"倾向"(Disposition)或"转向"(Hinwendung)。②

　　但是兰姆贝克也批评 R. 库恩这一诠释中所隐含的问题,即库恩将施泰因现象学时期的"同感"视为一种所谓的神秘的"同一感"(Einsfühlung)之尘世的前形式,继而出于一种对施泰因著作统一性的设计或考量而将她的博士论文解释为她最后的《十字架科学》的导论。而在兰姆贝克看来,施泰因早年从事的是"科学"(Wissenschaft),而非"信仰"的前形式,她告别"科学"是导源于"人格"的问题,但这一"告别"发生在 1930 年代。③ 当然兰姆贝克也承认施泰因对于同感的理解在前后期

---

① 有关同感问题在施泰因早期现象学中的基础地位问题,还可参阅 Angela Ales Bello, "From Empathy to Solidarity: intersubjective connections according to Edith Stein", in: A. - T. Tymieniecka (ed.), *Analecta Husserliana* Vol. XLVIII, pp. 367 - 375;以及 Antonio Calcagno, *The Philosophy of Edith Stein*, Pittsburgh: Duquesne University Press, 2007, pp.25 - 62。

② 参阅 Rolf Kühn, "Leben aus dem Sein. Zur philosophischen Grundintention Edith Steins", in: Waltraud Herbstrith (hrsg.), *Denken im Dialog. Zur Philosophie Edith Steins*, Tübingen: Attempto Verlag, 1991, S.118 - 132, 特别是 S.118ff., 131f.。

③ 参阅 K.- H. Lembeck, "Zwischen Wissenschaft und Glauben. Die Philosophie Edith Steins", a. a. O., S.276。

有所发展和变化。佩林(R. S.- Perrin)也强调了这一点。佩林将施泰因现象学时期的主要论题称之为"人格哲学或人格现象学",同感作为交互主体性的前提在根本上事关人格的建构(Aufbau),而施泰因思想后来的发展则被佩林视为一种神学的人类学或者人格存在论,现在同感就被理解为对本己存在乃至存在本身的一种基本的理解方式,"十字架科学"作为一种"同感着的经验科学"就会涉及:在关联于"十字架"的神秘的自身实现的特殊视域中对人格之自由的运用。①

R.科尔讷(Reinhard Körner)甚至还依据施泰因在其《论同感问题》一书的最后所作的简要提示(即有关"宗教意识"的研究还有待进一步的展开)而进一步追问:"进入上帝的同感可能吗?"并将同感发展为一种精神生活的基本行为。因为在他看来,并非是有关上帝的知识,而是作为人格或位格(Person)而被信仰的上帝处在犹太—基督的信仰传统的中心,因此并非孤零零的洞察(Ein-Sicht)而是同感(Ein-Fühlung)才是人的信仰之进行的基本行为。同感在根本上构成"内在祷告"的一个方面,并非是通过"洞察"而是通过对耶稣的"同感",一个"新人"才在信仰中构造自身。②

无论如何,如果说施泰因的"生命项目"是"对人格的分析"的话,那么对于同感的关注和发展也是贯穿施泰因一生的。只是在后来,施泰因

---

① 参阅 Rudolf Schmitz-Perrin, "Phänomenologie und Scientia Crucis im Denken von Edith Stein. Von der Einfühlung zur Mit-Fühlung", in: *Freiburger Zeitschrift für Philosophie und Theologie* 42:3 (1995), S.346 - 366, 特别是 S.347ff., 357, 362f.

② 参阅 Reinhard Körner, "Einfühlung nach Edith Stein. Phänomenologie und Christsein heute", in: *Edith Stein Jahrbuch*, Bd. 5 (1999), Würzburg: Echter, 1999, S.325 - 338。当然,我们在施泰因早期的《论同感问题》一书中也可以读到相关表述,尽管没有科尔讷这里如此"神学化"。施泰因在对同感行为进行了现象学的本质分析后曾指出,人类恰恰是以"同感"来把握他们同伴的心灵生活的。而作为信仰者,他们也以这种方式来理解爱、愤怒以及他们的上帝的诫命;而上帝也不能以其他方式来理解人们的生活。作为全知拥有者的上帝不会误解人们的体验,但人们却可能误解彼此的体验(参阅 PE, ESGA 5, 20/ CWES 3, 11)。

对于"人格"或其"生命项目"本身的理解有所变化,因而她对同感的理解也有进一步的扩展。同感问题不仅构成其现象学研究的开端和基础,在某种意义上甚至构成其全部哲学思考的开端和基础,尽管同感这个概念的含义在不断地发生变化。

第三节　相关研究的综述与本书的基本思路

早在 20 世纪 40—50 年代,欧洲学界就出现了有关施泰因的相关研究。随着现象学整体研究的进一步深入,特别是随着施泰因在宗教圈内影响的提升,她各方面的思想也受到更为广泛的关注,而且几乎她的全部著作也较为完整地得到出版①。因与本书的研究目的相关,这里将集中对国内外有关施泰因同感现象学的研究予以评述。

据笔者所知,国外至今有三部专门论述施泰因《论同感问题》的专著②,分别为:

(1) 马茨克尔(R. Matzker)的《同感:埃迪·施泰因和现象学》(*Einfühlung. Edith Stein und die Phänomenologie*,Bern:Peter Lang,1991)。该书主要将施泰因置于整个早期现象学运动乃至于当时代哲学的大背景中,简要讨论了施泰因在同感问题上与利普斯、柏格森、胡塞尔、舍勒以及希尔德布兰德(Dietrich v. Hildebrand)等人的关系。该书最大的缺憾在于缺少一个一贯的问题意识,读来有过于零碎之感。

(2) 海泽(I. Heise)的《埃迪·施泰因论同感》(*Einfühlung bei Edith Stein*,Wien:Börsedruck,2005,²2006)。该书基本上依据施泰因《论同感问题》一书的结构,总体上并无太多的创见。该书的长处在于比较注重对施泰因相关概念的细微差别的厘清。但囿于作者本人对现

---

① 对此详见书后的"附录二　施泰因著作年表"。
② 限于篇幅,这里只简要评述相关的专著,其他的研究论文将在文中直接参考和讨论。

象学特别是胡塞尔现象学缺乏足够的了解,很多概念的辨析和处理显得较为随意,而未能挖掘出施泰因背后的思想资源。

(3) 菲达尔果(A. C. Fidalgo)的《通向客观世界:对埃迪·施泰因"论同感问题"的批判性研究》(*Der Übergang zur objektiven Welt. Eine kritische Erörterung zum Problem der Einfühlung bei Edith Stein*, Diss. der Julius-Maximilians-Universität zu Würzburg, Würzburg, 1985)。在笔者看来,该书尽管最早出版,但依然是至今为止有关施泰因《论同感问题》一书最为出色的专题研究,前面提到的两部专著都没有达到这部著作的高度。作者将施泰因的博士论文置于早期现象学运动中的"观念论—实在论"之争的大背景中,着力挖掘出存在于施泰因博士论文中的内在矛盾,即胡塞尔式的超越论现象学的起点和实在论现象学的结论之间的矛盾,从而展示出施泰因早期同感现象学乃至施泰因早期现象学本身的发展面貌。本书也深受该书影响。而有关该书的不足之处,我们会在本书的"总结"部分予以专门的讨论。

在国内学界,埃迪·施泰因还是一个相对较为陌生的名字。除去一些生平的零星介绍外,据笔者所知,曾有台湾"清华大学"哲学研究所李世易的硕士论文《史坦茵(施泰因)的同理问题与现象学分析》(2007 年)和复旦大学哲学学院牟春的博士论文《现象学视野下的移情问题》(2008 年)专门研究或涉及施泰因的同感现象学。

李世易的论文以施泰因的《论同感问题》一书为专门的研究对象。该文将"Einfühlung"译为"同理"。该文基于施泰因原作的英译本,主要讨论了"同理的本质"和"个体的形构分析"这两个大的问题,从行文来看,基本上是对施泰因原作亦步亦趋的翻译和介绍,只是在文章最后简要讨论了萨维奇对施泰因的研究。但是无论如何,该文是汉语学界较早的对施泰因《论同感问题》的介绍。

牟春的论文主要探讨现象学视野下的"Einfühlung"问题,该文将之译为"移情"。该文涉及的面相当广,集中讨论了利普斯、胡塞尔、施泰因和舍勒对"移情"问题的思考,并且处理了海德格尔对"移情论"的批评。然而令人遗憾的是,该文的基本结构以及大量论述未加引证地利用了国外相关的研究资料①。就涉及施泰因的相关章节来说,该文也主要参考施泰因《论同感问题》的英译本简要介绍了施泰因有关同感现象学的思考。

　　总的来说,国内既有的相关介绍并没有触及施泰因同感现象学研究的内在张力、深层问题以及根本意图。本书将立足于前人的研究,致力于展开对施泰因同感现象学的专题研究。这首先意味着对研究主题以及文献选取方面的限制。如前所述,在施泰因一生的哲学思考中,同感问题都是她的关注重点之一。但本书将会限制在其纯粹现象学的方面,或者更为明确地说,我们这里首先进行的是对施泰因《论同感问题》一书的文献学的研究。因此,对施泰因思想发展后期(1920 年代中期以后)在"人格存在论"或"神学人类学"视域中对"同感"的思考,本书将不予关注。但是另一方面,我们的研究对象也不会仅仅局限在施泰因 1920 年代中期以前的著作,当然更不会局限在《论同感问题》这一本书。

　　在 1920 年代中期以后,施泰因还有不少专门论及现象学本身的文字,有的甚至是她较为系统的对现象学本身的论述,这当然也是本书要关注的文本。换言之,我们将以"现象学"这个论域标题为标准来选取研究的文本,而不主要以时间为界。对本书的主要研究对象《论同感问题》一书,我们也将依据考证版施泰因全集第五卷(2008 年),这个版本含有大量的施泰因后来增补进去的内容(这在此前翻译出版的英译本中是缺

---

① 比如参阅 D. Moran, "The Problem of Empathy: Lipps, Scheler, Husserl and Stein", in: *Amor Amicitiae: On the Love that is Friendship.Essays in Medieval Thought and Beyond in Honor of the Rev. Professor James McEvoy*, ed. by Thomas A. Kelly and Phillip W. Rosemann, Leuven/ Paris/ Dudley, MA: Peeters, 2004。

失的）。在涉及施泰因思想发展变化时，我们也会比较《论同感问题》一书的初版本。

本书将紧紧围绕施泰因"同感现象学"这个主题来展开。在早期现象学运动中，对施泰因影响最大的经典现象学家是胡塞尔、舍勒和莱纳赫（Adolf Reinach），因此在本书的第一章，我们将在与他们的现象学的比较中探讨施泰因本人对现象学本身的基本理解，并在此基础上明确施泰因同感现象学研究的起点和基本目标。

本书的第二、三章将根据施泰因《论同感问题》一书的主要内容，依次讨论同感行为的现象学本质、同感行为与个体的构造问题以及同感行为与精神人格之理解的问题。施泰因探究同感问题的主要背景是自然与精神或自然科学与精神科学的关系问题，这个背景显然受到胡塞尔和狄尔泰以及狄尔泰影响下的舍勒这几方面的促动，而她对同感问题本身的关注则是在利普斯、舍勒、盖格尔（M. Geiger）等人对同感问题的研究基础上展开的，因此，在这几章的研究中，施泰因的这些思想背景将得到不同程度的关注。最终，施泰因在两个背景中（即在早期现象学运动中以及在利普斯以来的同感思想史中）的位置将得到最概要的确定。

在本书的总结部分，还将讨论施泰因《论同感问题》一书的内在张力问题。这一问题涉及施泰因自身现象学的发展变化问题以及她（乃至于整个现象学"哥廷根小组"和"慕尼黑小组"）与胡塞尔之间的关系问题，或者更确切地说是现象学运动中的"观念论—实在论"的争论问题。

第一章　施泰因对现象学的基本理解

诺塔(Jan H. Nota)曾经抱怨,在施皮格伯格的皇皇巨著《现象学运动》中给胡塞尔在弗莱堡的第一个女助手施泰因的位置只有短短的一页半。[①] 的确,在晚近出版的莫兰的《现象学导论》中依然没有施泰因的身影。[②] 长期以来,在现象学运动中,施泰因首先都**只是**作为胡塞尔的助手而为人们所熟知,而她本人对于现象学的基本理解并没有得到重视。当然在某种意义上,这也可以归咎于施泰因本人思想发展与相关著述的特点。

如果撇开施泰因在当胡塞尔私人助手期间为胡塞尔加工或撰写的两篇文字不论[③],实际上,施泰因在其整个现象学时期都很少有对现象学

---

① 参阅 Jan H. Nota, "Die frühe Phänomenologie Edith Steins", in ：Waltraud Herbstrith (hrsg.), *Denken im Dialog. Zur Philosophie Edith Steins*, Tübingen：Attempto Verlag, 1991, S.57 - 71, hier S.57；以及参阅[美]赫伯特・施皮格伯格《现象学运动》,王炳文、张金言译,商务印书馆 2011 年版,第 331—332 页。

② 参阅 Dermot Moran, *Introduction to Phenomenology*, London & New York, 2000。中译参见德穆・莫伦(亦译莫兰——引者注)《现象学导论》,蔡铮云译,台北:桂冠图书公司 2005 年版(下文引用该书时均为此版本,不再一一注明)。

③ 这两篇文章都成于 1917 年,分别为《对特奥多尔・埃尔森汉斯与奥古斯特・梅塞尔的批评》和《论亨利希・古斯塔夫・施泰因曼的文章〈论现象学的体系地位〉》(参见胡塞尔 （转下页）

或者现象学方法本身的较为系统的集中论述。当然人们也可以在《论同感问题》的开篇以及《哲学导论》的开始章节读到一些有关她的研究所使用的现象学方法的简要说明。在某种意义上,我们可以说,施泰因的现象学时期,主要是在使用现象学方法来从事对具体的"现象"或"实事本身"的现象学研究,比如对同感问题、对动机引发问题、对个体和共同体的问题以及对国家问题等的现象学研究,这些研究最终当然都与"人格之建构"这一根本问题或"生命项目"相关。

在1920年代中期以后,施泰因试图将现象学的方法融入经院哲学特别是托马斯·阿奎纳的综合哲学的研究论域中。按照惯常的研究,这一时期大多被看作是她"与现象学的破裂"(Bruch mit der Phänomenologie)[①]时期,人们当然不会过多冀望在这个已不再是纯粹现象学家而是转变为神学家的施泰因的那些后期著述中来了解其现象学了。

然而正是在这一时期,为了更好地展示她所要从事的工作,施泰因才开始多次集中且专题地讨论现象学方法乃至现象学本身。这首先体现在她1924年发表的短文《什么是现象学?》("Was ist Phänomenologie?")[②]中。然后在1929年,施泰因起先以虚拟的对话文体(题为"何谓哲学?

(接上页)《文章与讲演(1911—1921年)》,载《胡塞尔全集》第25卷,托马斯·奈农、汉斯·莱纳·塞普编,倪梁康译,人民出版社2009年版,第245—268、275—293页)。不少施泰因的研究者将这两篇文字归为施泰因本人的著作,但我们认为,尽管这两篇文字中的确露出不少施泰因加工甚至补充的痕迹,比如对舍勒和盖格尔相关文字的引用等,但是这些加工和补充更多是事实性方面的,而在思想的层面,根据《胡塞尔全集》的编者引论,施泰因只是依据了胡塞尔本人的文字。或者说,施泰因更多是利用胡塞尔自己的文字和她对胡塞尔基本思想的理解来加工或撰写这两篇文字,并且这两篇文字都经胡塞尔看过,所以这两篇文稿基本还是代表了胡塞尔本人而非施泰因的思想(参阅同上,第13—20页)。

① 参阅 B. Beckmann-Zöller, "Einführung", in: BBPG, ESGA 6, S.XXXI.

② Edith Stein, "Was ist Phänomenologie?" in: *Wissenschaft / Volksbildung-Wissenschaftliche Beilage zur Neuen Pfälzischen Landes-Zeitung*, Nr. 5, 15. Mai 1924. 我们引用该文所据的版本为该文的重印稿(*Theologie und Philosophie*, 66 (1991), S.570‒573)。该文现收入 ESGA 9。

埃德蒙德·胡塞尔与托马斯·阿奎纳的对话")比较了胡塞尔与阿奎纳的思想①,后来在海德格尔的要求下,她将该文改为论文的形式并以"胡塞尔的现象学与圣托马斯·阿奎纳的哲学:一个比较的尝试"("Husserls Phänomenologie und die Philosophie des hl. Thomas v. Aquino: Versuch einer Gegenüberstellung")为题发表在纪念胡塞尔70岁生日的纪念文集(*Festschrift Edmund Husserl zum 70. Geburtstag*)上②。*1932*年9月12日,在法国的*Juvisy*镇,由该地的托马斯协会组织召开了有关现象学和托马斯主义的研讨会,施泰因受邀参加了该会议并在会议上专门讨论了现象学的问题③。而在出自施泰因明斯特时期的手稿、约写于*1932*年的《现象学的世界观意义》("*Die weltanschauliche Bedeutung der Phänomenologie*")一文中,施泰因则集中论述了她对现

---

① Edith Stein, "Was ist Philosophie? Ein Gespräch zwischen Edmund Husserl und Thomas von Aquino", in: Edith Stein, *Erkenntnis und Glaube*, ESW XV, hrsg. von L. Gelber, Freiburg: Herder, 1993, S.19-48. 该文现收入 ESGA 9,英译文参见 CWES 8, pp.1-63。英译文将此文稿与后来修改成论文形式的文稿以对照的方式编排在一起,便于人们阅读和比较。

② Edith Stein, "Husserls Phänomenologie und die Philosophie des hl. Thomas v. Aquino: Versuch einer Gegenüberstellung", in: *Jahrbuch für Philosophie und phänomenologische Forschungen*, Erganzungsband, Tübingen, 1929, S.315-338. 该文现收入 ESGA 9,英译文参见 CWES 8, pp.1-63, 以及 "Husserl's Phenomenology and the Philosophy of St. Thomas Aquinas: Attempt at a Comparison", trans. by Mary Catharine Baseheart, in: Mary Catharine Baseheart, *Person in the World: Introduction to the Philosophy of Edith Stein*, Dordrecht/ Boston/ London: Kluwer, 1997, pp.129-144 and 179-180。后引该文简作 "Festschrift-Artikel"。

③ Edith Stein, "Diskussionsbeiträge anlässlich der Journées d'études de la société thomiste Juvisy", 12. IX. 1932, in: *Journées d'études de la société thomiste*, Vol. I: La Phénoménologie, Le Saulchoir, Kain: Cerf, 1932, S.42-48 (fr.), S.101-105, 109-111 (De). 该文现收入 ESGA 9,后引该文简作 "Juvisy-Diskussionsbeiträge"。当时参加该会议的还有著名的基督宗教哲学家马里坦(Jacques Maritain)、吉尔松(Étienne Gilson)等人,以及现象学家、科学史家科瓦雷(Alexandre Koyré)等人。有关该会议情况还可参阅 Mary Catharine Baseheart, *Person in the World: Introduction to the Philosophy of Edith Stein*, p.15; 以及 M. Amata Neyer, "Edith Stein Studienreise 1932 nach Paris. Teil 3: Juvisy", in: *Edith Stein Jahrbuch* 13, Würzburg: Echter, 2007, S.9-48。

象学本身以及她对胡塞尔、舍勒、海德格尔等人的现象学的看法。①

本章对施泰因现象学理解的讨论将主要依据上述几篇文字②，并根据施泰因的自传和通信集加以补充。我们将在第一节从总体上谈论施泰因对于现象学本身的理解或者说现象学的世界观意义问题，继而讨论她的现象学方法（特别集中于所谓的对本质的现象学直观方法），最后则关注她开展同感之现象学研究的起点和基本的目标。

第一节　现象学的世界观意义

一、现象学与世界观之争：胡塞尔、海德格尔和舍勒

胡塞尔于 1911 年发表在《逻各斯》(Logos)杂志第一期上的长文《哲学作为严格的科学》(下文简作"逻各斯文")，如今常常被人们称作"现象学的宣言书"，尽管标志其现象学之发端的《逻辑研究》此时已经出版了十年并获得了巨大成功。导致这种看法的一个可能的原因在于，《逻辑研究》所面对的主要对手是心理学主义，在那里，胡塞尔更多展示出一个从逻辑学、数学出发，进而为之找寻基础的认识论思想家的形象。而在十年后的这篇文章中，胡塞尔虽然继续着自《逻辑研究》以来的与相对主义的斗争，但此时他的对手变成了自然主义和历史主义。现象学不再仅仅关乎认识论，现象学还需要成为哲学——作为严格的科学的哲学——本身。

在这篇长文的第二部分中，胡塞尔将"历史主义"与"世界观(Weltanschauung)哲学"并置，并对之进行了集中的批评。引人注目的

---

① 参阅 Edith Stein, "Die weltanschauliche Bedeutung der Phänomenologie", in: WP, ESW VI, S.1-17。该文现收入 ESGA 9。

② 考证版《施泰因全集》(ESGA)现在已经出齐 26 卷。我们这里所提及的相关文字都已收入《施泰因全集》第九卷(ESGA 9)。

是,在胡塞尔看来,"世界观哲学"与"作为严格科学之哲学的现象学"在总体上涉及完全不同的生活目标:"一种是为了时代,另一种是为了永恒;一种服务于我们本己的完善以及我们同时代人的完善,另一种服务于后人的完善乃至最遥远的后代人的完善"①。显然,追求"永恒的哲学"之理念的现象学家在根本上应该拒斥"世界观哲学"。

然而,在随后的 1910 年代里,后来被视为胡塞尔现象学的"左膀右臂"的舍勒和海德格尔对待"世界观哲学"的态度却迥然有别。作为胡塞尔助手的施泰因在 1930 年代初检审了这场争论,并进一步地提出"现象学的世界观意义"。这究竟意味着什么? 现象学家究竟是选择了"时代",还是"永恒"? 本节将跟随施泰因一道重新审视早期现象学运动中的这一论争。

1911 年的早些时候在柏林出版了一册由狄尔泰等人共同撰稿的文集《世界观——狄尔泰等人对哲学与宗教的阐释》,其中,狄尔泰发表了一篇题为"世界观的诸类型及其在形而上学体系中的形成"的文章。② 它构成了胡塞尔"逻各斯文"第二部分批判的主要对象。

在胡塞尔看来,所谓的"世界观"或"世界观哲学"在根本上是"文化构形",它们会"在人类发展的长河中形成并消失,同时,它们的精神内涵是一个在已有历史状态中特定地被引发的精神内涵"③。不仅如此,世界观哲学还将整个个别的科学都预设为"客观真理的宝库",所以它们在根本上就是"历史主义怀疑论的孩子"。④ 基于此,胡塞尔将"世界观的观念"与"科学的观念"相对立,前者对于每一个时代来说都是不同的,而后

---

① 胡塞尔:《哲学作为严格的科学》,第 332 页(边码)。

② W. Dilthey, "Die Typen der Weltanschauung und ihre Ausbildung in den metaphysischen Systemen", in: *Weltanschauung. Philosophie und Religion in Darstellung von W. Dilthey usw.*, Berlin, 1911, S.3 - 51.

③ 胡塞尔:《哲学作为严格的科学》,第 324 页(边码)。

④ 参阅胡塞尔《哲学作为严格的科学》,第 328 页(边码)。

者则是超时间的,它可以不受任何时代精神的相对性限制。因此,即便是"世界观哲学"有其自身的权利和伟大的意义,但是相对于"科学的哲学",或者说"作为严格科学的哲学"来说,它们始终有坠入"历史主义"、"怀疑主义"和"相对主义"的危险。胡塞尔甚至语重心长地提醒人们:"我们切不可为了时代而放弃永恒"[①]!

显然,在胡塞尔这里,世界观哲学与科学的哲学或者说现象学是对立的,世界观哲学的追求更多是与时代精神联系在一起的,而只有科学的哲学或现象学才会去追求永恒。因而在面对狄尔泰的"为精神科学寻找基础"这一基本目标时,胡塞尔当然会毫不犹豫地站在狄尔泰的对立面:唯有现象学的本质学,而非世界观哲学,才能够为一门精神哲学或精神科学提供论证或奠定基础。[②]

不管海德格尔在后来如何背离他的老师胡塞尔,但在有关世界观哲学和科学的哲学的区分上,海德格尔无疑是赞成他的老师的。[③] 在1919年"战时紧迫时期"的讲课"哲学观念与世界观问题"的一开始,海德格尔就讨论了"哲学与世界观"之间的关系。在他看来,在他之前的哲学思考中,有关哲学与世界观之间的关系存在着两种可能性,一种是将世界观视为"哲学的内在任务",最终哲学和世界观在根本上就是同一的;另一种则是将世界观视为"批判的价值哲学的边界",而哲学则是世界观的基础,哲学家对生活、世界以及历史的个人态度都由作为价值体系之科学的哲学所决定。对于海德格尔来说,这两种观点都不能真实地切中哲学和世界观的关系。在他看来,哲学和世界观之间并非是等同或不等同的

---

① 胡塞尔:《哲学作为严格的科学》,第337页(边码)。

② 参阅胡塞尔《哲学作为严格的科学》,第328页(边码)。

③ 有关胡塞尔和海德格尔在对待"世界观哲学"这一问题上的相互关系,可以参阅陈立胜《从"世界观哲学"之批判看现象学哲学之转向》,载《开放时代》2000年第11期。

关系,而毋宁说,这二者在本质上是不相容的,是决然相互独立的。① 因为,"世界观乃是中止、结束、终结、体系。……但是,**哲学**只有通过对生命本身的绝对的专心沉潜才能获得进步,因为**现象学**决不是封闭的,仅仅**暂时**的,它总是专心沉潜于先行的东西"②。

如果用后来 1927 年夏季学期海德格尔在马堡讲座上的话来说,问题会更清楚些。在该讲座的导论部分,海德格尔考察了"世界观"这个概念的词源。在他看来,这个概念"带有特殊的德语痕迹,而且受到哲学范围内的影响"。该概念首先出现在康德的《判断力批判》中,它意味着"对感性所予世界的观察","是对最广义自然的素朴统握"。其后在歌德、亚历山大·冯·洪堡、浪漫派、谢林、黑尔格以及施莱尔马赫、兰克等人那里都被使用过。这一概念的发展,使其不再单单被理解为"对自然物之关联体的统握",而是同时被理解为"对人的此在的意义和目的,因而也是对历史的意义与目的的解说"。③ 或者就如海德格尔所引用的雅斯贝尔斯的话来说:"当我们谈及世界观,我们意指着理念,人的终极与整全,不仅在主观方面作为体验、能力与态度,而且在客观方面作为对象性地构成的世界"④。因此,世界观就是那种"出于、随着并且为了"实际此在而向来"历史地实存的东西"。简言之,世界观根本上是"关于存在者的设定性认识,是对存在者的设定性表态,它不是'存在论的',而是'存在

---

① 参阅 Martin Heidegger, *Zur Bestimmung der Philosophie. Frühe Freiburger Vorlesungen Kriegsnotsemester 1919 und Sommersemester 1919*, GA 56/ 57, hrsg. von Bernd Heimbüchel, Frankfurt am Main: Vittorio Klostermann, 1987, S.7 - 12; 也可参阅[加]G. 科凡克斯《海德格尔论作为原初科学的哲学——出自他 1919 年的讲课稿》,蔡祥元译,张祥龙校,载《世界哲学》2005 年第 3 期。

② 海德格尔:《形式显示的现象学:海德格尔早期弗莱堡文选》,孙周兴编译,同济大学出版社 2004 年版,第 20 页。

③ 参阅海德格尔《现象学之基本问题》,丁耘译,上海译文出版社 2008 年版(下文引用该书时均为此版本,不再一一注明),第 4—6 页。

④ 海德格尔《现象学之基本问题》,第 6—7 页。

者的'"，而哲学或者科学的哲学则是关于"存在"的科学。因此，事关"存在者"的世界观与事关"存在"的哲学这两个概念就是风马牛不相及的，所谓的"世界观哲学"这个概念就是"木制的铁"。①

而"现象学"乃是科学的哲学一般之方法，因此它与"世界观"就是毫不相干的。我们可以看到，"世界观哲学"在胡塞尔那里至少还有其存在的权利和意义，只是它始终无法摆脱怀疑主义和相对主义的窠臼，而在海德格尔这里它已经因其本身的矛盾而被彻底地拒斥。

然而，在早期现象学的另一位代表人物舍勒那里，却有着全然不同的理解。舍勒在其1917年发表的《论哲学的本质及哲学认识的道德条件》一文中提出了针对胡塞尔的辩解。他说，"我与胡塞尔分道扬镳，不仅表现在哲学和科学等术语的使用方面，在使用**世界观**和世界观哲学等概念上，我俩之间的分歧也是有过之而无不及"②。与胡塞尔不同，在舍勒看来，狄尔泰成功地将"世界观哲学"建设成为精神科学的哲学基础。而这种所谓的"世界观哲学"在根本上意味着"有关对'人'（homo）这个属而言保持恒定不变且'自然的'，但相互之间又变幻不断的所有'世界观'的哲学"，"世界观"本身最终指的就是"社会整体性（民族、种族、文化圈）的'世界之直观'（Weltanschauen）的以及直观给予性和价值给予性的各种不同的具体形式（这些形式哪怕通过反思也不一定能被意识到和认识到）"。③ 就此而言，在舍勒这里，世界观（Weltanschauung）就首先意味着一种对"世界"之"直观"（Anschauen）或者"世界"之被给予性的方式，因此"世界观哲学"实际上就是对这些"方式"以及借此方式所获得的"世界—直观"之整体的探究。

---

① 参阅海德格尔《现象学之基本问题》，第13页。
② 舍勒：《论哲学的本质及哲学认识的道德条件》，曹卫东译，刘小枫校，载刘小枫选编《舍勒选集》上卷，上海三联书店1999年版（下文引用该文时均为此版本，不再一一注明），第223页。
③ 参阅舍勒《论哲学的本质及哲学认识的道德条件》，第223页（译文对照原文有所改动）。

在舍勒看来,胡塞尔所批评的"世界观哲学"实际上是一种"实证科学的哲学",而这也是舍勒所拒斥的哲学倾向。但是对于舍勒来说,还存在着另外一种世界观,即"自然的世界观"(natürliche Weltanschauung),它是一种"可能的"质料世界观的哲学,它构成了与此相关的"实证"世界观学说的精神科学问题的历史基础,同时它也奠定了不同民族、不同时代的各种实际科学的结构基础,而且"科学结构的每一种变形都注定发生在这种世界观变化之右"。① 现象学在根本上自然就应该成为这样一种"世界观哲学"之"态度"。

简单而言,在舍勒这里,一方面,"世界观哲学"或者说"自然的世界观"之哲学实际上构成了科学以及其他实证世界观(这也是他所谓的胡塞尔意义上的"世界观哲学")的基础,因此舍勒所说的这种"世界观哲学"一样在寻求恒定的东西,而并没有放弃绝对性。另一方面,舍勒当然也没有像胡塞尔那样追求一种与"人"无必然联系的绝对意识的哲学或现象学,而是在这个"世界观哲学"中保留了可能的相对性和差异性。② 而这两个层面,恰恰只有在现象学的态度中才可能展现出自身。

二、现象学的世界观意义:在胡塞尔和舍勒之间的施泰因

看起来,现象学与世界观的关系重又变得复杂。施泰因在 1930 年代初也回顾了这个问题。她无疑是熟悉胡塞尔的《哲学作为严格的科学》一文的,也显然读过舍勒的《论哲学的本质及哲学认识的道德条件》。当然,没有直接的证据表明,施泰因是否熟悉海德格尔的战时紧迫时期

---

① 参阅舍勒《论哲学的本质及哲学认识的道德条件》,第 224—225 页。
② 有关舍勒关于绝对性和相对性问题的讨论,可以参阅张任之《质料先天与人格生成——对舍勒现象学的质料价值伦理学的重构》,商务印书馆 2014 年版,第 4.1.2,4.4,8.3.2 节。

讲座或者后来的马堡讲座。① 因此，尽管施泰因涉及了海德格尔的思想，但那更多关联于《存在与时间》。她有关哲学与世界观关系的说明，更像是在调和胡塞尔和舍勒之间的对立。

在《现象学的世界观意义》一文的最开始，施泰因表明了她的立场："现象学**并不简单地**是世界观"②。这意味着在她这里，现象学可以是世界观，所以人们才可以去谈论所谓的"现象学的世界观意义"，但是现象学又"并不简单地"是世界观。那么究竟在何种意义上，现象学可以与世界观有关？ 最根本的，究竟在施泰因这里，何谓世界观？

施泰因区分出了"世界观"的两种含义：质料的含义和形式的含义。所谓质料的世界观意味着一种封闭的"世界图像"（Weltbild），一个关于所有一切的全景，一种对于"世界"本身乃至于存在于世的人的总体把握。对这个意义上的世界观的渴求，实际上存在于每一个精神性地生活着的人身上，尽管并不是每个人都可以获得它。比如一个天主教徒可能会有一个天主教式的"世界图像"，他会在这种"世界图像"之背景视域中来看待所有的一切；而一个科学家可能有的就是一种科学式的"世界图像"，哲学家则可能拥有一种哲学式的"世界图像"，如此等等。③

---

① 施泰因在其自传中只有一次提到海德格尔，而在其 1925 年的通信中也没有太多与海德格尔直接交往的信息。在她后来的手稿中有关于海德格尔《存在与时间》、《康德与形而上学问题》和《什么是形而上学？》等几部作品的相关评论，参阅 Edith Stein, "Martin Heideggers Existentialphilosophie", in: EES, ESGA 11/ 12, S. 445 – 499. 英译文见 Edith Stein, "Martin Heidegger's Existential Philosophy", trans. by Mette Lebech, in: *Maybooth philosophical Papers Issue* 4 (2007), pp.55 – 98. 有关施泰因和海德格尔的关系，还可参阅 Beat W. Imhof, *Edith Steins philosophische Entwicklung: Leben und Werk*, Bd. 1, Basel/ Boston/ Stuttgart: Birkhäuser, 1987, S.141 – 152; Jan H. Nota, "Edith Stein-Max Scheler-Martin Heidegger", in: Leo Elders(hrsg.), *Edith Stein. Leben*, *Philosophie*, *Vollendung*, Würzburg: Naumann, 1991, S.227 – 237, hier S.231 – 237。

② Edith Stein, "Die weltanschauliche Bedeutung der Phänomenologie", in: WP, ESW VI, S.1. 着重为笔者所加。

③ 参阅 Edith Stein, "Die weltanschauliche Bedeutung der Phänomenologie", S.1ff.。

所谓形式的世界观则是指一种"观"世界的方式（die Welt
anzuschauen）。尽管并不是每个人都拥有一个封闭的"世界图像"，但每
个人都有一种特定的"观"世界的方式。比如，农民和城市中的人、实践
者和理论者、哲学家和实证科学家之间一定有着不尽相同的"观"世界的
方式。尤其对于哲学家来说，他的哲学式的思维或哲学式的"观"世界的
方式不仅对构成其自己的对世界的总体态度甚至"世界图像"有效，而且
当时代占据统治地位的哲学也会规定所谓的"时代精神"，即规定当时代
其他人对世界的态度以及他们的"世界图像"。①

因此，尽管现象学本身并不简单地就是世界观，但是现象学首先会
研究人们"观"世界的方式，同时也会关注"世界图像"。我们可以看到，
前述胡塞尔（包括海德格尔）所批评和指责的实际上是质料意义上的世
界观，特别是实证科学式的那种"观"世界的方式以及由此而形成的"世
界图像"，而舍勒所坚持的则首先是形式意义上的世界观，并且是那种在
"人"这个属中恒定不变的"观"世界的方式。因此，胡塞尔和舍勒的争执
在某种意义上是基于他们各自对世界观两种含义的不同侧重。

而且，从另一个角度来说，人们也可以在世界观的上述两种含义方
面来追问现象学这种哲学本身所具有的"世界观意义"，即：一方面，人们
可以去追问，现象学能否提供一种封闭的世界图像或者为这种世界图像
的构建提供帮助？另一方面，人们也可以去探究，现象学是如何影响总
体的对"世界"之"观"的，以及现象学又是如何影响当时代的精神的？②

在1930年代初写作这篇文字时，施泰因就已经明确强调：（1）现象
学首先是由胡塞尔而非后来的舍勒或海德格尔缔造的；（2）若是要谈论
现象学的世界观意义，必须要同时关注这三位现象学家。这表明，在当

① 参阅 Edith Stein，"Die weltanschauliche Bedeutung der Phänomenologie"，S.3f.。
② 参阅 Edith Stein，"Die weltanschauliche Bedeutung der Phänomenologie"，S.4。

时舍勒或者海德格尔的确已经获得了巨大的声望,以至于胡塞尔当时会将他们视为自己的主要的"对立者"①。施泰因这里既对舍勒和海德格尔表达了最大的尊重,也试图提醒人们注意,现象学的"师父"(Meister)始终还是胡塞尔。

按照施泰因,就质料层面而言,胡塞尔的"超越论的"(transzendental)现象学、舍勒的"实在存在论"(Realontologie)和海德格尔的"基础存在论"(Fundamentalontologie)不仅自身都形成了相对封闭的世界图像,同时也一道为当时代的世界图像的建构做出了贡献。胡塞尔新开拓了"本质性"(Wesentlichen)和"必然性"(Notwendigen)的领域,尽管这对于古希腊和中世纪的哲学来说并非全然新鲜的领域,但是对于现代的世界观特别是对于在 19 世纪占据主导的唯物主义的和经验主义的世界图像来说,这一领域却是新的。胡塞尔另一方面的贡献是他对"纯粹意识"领地的开垦。而舍勒最主要的贡献在于一个质料的价值世界的建构以及这一世界对于人格性建构的意义,特别是宗教领域相关价值的开启,比如德性、懊悔、恭顺等宗教的观念,等等。在一定意义上,正是舍勒在现代社会中向那些无信仰之人开启了真正的走向信仰的道路。海德格尔则为人们打开了所谓的作为"在世之在"的"此在"这一全新的视域。这三位现象学家都以决定性的方式为当时代的世界图像做出了自己的贡献。②

就形式的层面而言,胡塞尔展示给人们一种转向实事本身的方式,再以敏锐的直观把握这种实事,并且以一种平实且忠实的方式描述之,拒绝一切的任意和傲慢,而导向一种素朴的、遵从于实事的、谦恭的认识态度,最终导向一种无前见的明察。而舍勒则提供了一种不同于批判

① 参阅倪梁康《现象学及其效应——胡塞尔与当代德国哲学》,三联书店 2005 年版,第 306 - 307 页。
② 参阅 Edith Stein, "Die weltanschauliche Bedeutung der Phänomenologie", S.13ff.。

的、检审的观视,而是当即的、开放的且完全可信赖的观视方式,特别是对于价值的世界。由于与海德格尔(主要是 1927 年《存在与时间》时期的海德格尔)在时间上靠得太近,施泰因坦言,她对于从形式的层面来评估海德格尔对于当时代世界观的影响还没有把握。

概而言之,施泰因所要强调的其实是,一方面,现象学首先并不同于19 世纪以来的实证世界观,现象学并不追求"时代",更不会为了"时代"而放弃"永恒";另一方面,现象学自身作为一种"观"世界的方式以及由此而建构的"世界图像"又会对"时代"产生其意义。

施泰因这里当然也没有指出她自己的思想所可能具有的世界观意义,无论是从质料的层面而言或是从形式的层面而言。我们当然也可以从施泰因自己的相关目标来反观她的现象学所具有的世界观意义。

按照斯托克郝森(Alma von Stockhausen)的看法,施泰因在现象学方面的基本目标主要体现在三个层面:(1) 对现象学的任务设定和本质描述,(2) 阐述现象学特别是"超越论的"现象学对于追问真理问题的意义,(3) 探究基督宗教教义学和经典哲学对于现象学而言的可能的补充。[①] 那么,相比于胡塞尔、舍勒和海德格尔,施泰因在现象学上最主要的贡献就体现在两个方面:(1) 通过对人格的现象学分析以及本质现象学的研究而展示的她自身的世界图像;(2) 在现象学与基督宗教哲学或经院哲学之间构筑一个桥梁,而这一桥梁所连起来的两端之间的沟通是双向的,它既意味着施泰因试图借助现象学的方法来探讨基督宗教的真理问题,同时也意味着施泰因试图借助基督宗教的教义学以及经院哲学来补充现象学的世界图像。因此,施泰因所展现给我们的"观"世界的态度,就不仅有"自然的"(natürlich)、"超越论的"(transzendental),还有

---

① 参阅 Alma von Stockhausen, "Edith Stein und die Phänomenologie von Edmund Husserl", in: Leo Elders (hrsg.), *Edith Stein. Leben, Philosophie, Vollendung*, Würzburg: Naumann, 1991, S.213 – 226。

"超自然的"（übernatürlich）。

　　本书这里所首先要关注的当然是第一个方面，即本质的现象学研究方面，或者更明确地说，同感的本质现象学研究方面。而单就方法论层面而言，即就一种现象学的本质直观方法而言，施泰因当然要主要归功于胡塞尔，但是她也在将胡塞尔的现象学方法与托马斯·阿奎纳的经院哲学的方法作对比中展开了新的视域。

第二节　现象学与经院哲学比较下的"直观"方法

　　曾有现象学的反对者把胡塞尔在《逻辑研究》中所依据的本质分析方法称为一种经院哲学的复兴。显然，这是一个有意思而且值得深入研究的课题。施泰因就曾表示，应该对托马斯·阿奎纳和现象学进行专门而细致的比较研究，因为在这二者之间存在着许多有趣的共同之处。她本人或许是从事这项研究最为合适的人选之一。如前所述，她早年担任胡塞尔的助手，熟悉众多胡塞尔的文本（包括未发表的讲课稿、手稿等），并在《哲学与现象学研究年刊》上发表了几部现象学专题研究。同时，她还全面深入地研究过阿奎纳，翻译过阿奎纳的著作，晚期还写作了大部头的专题论著。基于此，人们或许可以说，施泰因是第一个试图在现象学与中世纪经院哲学之间架起桥梁的"内部专业人士"。她为胡塞尔 70 岁生日而改写的纪念文章《胡塞尔的现象学与圣托马斯·阿奎纳的哲学：一个比较的尝试》是这一方向上的一个纲要性的总结。

　　殊为巧合的是，如今保存着胡塞尔的绝大部分原始手稿的胡塞尔档案馆就设立在欧洲新托马斯主义的重镇——比利时的鲁汶。这样的一个历史巧合是否也暗示着胡塞尔与托马斯·阿奎纳之间存在着的隐秘的"缘"呢？本书当然无意也无法全面考察二者之间的思想联系，对于本节来说尤为重要的是借助施泰因对胡塞尔现象学与托马斯·阿奎纳哲学的比较研究来厘清施泰因本人对于现象学的本质直观方法的相关思考。因为"直观"概念在胡塞尔的现象学中也具有着中心意义，是现象学研究所应遵循的"一切原则之原则"。施泰因也同样强调"直观"的原则，而有关"直观"的方法问题也成为她对胡塞尔和阿奎纳的比较研究中的重点。

但一般而言，人们很难在方法方面将现象学与经院哲学联系起来。因为表面上看起来现象学的方法和经院哲学的方法是毫不相干的。由于经院哲学的很大一部分都涉及那些关于上帝的超自然知识、神圣知识，因此我们首先需要对知识的范围进行限定。如果我们只谈自然知识的话，那么经院哲学的方法涉及的是"逻辑操作和对感性经验的利用，而现象学的方法则被认为是对永恒真理直接的看到，这在经院哲学中是为神圣精神保留的"①。但是施泰因认为如果就这么简单地把这些看作是现象学方法和经院方法之间所存在的关系的全部内容，那将是对两方面的伤害。对这两方面的比较还有赖于我们的更为细致的考察研究。

简单说来，通常意义上的"直观"，就是对于某一存在的个别事物所作的直接观视，而在此直接观视中个别事物也直接显示出其具体的完整性。因为"直观"（intuition）来源于人的视觉（*intueor*，我注视）。在思想史上，有许多哲学家都曾关注过直观概念，尽管他们各自对直观的理解都不尽相同，比如胡塞尔就在一种扩展了的意义上理解直观。而在 20世纪初，包括狄尔泰、柏格森、詹姆斯、舍勒在内的众多重要思想家都强调直观在其各自思想体系中的重要地位，当然胡塞尔也不会例外。但是当时盛行的观点是将直观导向一种非理性的神秘主义。这种神秘主义认为直观是对快乐幻象的预见，这是被上帝拣选的灵魂的特权。比如柏

---

① Edith Stein, Festschrift-Artikel, S. 329；CWES 8, p. 39.

格森就在《形而上学导论》中宣称："所谓直观,意味着一种知性的关切,我们借此将自身置于对象之中,以便契合于其独特性与随之而来的难以表达。"①因此,在现象学肇始之初,它也曾被人误导为一种非理性的神秘主义,但实际上,这完全背离了胡塞尔现象学的初衷。

正如施泰因指出的那样,"直观"(Anschauung/ intuition)或者"观看"(Erschauen)这两个词含有如此多的历史内涵,因此要真正弄清胡塞尔赋予"直观"概念的深刻含义,必须剥离掉这些术语中所带有的与神秘主义和非理性主义的关联。对于施泰因来说,现象学直观是一种"精神的看",但绝不能和神秘的直觉混为一谈。②她还特别强调指出,"现象学家不是坐在桌边等待神秘的启迪,这是一个通过艰辛的智性努力(erarbeiten)获得'明察'的问题"③。

关于"直观"方法的问题,施泰因正是通过她的艰辛努力才获得了一些基本的"明察":在胡塞尔和阿奎纳(或者现象学与经院哲学)所使用的"直观"方法或"操作步骤"上存在三点一致性。

一、第一点一致性:一切知识都开始于感觉

施泰因所指出的第一点一致性在于这样一条似乎属于"近代经验论"的口号:**一切知识都开始于感觉**。实际上,这一承继自亚里士多德的观点在阿奎纳那里具有特别重要的意义。阿奎纳主张知识的第一步是感官感觉,人类关于自然的知识是通过感觉经验获得的。在他看来,如果缺少某种感觉,也就缺少这种感觉所能把握的知识,"天生的盲人决不

---

① 转引自 D. Moran, *Introduction to Phenomenology*, London & New York, 2000, p.10。中译参见德穆·莫伦(莫兰)《现象学导论》,第 13 页。

② 参阅 Edith Stein, "Was ist Phänomenologie?" in: *Theologie und Philosophie*, 66 (1991), S.572。

③ Edith Stein, Festschrift-Artikel, S.330; CWES 8, p.41.

可能有颜色的概念"①。他还强调，那些不能为感觉所获得的事物，也就不能为人的智性所接受。他援引亚里士多德的话说，人的智性在开始的时候就像一块没有写字的干净的石板。智性在其活动的能力以及内容方面都依赖感觉经验。毫无疑问，这一思路后来由奥卡姆进一步彻底化，进而又在近代的洛克、休谟等经验论者那里发出回声。

　　但是，这似乎并不能成为胡塞尔的主张。施泰因也看到了这一点，"在胡塞尔强调深入本质的明察不需要经验中的基础时，他似乎与这个原则相抵触"。她对此的解释是，胡塞尔的这一声称"并不意味着现象学家可以不需要任何感觉材料而进展下去"，他的目的只是强调，"在分析比如说物质事物的本质时，他并不需要真正经验一个物质事物。如果在此分析中，他使用了一个他现时感知到的或回忆到的一个真实的事物，他也并没有利用那存在于对此事物的感知或回忆中的实在性设定（Realitätssetzung）"。② 所以，胡塞尔的现象学分析关注的不是实际实存的事物，但尽管如此，施泰因认为，胡塞尔无论进行何种直观都必然要结合感觉材料，感觉材料是其直观行为必不可少的因素。事实上，对胡塞尔而言，感觉基本上等同于感觉材料，是"外感知的展示性内容"。在此意义上，胡塞尔也并没有违背上文所说的"一切知识都开始于感觉"这一原则。

　　但是深入来看，胡塞尔与阿奎纳对感觉概念的理解大相径庭。感觉在胡塞尔看来既不是一个完整的意识行为，也不是一个对象；而只是某些意识行为所具有的内容，只为对象提供材料。感觉是内在的，"不含有

---

① Thomas Aquinas, *Summa theological*, Part 1, Question 84, Article 3. English Translation: *Treatise on Man* (Tran. of *Summa theological*, Part 1, Question 75 - 88), tran. J. F. Anderson, Connecticut, 1962, p.124.

② 参阅 Edith Stein, Festschrift-Artikel, S.330; CWES 8, p.41。

任何空间的当下"①。而阿奎纳将感觉能力分为两类：外感觉和内感觉。内感觉主要包括通觉、想象、判别和记忆等四种，而外感觉则是严格意义上的感觉，即视觉、听觉、触觉、味觉和嗅觉。阿奎纳将这种感觉看作是"经历由一个适当的感觉对象造成的意向变化的能力"②。在阿奎纳的理论中，在感知者和被感知物之间没有类似感觉材料这样的中介。感觉能力自身就是感觉对象，具有感觉对象的形式，不过它不是在物质上而是在意向上具有感觉对象的形式。用阿奎纳从亚里士多德那里引用的话说："作用着的感觉能力等同于作用着的感觉对象"。③ 可见，在阿奎纳那里，感觉是一种能力，同时也是一个对象。但是，从另一个角度来看，阿奎纳也并不要求这个对象是外部实在的。施泰因特别指出，阿奎纳也并没有要求将特定种类的感觉直观例如真实的外部感知作为一切知识的支持，这一点倒是和胡塞尔不谋而合。

让我们再回到胡塞尔这里，如果我们刨根究底地追问胡塞尔：感觉材料从何而来？胡塞尔会回答说它是被体验到的。但是它们又是怎么被体验到的呢？我们会发现，在胡塞尔的静态现象学中，他并未能解决这个问题。只有到了后期的发生现象学时期，胡塞尔才去追问感觉材料的构成问题。可以说，人们就此而提出的任何的进一步追问都没有切中胡塞尔此时思考的主题。感觉材料只是他意向分析（结构分析）的一个不可缺少的因素，因为感觉并不能成为一个独立的行为，因此它不能被反思到；又因为它也不是对象，所以它也不能被客体化地把握到。对胡

---

① 倪梁康：《胡塞尔现象学概念通释》（修订版），三联书店 2007 年版，"感觉"词条。

② Anthony Kenny, *Aquinas on Mind*, New York, 1993, p.34. 另须注意的是，阿奎纳所使用的"意向性"一词与胡塞尔现象学中的"意向性"具有不同的含义。他强调的智性意向实际上是指"表象"概念。在中世纪，"意向性"（*intentionalitas*）一词还主要关涉第一性（*prima*）与第二性（*secunda intentio*）的逻辑区别的特征。可参阅奥卡姆《逻辑大全》，王路译，商务印书馆 2006 年版，第 31—35 页；还可参阅陈立胜《自我与世界——以问题为中心的现象学运动研究》，广东人民出版社 1999 年版，第 9—49 页。

③ 参阅 Anthony Kenny, *Aquinas on Mind*, New York, 1993, p.35。

塞尔来说,他在这里所要做的只是直面意识行为(而在意识行为中,被给予的感觉材料是不可缺少的)以展开他的整个现象学分析,这种分析的前提就是排除一切假定,不涉及任何外在实存的东西。可以说,感觉材料在胡塞尔的意向结构分析中居于一个重要的位置,我们的表象总是需要一个已被给予的感觉材料,"每一个具体完整的客体化行为都有三个组元:质性、质料和代现性内容"①。这里所谓的代现性内容在胡塞尔那里就主要指感觉材料或充盈(Fülle)。施泰因正是据此认为胡塞尔也要遵循阿奎纳为人类知识规定的基本原则:"一切知识都开始于感觉"。应该说,施泰因对这第一点一致性的总结,并非在于强调感觉是知识展开的源点,而在于指出感觉在阿奎纳和胡塞尔各自的认识理论中作为基本要素的不可或缺性。

二、第二点一致性:对感觉材料的智性操作

一切知识都开始于感觉,对此的确定让我们确立了知识的来源。但找到知识的来源并不意味着就获得了知识,要实现这一目标还必须通过**对感觉材料的智性操作**。施泰因认为这是一个阿奎纳和胡塞尔都不能违背的原则,这一点也成为他们二者在"直观"方法上的第二点一致性。

在这里,施泰因清楚地表明了现象学的本质直观的特点。首先,在现象学中,哲学明察不是通过归纳获得的。施泰因举例说,现象学家们对物质事物"本质"的探究,并不是先发现一系列事物,然后对它们进行比较,抽象出它们共同的属性。对现象学家而言,这样的比较和归纳、抽象是得不到本质的,本质并不实际存在于我们的感性直观的任何对象中。胡塞尔曾批评旧的抽象论,因为它认为"共相只能以个体的个别直

---

① 胡塞尔:《逻辑研究》第二卷,第二部分(修订译本),倪梁康译,上海译文出版社 2006 年版,A 562/ B₂ 90。

观为基础通过抽象活动而建构起来"①。也就是说,这种抽象以个别直观为基础,而在此基础上抽象出共相的过程则是归纳的、非直观的。而对胡塞尔而言,本质是直观到的。他对本质的直观的具体描述是:首先,我有一个或几个关于红的个别直观,之后除去红含有的,能够超越地被统摄的东西,那么就从这个红或那个红中直观出了"同一的一般之物"——一般的红。继而胡塞尔指出这不是心理学主体中的抽象行为,而是在谈红的总本质或红的意义以及在总的直观中红的被给予性。②

另一方面,施泰因还指出现象学家也不需要多数:一个典型的直观就足够他根据这个直观进行一个完全不同的"抽象"以让他进入本质。当然这个抽象不同于胡塞尔所批判的经验归纳的抽象,而是胡塞尔自己所谓的"观念化抽象"或"总体化抽象",③它指的是忽视"偶然"关涉这个事物的东西,即"忽视它其中任何在它仍还保持是这个事物时所可能不同的东西"④。

这一点也被舍勒所认同,在舍勒那里,"现象学经验"或"现象学直观"或"本质直观"赖以区分于所有其他类型经验的首要特征就在于:直接性。唯有现象学经验才直接给予事实"本身",它不需要任何类型的象征、符号、指示作为其中介,因而现象学哲学就意味着"一种**对世界**的持续**去象征化**"。⑤ 同时,舍勒还反对将现象学视为一种"方法",方法总是作为一种确定目标的关于事实的思维方式(如归纳、演绎),因而缺少直接的直观性。而现象学则既不是一门科学的名称,也不是哲学的代替

---

① 胡塞尔:《经验与判断》,邓晓芒、张廷国译,三联书店 1999 年版,第 400 页。

② 参阅胡塞尔《现象学的观念》(五篇讲座稿),倪梁康译,人民出版社 2007 年版,第 56—58 页(边码)。

③ 参阅胡塞尔《逻辑研究》第二卷,第一部分(修订译本),倪梁康译,上海译文出版社 2006 年版,A 221/B₁ 223。

④ Edith Stein, Festschrift-Artikel, S.331; CWES 8, p.43.

⑤ 参阅舍勒《伦理学中的形式主义与质料的价值伦理学》(下引该书简作《形式主义》),倪梁康译,三联书店 2004 年版,第 70—71 页(边码)。

词,而是精神审视的一种态度。只有在此态度中,人们才能获得对某物的直观或体验;如果没有这个态度,这个某物便隐而不现。而且,我们的直观也并不需要"多数",一个典型的直观就已经可以保证"被意指之物"与"被给予之物"完全地相合(Deckung)。①

在胡塞尔这里,问题稍显复杂。他曾认为只要一个个别直观就能把握到本质,他说,"我们便根据对一个红的事物的单个直观而直接地把握'红'这个种类统一'本身'"②。但是他的本质直观理论并非一成不变,其发展经历了一个重要变化:在其操作过程中又补充了对范例进行的"本质的变更"这一步骤。这时他放弃了原来的观点,认为只有一个直观是不够的,而要对个别直观进行自由的想象变更,变更为多个个别直观,然后从这些个别直观中抽象出共同之物。③ 从这里看来,施泰因对胡塞尔的分析还只局限在他的先验还原之前的理论。或许这也代表了她自己对本质直观的看法,或许她更多接受了舍勒对本质直观的看法。

另一方面,阿奎纳也不会否认这种方法。在他那里,人类的智性理解能力被区分为两种:对非复合物的理解(*intelligentia indivisibilium*)以及智性的区分和组合(*intellectus dividens et componens*)。"正如亚里士多德在《论灵魂》中所说的,我们的智性有两种活动。一种是确定事物的简单本质,例如什么是人,什么是动物。……另一个则是通过肯定或否定作组合或区分"④。"当心灵把一个观念与另一个观念结合起来,以便把握它们所涉及事物的结合或同一性时,这些思想就被称作组合;而

---

① 参阅舍勒《现象学与认识论》,倪梁康译,载刘小枫主编《舍勒选集》,上海三联书店1999年版,第49—50页。
② 胡塞尔:《逻辑研究》第二卷,第一部分(修订译本),倪梁康译,上海译文出版社2006年版,A 221/B₁ 223。
③ 参阅倪梁康《现象学及其效应》,第78—79页。
④ 阿奎纳:《论真理》,第14题,第1条。转引自安东尼·肯尼《阿奎那》,黄勇译,中国社会科学出版社1987年版(下文引用该书时均为此版本,不再一一注明),第106页。

当心灵同样把两个观念结合起来,但却是为了把握它们所涉及的事物的不同时,它们就被称作区分"①。施泰因认为阿奎纳的这种智性的区分工作就类似于现象学的本质直观方法。所谓"区分"就意味着分析,通过抽象选出本质的和偶然的因素就是这样一种分析。正如我们上文指出的,胡塞尔的本质直观正是要忽视"偶然"关涉这个事物的东西,直面其本质。可见,施泰因是从"偶然"和"本质"(或"殊相"与"共相")概念入手找到胡塞尔与阿奎纳的联系的。

或许从另一个角度我们也能找到一些共同点。阿奎纳认为:"(人类的智性)在有形物质中去认识单个地存在着的形式是适当的,不过,不可认为这形式就存在于这一个单个的物质中。从个别物质中去认识其形式而不把它当作存在于那样的物质中,这就是从表现为影像的个别物质抽出其形式。"②所以,阿奎纳同样认为普遍的形式也不需要经过从多到一的归纳获得,只从单个物质中就可以被智性把握到。这一点与胡塞尔早期对本质直观的理解也是契合的。

此外,施泰因还认为胡塞尔的直观所强调的"看"不仅仅意味着日常的"看",他所强调的只是逻辑推理的对立面。也就是说,直观的方法反对的是从一个命题演绎出另一个命题的方法,而关注的是对实事本身的直接原本的把握。而阿奎纳也在智性与理性(*ratio*)之间作出了明确的区分,尽管二者同属于同一精神性认识能力的两种功能,但后者是推理的认知,而前者则是直观的认知,智性的真正任务在于 *intus legere*③(内在的看或读)。因此,施泰因认为现象学家可以将阿奎纳的这一表述当作对"直观"概念的恰当释义。无论是胡塞尔还是阿奎纳都认为"看"在

---

① 阿奎纳:《亚里士多德〈解释篇〉注释》,第 3 节,第 26 段。转引自安东尼·肯尼《阿奎那》,第 107 页。

② Thomas Aquinas, *Summa theological*, Part 1, Question 82, Article 1. 参见周辅成中译,载《西方哲学原著选读》上卷,商务印书馆 2002 年版,第 269 页。

③ 这是拉丁文动词 *intelligere* 的词源,其名词是 *intellectus*,通常译为智性或理解的能力。

本质上并不与思维总体相对立,而只是与逻辑的推理相对立,这个"看"是"智性"的作用,所以"看"或"直观"总是与智性的作用紧紧相关联。我们的认识在根本上离不开一种智性的操作。

三、第三点一致性:智性的被动性

施泰因所发现的胡塞尔与阿奎纳在直观方法上的第三点一致性在于**智性的被动性**。施泰因指出,虽然阿奎纳在从物质源头到本质的过程中看到了主动智性(*intellectus agens*)的作用,但是"智性的**明察**具有一种接受(Empfangen)的特征"①。

在阿奎纳看来,尽管感觉是一切认识的开始,但它绝不是理性认识的全部原因,感觉仅仅提供了材料,而智性也是理性认识形成的重要因素和不可或缺的条件。想象对感性印象分析综合之后保存在想象中的图像即映像(image),它是连接感觉与理性认识的一座桥梁。"映像是我们的认识来源。我们的智性活动就是从它那里开始的。它不仅仅是一个转瞬即逝的刺激,而且是智性活动的一个持久的根据"②。

阿奎纳依据亚里士多德的灵魂学说,将智性划分为主动智性与被动智性。之所以需要主动的智性,是因为物质事物本身不能成为智性理解的适当对象,智性只能理解它自己的创造物。"因此必须假定智性有一种能力,它通过从质料的各种限制中抽象出观念而创造出现实地可思想的东西。这就是我们要假定有一种主动智性的理由。"③主动智性可以主动地作用于映像,从中抽象出普遍的、本质性的"共相"。主动智性"从个别中抽象出普遍或从映像中抽象出**理解形式**,即它不考虑在映像中所呈

---

① Edith Stein, Festschrift-Artikel, S.332;CWES 8,p.45.

② 阿奎纳:《波爱修〈三位一体论〉注释》,第 6 题,第 2 讲。转引自傅乐安《托马斯·阿奎那传》,河北人民出版社,第 72 页。

③ Thomas Aquinas, *Summa theological*,Part 1,Question 79,Article 3. English Translation:*Treatise on Man*,tran. J. F. Anderson,Connecticut,1962,p.71.

现的个体化原理,而只注意形式本性"①。这种由主动智性抽象而得出的"理解形式",实际上指的就是普遍的本质或形式,因其只能被智性所接受和理解,所以被称为"理解形式"。它仅仅构成理性认识的一个中间环节。

被动智性是一种接受的智性,它接受主动智性抽象出来的理解形式,形成"智性印象",被动智性反映这"智性印象",最后产生"智性意向",即后来经院哲学中的"表象"概念。至此人的理性认识最终得以完成。因此,尽管主动智性对于理性认识来说尤为重要,但理性认识的最终完成还有赖于被动智性,所以施泰因会强调智性明察的特征是一种接受性或被动性。

同时,阿奎纳又说,人类智性最初像一个什么也没写的白板,所以我们最初只是处在理解的潜能中,后来才实际地去理解。在阿奎纳看来,从潜能到实现的变化过程是被动的含义之一,所以智性是被动的,智性也是一种被动的能力。②

另一方面,施泰因认为胡塞尔的现象学也特别强调了被动因素,"因为它将其探究模式(这一模式让它可以被客观的理性引导)与现代哲学的那些趋势(在其中思考意味着'建构',知识意味着好奇的智性的一种'创造')区分开来"③。无论是胡塞尔的现象学还是舍勒的现象学,都旗帜鲜明地反对康德式的建构主义。现象学所应遵循的"一切原则之原则"或"第一方法原则"在于:"每一个本原(originär)给予的直观都是一个合法的认识源泉,将所有那些在直观中本原地(可以说是在其切身的

---

① Thomas Aquinas, *Summa theological*, Part 1, Question 84, Article 6、7, Question 85, Article 1.转引自傅乐安《托马斯·阿奎那传》,河北人民出版社,第 75 页。
② 参阅 Thomas Aquinas, *Summa theological*, Part 1, Question 79, Article 2; English Translation: *Treatise on Man*, tran. J. F. Anderson, Connecticut, 1962, pp.68 - 70。
③ Edith Stein, Festschrift-Artikel, S.332; CWES 8, p.46.

真实性中)展示给我们的东西就当作它们自身所给予的那样来加以接受,但也仅只是在其自身给予的范围内加以接受"①。因此,我们"直观"到的是被给予的东西,而不是任意的创造。现象学所谓的"构造"绝不是创造,或将主观形式加诸质料之上。"在现象学中,'构造'一个范畴对象指的是把它带到光亮之处,把它勾画出来,把它带到前面来,使它的真实落实"②。

在这个意义上,直观是一种接受。当然,在严格意义上,接受性在胡塞尔那里是被包括在主动性中的,是主动性的最低阶段。但是,主动性和被动性概念对胡塞尔而言没有严格的区分,只是用来进行描述和对比的手段。所以,我们也可以发现,他同时又将接受性包括在广义的"被动性"层次结构之中。③ 因此,胡塞尔和阿奎纳都在主动的智性或意识活动中敏锐地发现了被动的因素,明察到主动性与被动性实际上是结合在一起的。

四、施泰因:现象学家,或托马斯主义者?

在总结出上述三点一致性之后,施泰因又从阿奎纳的视角出发,通过"直接性"问题分析了他是否能接受现象学对直观的理解。鉴于她此时的基督宗教立场,她最终达到的结论是:人类的直观无论如何都只能是间接的,严格的直接性只为上帝保留,而且本质直观与对本质的陈述

---

① E. Husserl, *Ideen zu einer reinen Phänomenologie und phänomenologischen Philosophie. Erstes Buch: Allgemeine Einführung in die reine Phänomenologie. In zwei Bänder.* 1. Halbband: *Text der 1.-3. Auflage.* Neu hrsg. von Karl Schuhmann, Den Haag, Dordrecht/ Boston/ London, 1976, S.43f. (下引该书简作 Hua III/1,所标页码为德文本以及中文本的边码,即该书首版页码);中译参见胡塞尔《纯粹现象学通论》,李幼蒸译,商务印书馆 1992 年版(以下所引本书均为此版本,不再一一注明出处),第 84 页。

② R. Sokolowski, *Introduction to Phenomenology*, Cambridge, 2000, p.92.

③ 参阅倪梁康《胡塞尔现象学概念通释》(修订版)中的"被动性"、"主动性"、"接受性"等相关词条。

相分离,因此我们在陈述本质时只拥有一个分解的过程,整体绝不会出现在一个充实的直观中。我们这里当然不可能进一步加以展开。

总的来说,施泰因的立场是把阿奎纳看作胡塞尔一个隐秘的导师,虽然胡塞尔本人未必认可,但她试图通过多方面的比较分析来说明她的立场。由于胡塞尔和阿奎纳拥有截然不同的起点——胡塞尔是在意识之内寻找绝对的起点,而阿奎纳的起点则是信仰,是上帝及其与造物的关系,所以我们所要寻找的并不是胡塞尔对阿奎纳理论上的承继,而是他们理论中可能的不谋而合的"明察"。由此,我们或许能够发现胡塞尔思想在中世纪经院哲学中的某些隐秘的根源。

或许,分别简要概述一下阿奎纳和胡塞尔二人在直观问题上的主要思路,将会有助于我们更好地看清他们之间可能存在的联系,也可以更为恰当地检视施泰因的观点。

一般认为,在认识论上存在着柏拉图和亚里士多德两条路线,前者是近代唯理论的源头,后者则是近代经验论的源头。而在阿奎纳看来,思想史上有关认识论的问题实际上存在着三种意见。第一种意见是以德谟克利特为代表的影像论,即认为"感觉和思想生成于从外部世界所进入的影像。如果没有影像撞击,那么,任何人都不可能有感觉和思想"[1]。这种影像论发展了恩培多克勒的流射说,而明确肯定认识起源于感觉,而感觉是外部客观物体的影像。

第二种意见的主要代表是柏拉图的理念论。在柏拉图那里,作为事物的共相而不同于感性事物的理念是存在的,并且它的存在是事物存在的根据。个别事物恰恰是因为分有了理念而成其为自身,理念是事物模仿的模型。于是世界被二重化为理念世界和事物世界,前者是可知而不

---

[1] 艾修斯:《名言录》,IV,8,10,载苗力田主编《古希腊哲学》,中国人民大学出版社 1989 年版,第 166 页。

可感的,后者则是可感而不可知的。我们对理念的认识无非就是通过"回忆"。因此,感觉经验在认识论中被彻底排除。

第三种意见则被阿奎纳称之为"中间道路",即亚里士多德对上述两种意见的调和。亚里士多德同意柏拉图将理智与感觉区别开来,但不能同意他将感觉经验的作用从认识论中彻底排除;同时,亚里士多德也同意德谟克利特强调感觉的作用,但不能同意他将感觉和思想仅仅视为源自原子的流射,而是区分了主动理知与被动理知,"主动要素总是优于被动要素"①。

阿奎纳基本上接受了亚里士多德的意见,在他看来,一切知识都开始于感觉,但决不能说感性认识是理性认识的总原因或全部原因。尽管映像从根本上来源于感觉,但理性认识必须经由主动智性主动地作用于映像,从中抽象出理解形式,继而将这种理解形式传递给被动智性,由被动的(或,可能的)智性去接受、反应而形成智性印象,最终产生智性意向,以完成我们的认识。因此,在面对共相问题上极端唯实论—唯名论之间的争论时,阿奎纳采取了一种折中的立场,这一争论在一定意义上也可被看作是以柏拉图为代表的理念论和以德谟克利特为代表的影像论之间古老争论的重现。阿奎纳实际上扮演了那场争论中的亚里士多德的角色,最终采取了一种"温和的唯实论"的立场。

事实上,那场古老的争论在近代又以一种新的形态重现出来,即经验论—唯理论之争。康德对"先天综合判断如何可能?"的全面回答恰恰就是试图调和这两派之间的争论。然而,在胡塞尔看来,康德并未能真正解决这个问题,康德的"先天综合判断如何可能?"这个问题并未真正切中认识批判的基本问题,这主要是因为康德缺乏"观念直观"的概念。②

---

① 亚里士多德:《灵魂论及其他》,吴寿彭译,商务印书馆 1999 年版,第 152 页。
② 参阅胡塞尔《第一哲学》上卷,王炳文译,商务印书馆 2006 年版,第 494—495 页。

胡塞尔正是通过对直观概念的扩展——即我们不仅具有感性直观的能力,我们也同样拥有范畴直观(包括本质直观)的能力——来展开其现象学的体系的。现象学既承认感性直观与范畴直观的区分,又坚持感性直观对范畴直观的奠基性作用,但我们的认识又绝不是一种康德式的建构主义。

因此,在这个意义上,我们可以说阿奎纳与胡塞尔之间有着一种精神的关联。或许哲学总是面对着一些相同或相类似的问题,不断地尝试新的解决(甚至仅仅是解释)的途径,阿奎纳和胡塞尔也许是都处在一个试图解决两派争论的中间位置上,因而存在着一些一致性。

但我们以为,施泰因在具体的分析中还存在着较多的含混不清之处,比如,施泰因并没有将第一点一致性中的感觉与胡塞尔那里的感性直观明确区分,而在第二点一致性中又似乎是将智性操作类同于胡塞尔的本质直观。因为如前所述,阿奎纳的感觉并不仅仅指材料或对象,同时还指一种能力,而胡塞尔的感觉材料则不是行为,而是行为的一个组元。而且在胡塞尔的本质直观中包含着三个阶段,本质直观行为本身并不直接处理感觉材料,它的代现性内容是总体行为中对某一对象的不明确的、非主题性的意向与分环节行为中对该对象明确的、主题性意向之间的"相合统一"(Deckungseinheit)①,等等。但是施泰因通过对直观方法或"操作步骤"之间作出的深入细致的比较而对胡塞尔与阿奎纳关系的梳理,还是具有重要的启发性、开创性意义。尽管笔者最终会认为,如若将施泰因厘定的这些一致性置入阿奎纳和胡塞尔各自的思想体系的话,我们看到的将会是更多的不同之处,就二者的整体思路以及哲学目

---

① 参阅胡塞尔《逻辑研究》第二卷,第一部分(修订译本),倪梁康译,上海译文出版社 2006 年版,A 625 - 628/B₁ 152 - 156;以及 Dieter Lohmar, "Husserl's Concept of Categorial Intuition", in: D. Zahavi & F. Stjernfelt (eds.), *One Hundred Years of Phenomenology. Husserl's Logical Investigations Revisited*, *Phaenomenologica 164*, Dordrecht: Kluwer, 2002, pp.125 - 145。

标来说,二者之间的差异要大于联系。

　　但是在这种比较研究的尝试中,人们一方面可以看到以一种现象学的方法从事经院式哲学的"合法性",因为这种方法本身就具有与经院的方法之间的亲缘性,这一点可以满足施泰因思想发展后期整个研究的方法论需要;另一方面,人们在这样的比较研究中,也可大致把握施泰因自身所使用的现象学直观方法本身。施泰因自己后来明确强调,在问题域方面,她接受托马斯·阿奎纳的引导,而在寻找解决问题的方法方面,她则接受胡塞尔的现象学的方法,或者说"本质直观的方法"。所谓的"本质"或"本质性"是双重意义上的:(1)某物根据其"本真的存在"(eigentliches Sein)是什么?(2)某物根据其"普遍的本质"(allgemeines Wesen)是什么?(参阅 AMP, ESGA 14, 28f.)

　　但就如诺塔所指出的那样,施泰因在根本上并不是一个托马斯主义者。① 佐勒也指出,不同于托马斯·阿奎纳从外在世界出发展开其思想,施泰因根本上是行进在内在的道路上。她根本的出发点是胡塞尔现象学,而非托马斯·阿奎纳的经院哲学。② 或者如她的朋友康拉德-马悌尤斯(Hedwig Conrad-Martius)所说,施泰因是一个天生的现象学家!③ 施泰因的最终目的是以现象学的本质直观的方法来重新检视托马斯·阿奎纳哲学的一些本质的问题。

　　就此而言,尽管施泰因借助于阿奎纳思想以及基督宗教的教义学打开了一个"超自然的""观"世界的态度,而这一态度在根本上却仍然是现

---

① 参阅 J. H. Nota, "Misunderstanding and Insight about Edith Stein's Philosophy", in: *Human Studies* 10 (1987), pp.205 – 212, hier p.207。

② 参阅 Beate Beckmann (-Zöller), *Phänomenologie des religiösen Erlebnisses. Religionsphilosophische Überlegungen im Anschluß an Adolf Reinach und Edith Stein*, Würzburg: Königshausen & Neumann, 2003, S.184f.。

③ 参阅 Hedwig Conrad-Martius, "Meine Freundin Edith Stein", in: Waltraud Herbstrith (hrsg.), *Denken im Dialog. Zur Philosophie Edith Steins*, Tübingen: Attempto Verlag, 1991, S.176 – 187, hier S.179。

象学的。但这丝毫也不影响施泰因现象学对于"永恒"——而非"时代"——的追求。在她看来,"永恒哲学"(*philosophia perennis*)并不是指一个现成的学说体系,而是意味着一种真正哲学的精神,"它存在于每一个真正的哲学家中,存在于任何不能抗拒那种去找出这个世界的逻各斯、它的理性(*ratio*)的内心需要的人之中"①。托马斯·阿奎纳、胡塞尔以及她本人都是被这种"内心需要"紧紧抓住的人。

　　早期现象学家们正是汇聚在"本质直观"②的旗帜下,以其共同开拓和呵护的"本质性"领域(无论是在"意识论"的、"人格主义"的③或是"存在论"的标题之下),一同对抗着形形色色的相对主义,比如心理学主义、自然主义、历史主义或人类学主义等。现象学家对于绝对主义的诉求也不可避免地让人们联想到中世纪的神哲学,舍斯托夫就在胡塞尔的宣言"科学说话了,智慧从现在起便只能学习"④与教会强调教皇权威的宣称"罗马发话了,一切就都结束了"之间读到了一种内在的精神联系。⑤ 的确,相对于一切相对主义的"时代"之"智慧",绝对主义的、严格的"永恒"之"科学"宛如教皇,而这样的一种整全的"世界图像"究竟会不会,或者到底还能不能为我们这个科学主义尘嚣日上的"时代"带来更多一些警醒?

---

① Edith Stein, "Husserls Phänomenologie und die Philosophie des hl. Thomas v. Aquino: Versuch einer Gegenüberstellung", in: *Jahrbuch für Philosophie und phänomenologische Forschungen*, *Erganzungsband*, Tübingen, 1929, S.316.

② 国内有关"本质直观"的最新思考,可以参阅倪梁康《何为本质,如何直观?——关于现象学观念论的再思考》,载《学术月刊》2012 年第 9 期。

③ 舍勒在其现象学人格主义中,对"本质性"领域有着十分重要的拓展,对此可参阅张任之《舍勒的"超然的具体主体性"现象学》,载《哲学动态》2011 年第 12 期。

④ 胡塞尔:《哲学作为严格的科学》,第 334 页(边码)。

⑤ 参阅 Leo Schestow, "Memento mori: Anläßlich der Erkenntnistheorie von Edmund Husserl", in: ders., *Potestas Clavium oder die Schlüsselgewalt*, Übers. Von Hans Ruoff, München, 1926, S.323f. 中译参见舍斯托夫《凡人皆有一死——论埃德蒙德·胡塞尔的认识论》,载其著《钥匙的统治》,张冰译,上海人民出版社 2004 年版,第 155 页。

第三节　同感现象学研究的起点与目标

按照佐勒的说法,施泰因对于现象学本身的强调主要集中在两个原则方面,即人们如何去关注、分析在他的精神之眼中所看到的东西,以及如何向他人陈述并且他人如何能够接受之。前一方面主要与"直观"有关,进而与现象学的"明见性原则"相关,而后一方面则首先与"表达"相关联,继而与现象学的"交互主体性原则"有关。[①] 在施泰因最早的有关"同感"问题的现象学研究中,这两个方面的原则都有所体现。

一方面,作为对"同感"本身的现象学研究,施泰因毫无疑问是采取"本质直观"的方法的,是坚持现象学的明见性原则的。换言之,正是在一种现象学的明察中,在明见的直接性的直观之中,"同感"本身的本质形式才自身被给予;另一方面,在明见的直观中自身被给予的"同感"在根本上不同于"直观",依其本质来看,同感首先涉及的是异己的他人的"直接的"被给予方式,因此它在根本上构成了交互主体性的可能性前提。基于此,我们可以预先概括地说,施泰因对于同感的现象学研究,是以本质直观以及明见性原则为基础的,又是以交互主体性的原则为旨归的。

一、施泰因同感现象学研究的起点

施泰因现象学研究的开山之作《论同感问题》的出发点,或者说施泰因研究同感本质现象学的出发点是纯然的内在性,这一点完全是胡塞尔式的。在后来的《现象学的世界观意义》一文中,施泰因曾经对她所理解的 1930 年代以前的胡塞尔现象学的基本要点作了分析。在她看来,这

---

① 参阅 Beate Beckmann-Zöller, "Einführung", in: AMP, ESGA 14, S.XVII–XXXVIII, hier, S.XXXIV。

些要点是①：

（1）转向客体(Wende zum Objekt)；

（2）本质研究(Wesensforschung)；

（3）怀疑考察(Zweifelsbetrachtung)；

（4）意识领域的开启(Aufdeckung der Bewußtseinssphäre)；

（5）构造问题(Konstitutionsproblematik)；

（6）将构造的问题与超越论的观念论(transzendentaler Idealismus)相联系。

施泰因认为，前两个要点也同样被舍勒以及所谓的哥廷根现象学小组所共同接受，即他们都可以归在一种"广义的本质现象学"研究的名下。他们把"转向客体"视为胡塞尔的贡献，并在对对象世界的本质建构的研究中或者说各种存在论中看到了他们自己的任务，同时也提供了许多深富意义的研究。他们以及慕尼黑的现象学圈子一致拒绝胡塞尔的"超越论的转向"，更将胡塞尔把构造问题与超越论的观念论结合在一起视为一种向"康德主义的回转"，一种对"转向客体"这一目标的背弃。②

事实上，在写作博士论文时期，施泰因对于胡塞尔的上述要点要接受得更多。在《论同感问题》的第一节，施泰因对她研究同感行为之本质的现象学方法作出了说明。在她看来，现象学的目标是要澄清并由此发现一切知识的最终基础，因而现象学的研究首先就不能去考虑任何"可怀疑的"东西，比如那些所谓科学的任何结论或者自然经验等，而是要通过"现象学还原"达至那真正"不可怀疑的"领域。那些可被排除的或者需要还原的有整个周围世界、物理的以及心理—物理的、人和动物（包括

---

① 参阅 Edith Stein，"Die weltanschauliche Bedeutung der Phänomenologie"，S.9ff.。

② 参阅 Edith Stein，"Die weltanschauliche Bedeutung der Phänomenologie"，S.11。

研究者自身的心理—物理人格）的躯体以及心灵等，还留存下来的"剩余"就是"纯粹研究的无限领域"，即那真正"不可怀疑的领域"："我对事物的体验（感知、回忆，或其他的把握）及其相关项，完整的'事物现象'（作为与在一系列不同的感知或回忆中作为同一个被给予的客体)"（PE，ESGA 5，11/ CWES 3，3f.）。当世界的设定被排除时，整个"世界现象"则保留了下来。因此，这些"现象"，当然还有我对之的整个体验都是现象学的对象。而且仅仅个别地理解它们、解释它们的含义等都是不够的，现象学的研究必须推进到它们的本质。或者说，现象学最终要研究的对象是一种"本质的现象"。施泰因借用胡塞尔在《逻辑研究》中的术语，将这种对"本质的现象"的探究方法称作"观念化的抽象"。

从这里我们可以看得很清楚，施泰因在她开展同感现象学研究的一开始，实际上接受了她所概括的胡塞尔现象学六个基本要点中的前四个：(1) 转向客体，(2) 本质研究，(3) 怀疑考察，(4) 意识领域的开启。这意味着她对同感的研究是在一种现象学还原的态度之下，直接面对那无可怀疑的被给予的同感现象本身，并对之进行本质的研究，而这一研究的最基本的领域在于还原以后的"纯粹意识"领域。施泰因正是试图借助于将同感行为与纯粹意识领域的其他行为进行对比，进而探究同感行为的本质的（参阅 PE，ESGA 5，14/ CWES 3，6)。

换言之，施泰因的研究起点完全是胡塞尔式的，或者更明确地说是胡塞尔在《观念 I》中所开启的"超越论的现象学"。胡塞尔指出，"现象学在其'排除'每一种超验物的纯本质态度中，根据它的纯粹意识的固有基础，必然达到**在特定意义上的超越论的问题**的这一整个范围，并因此配享**超越论的现象学**的名称"①。而在《观念 I》中的"超越论的现象学"首先

---

① E. Husserl，Hua III/1，S.177f.；胡塞尔：《纯粹现象学通论》，第 220 页（译文有所改动）。

是与"构造"(Konstitution)的整个问题域联系在一起的,"把现象学还原以及类似地把纯粹体验领域描述为'超越论的',正是根据这样的事实,即在此还原中我们发现了一个由材料和意向活动形式组成的绝对领域,其确定结构的组合**按照内在本质必然性**具有一种以这种方式所与的被规定者或可规定者的奇异的意识,后者是与意识本身对立的东西,某种本质上的他者、非实项物、超越物;又根据这样的事实,这是最深邃的认识问题的唯一可想象的解决的首要来源,这些认识问题与那些对超验物的客观正确认识的本质和可能性有关"①。

二、施泰因同感现象学研究的目标及其与起点之间的张力

事实上,施泰因也同样接受了胡塞尔的这种作为"构造问题"的"超越论的"问题域,或者说,在某种意义上,"构造问题"构成了施泰因同感现象学研究的目标。"我们可以研究任何向我们显现的单纯在外感知中被给予的超出纯粹物理躯体的东西在意识中如何构造起来"(PE,ESGA 5,13/ CWES 3,5),"当我们获得了我们所谓的进步——**在内在被给予的、纯粹意识中的超验客体的构造**,我们就拥有了最终的清晰性,没有问题悬而未决。这是现象学的目标"(PE,ESGA 5,53f./ CWES 3,38. 着重为笔者所加)。

由此我们也可以说,施泰因实际上也接受了她所概括的胡塞尔现象学六个基本要点中的第五个,即构造问题,并且将之视为同感现象学研究所要达至的目标。而且这个构造问题本身又是和胡塞尔意义上的"超越论的问题"紧紧联系在一起的,或者说,施泰因所开展的同感现象学的研究无论从其起点还是从其目标来看在根本上就是一种"超越论的现象

---

① E. Husserl, Hua III/1, S.204;胡塞尔:《纯粹现象学通论》,第 247—248 页(译文有所改动)。

学"的研究。①

在后来的纪念文章《胡塞尔的现象学与圣托马斯·阿奎纳的哲学：一个比较的尝试》中，施泰因也谈到所谓"超越论的"探究就意味着这样的问题：对一个我可以内在研究的意识来说，世界是如何建构起来的，无论是内部的世界或是外部的世界，价值无涉的世界或善业世界，以及最终充满宗教意义的世界，上帝世界，等等？但是，施泰因在这里却表达了一个对胡塞尔超越论的现象学的进一步发展的质疑，"超越论的现象学道路导致它将主体设定为哲学研究的起点和中心，其他一切都是关于主体的。由主体的行为建构起来的世界永远都是一个为主体的世界。现象学在这样的道路上不可能成功地从内在领域重新赢得**那种客体性**，这就像现象学的创立者不断被他自己的学生所反对那样"②。最终，相对于托马斯·阿奎纳的经院哲学是以神为中心的，现象学则是以"本我"为中心的。在 1932 年的托马斯协会组织的会议上，施泰因也明确指出，尽管胡塞尔对"悬搁"或者对实存的"加括号"的用法**从方法论的角度**看也许是合理的，但是他自己的学说还需要一个对超越论的还原本身的最终悬置，并需要返回在世界的实在性中对自然信仰的持有，因为"悬搁"对于现象而言是不可靠的。③

---

① 这一看法当然是存在争论的。比如 K. 黑德维希就明确宣称："很明显，施泰因早期工作仍然是立足于超越论现象学的基础上的，那是胡塞尔所一直坚持的立场"(Klaus Hedwig, "Über den Begriff der Einfühlung in der Dissertationsschrift Edith Steins", a. a. O., S.244)；而伍尔夫也曾明确指出："因此施泰因的出发点从内容上看不是超越论的"(Claudia Mariele Wulf, "Hinführung: Bedeutung und Werkgestalt von Edith Steins *Einführung in die Philosophie*", in: EPh, ESGA 8, S.XV)。我们后面还会进一步检审我们这里的这一论断。

② Edith Stein, Festschrift-Artikel, S.326；CWES 8, pp.31f. 胡塞尔在其自己所藏的这本纪念他 70 岁生日的文集上留有对施泰因这篇文章仔细阅读的痕迹。对我们这里所引的施泰因的这段文字，胡塞尔做了记号(参阅 Klaus Hedwig, "Über den Begriff der Einfühlung in der Dissertationsschrift Edith Steins", a. a. O., S.248f.)。

③ 参阅 Edith Stein, Juvisy-Diskussionsbeiträge, S.109ff.。

　　显然,施泰因这里对胡塞尔超越论现象学的道路提出了质疑,并且认为这种质疑或反对发生在胡塞尔本人的学生之中。那么,如果我们还坚持施泰因同感现象学研究本质上是一种"超越论的现象学"的研究,这是不是意味着施泰因前后期的思想发生了重大的变化? 或者更为严重地说,在其思想中存在着内在的不一致性?

　　实际上,所有问题的症结在于施泰因对她所概括的胡塞尔现象学六个基本要点中的第六个(即,将构造的问题与超越论的观念论相联系)的理解和态度,或者更明确地说,问题的关键在于"观念论"(Idealismus)立场以及"构造"问题与"观念论"立场的连接上。

　　在纪念文章《胡塞尔的现象学与圣托马斯·阿奎纳的哲学:一个比较的尝试》中,施泰因指出,在胡塞尔的《观念 I》出版后的几年里,胡塞尔被他的学生们主要批评的正是在《观念 I》中首次表达的、胡塞尔本人谈论得很多的"观念论"问题。在与胡塞尔的讨论中,他的热忱的学生们不断提出这个问题,但从没有任何结论。"对胡塞尔而言具有决定性的那些论据在这些讨论中时常显得不能使他的对手信服,即使有对手那时放弃了,但他迟早还是会带着那些旧的或新的反对意见回来"①。而在更早的 1924 年,施泰因在《什么是现象学?》一文中还有一个更尖锐的说法:"在哲学的语言使用中,观念论意味着采取这样一种见解,即世界依赖于进行认识的意识。[……]在我看来,观念论只是个人的、形而上学的基础信念,而绝非现象学研究的无可争辩的结果"②。换言之,在施泰因看来,观念论本身并不必然等同于现象学或超越论现象学,胡塞尔的超越论的观念论的立场只是他私人的事情,而与现象学研究本身无关。

　　问题应该比较清楚了,施泰因所坚决反对的并非胡塞尔的"超越论

---

① Edith Stein, Festschrift-Artikel, S.326f.; CWES 8, pp.32f.

② Edith Stein, "Was ist Phänomenologie?" in: *Theologie und Philosophie*, 66 (1991), S.573.

的现象学",而是反对其"超越论的观念论",或者说,她可以接受作为"超越论问题"的"构造问题",但是坚决反对作为"超越论的观念论问题"的"构造问题"。换言之,在她所概括的胡塞尔现象学六个基本要点中的第六个是被她完全拒绝的。这当然可以认为是因为她从舍勒、莱纳赫①、马悌尤斯②等人那里所接受的影响,一种实在论现象学或者现象学的实在论的影响。③

　　然而这里还有两方面的问题没有解决。一方面,胡塞尔的超越论的现象学和他的超越论的观念论可以分离吗? 作为"超越论问题"的"构造问题"与作为"超越论的观念论问题"的"构造问题"难道不是同一的吗? 另一方面,既然施泰因同感现象学研究的出发点是胡塞尔《观念Ⅰ》所提出的"超越论的现象学",而且"观念论"问题也首先在这本书中被表达,那么,施泰因对前者的接受和对后者的拒绝又是如何可能的? 或者说,对作为"超越论问题"的"构造问题"的接受与对作为"超越论的观念论问题"的"构造问题"的拒绝又是如何发生的?

　　对这两方面问题的最终解决实际上是本书的最终任务,因此我们将会在总结部分予以讨论,这最终涉及早期现象学运动中最为重要的一场争论,即"观念论—实在论"之争。

----

① 有关施泰因与莱纳赫之间学术联系的概要讨论,可参阅 Karl Schuhmann, "Edith Stein und Adolf Reinach", a. a. O.。

② 有关施泰因与马悌尤斯之间学术联系的概要讨论,可参阅 E. Avé-Lallemant, "Edith Stein und Hedwig Conrad-Martius. Begegnung in Leben und Werk", in: Beate Beckmann (-Zöller) und Hanna-Barbara Gerl-Falkovitz (hrsg.), *Edith Stein. Themen-Bezüge-Dokumente*, Würzburg: Königshausen & Neumann, 2003, S. 55 - 78。

③ 对此比较集中的讨论,可参阅 Hans Rainer Sepp, "Edith Steins Stellung innerhalb der phänomenologischen Bewegung", in: *Edith Stein Jahrbuch* 4 (1998), S. 495 - 509;以及 Hans Rainer Sepp, "Edith Steins Position in der Idealismus-Realismus-Debatte", in: Beate Beckmann (-Zöller) und Hanna-Barbara Gerl-Falkovitz (hrsg.), *Edith Stein. Themen-Bezüge-Dokumente*, Würzburg: Königshausen & Neumann, 2003, S. 13 - 23。我们后面还会回到这个问题上来。

我们这里只想预先指出三点：第一，施泰因同感现象学研究的起点无疑是胡塞尔式的——胡塞尔的"超越论的现象学"式的，这意味着对于同感现象学的本质分析将集中于现象学还原以后的纯粹意识领域。第二，施泰因同感现象学研究的目标在一定意义上也是胡塞尔式的，即对世界的构造。但是她根本上拒绝将构造问题与"观念论"的立场相联系，因此也可以说她的同感现象学研究的目标或意图是实在现象学式的，或者是一种"现象学的实在论"。基于此，我们后面会看到，在她对同感的整个现象学研究中充满了内在的张力。① 第三，施泰因《论同感问题》一书最后的落脚点是"对人格的分析"，以及在此基础上的对自然和精神关系的探究，或者说，以现象学为精神科学奠定基础。

---

① 葡萄牙学者菲达尔果（Antonio Carreto Fidalgo）在其博士论文而后在相关研究论文中首先提出了施泰因《论同感问题》一书在计划的意图和实现的结果之间存在着的"矛盾"（Widerspruch）。施泰因计划的意图是对实在或客观世界的交互主体性的构造，这是一个超越论现象学或者说现象学的观念论的意图，而其结果则是其意图的对立面，即论证了交互主体性的世界或以同感的方式被给予的世界实际上是不依赖于意识的实存着的世界。相关的研究可以参阅 Antonio Carreto Fidalgo, *Der Übergang zur objektiven Welt. Eine kritische Erörterung zum Problem der Einfühlung bei Edith Stein*, Diss. der Julius-Maximilians-Universität zu Würzburg, Würzburg, 1985；以及 Antonio Carreto Fidalgo, "Edith Stein, Theodor Lipps und die Einfühlungsproblematik", in: Reto Luzius Fetz, Matthias Rath und Peter Schulz（hrsg.）, *Studien zur Philosophie von Edith Stein*, *Phänomenologische Forschungen* Bd. 26/27, Freiburg/ München: Alber, 1993, S.90 - 106. 菲达尔果的这一研究是敏锐的也是深富启发的，但是笔者一方面不能同意其将超越论现象学与现象学的观念论**简单**相等同的看法，另一方面也无法同意其对《论同感问题》一书最终目标的概括。我们将会在总结部分再次讨论这一问题。

第二章　同感行为的本质现象学

按照茵伽登的看法，典型的现象学式的工作方式或风格是：文献并没有成为研究的起点，而是具体的、实事性的、人们尝试着要去回答的问题才构成研究的起点。[①] 的确，我们现在读到的《论同感问题》完全是以这种典型的现象学式的工作方式来展开的，在这个意义上，它的作者施泰因当然是个现象学家。

但是如前所述，施泰因博士论文缺失的第一部分可能题为"从赫尔德到 20 世纪初同感问题的历史"，这一部分的展开或许并不是以文献为中心的，但是"同感"这个概念或者借这个概念所表达的实事本身一定是需要首先得到关注的。只有如此人们才可以理解，那个"具体的、实事性的、人们尝试着要去回答的问题"究竟是什么。本章的第一节在一定意义上就是希望可以为施泰因《论同感问题》一书提供一个可能的"前言"，即对"同感"这一概念的历史发展与基本意涵作一个回顾，尽管只是极为简略的概览。

---

① 参阅 Roman Ingarden，"Über die philosophischen Forschungen Edith Steins"，a. a. O.，S.239。

在利普斯等人的影响下,施泰因是在"有关异己意识之把握"的背景视域中来谈论"同感"这一问题的,因此,在本章我们还将关注心理学哲学史上"有关异己意识之把握的诸发生理论",继而着眼于施泰因对同感行为之本质的现象学描述,最后讨论利普斯、舍勒和施泰因在"同感"和"同一感"问题上的相互关系,以进一步厘清施泰因本人对于"同感行为"之本质的基本现象学规定。

第一节 "同感"概念的历史发展与基本意涵[①]

在如今的哲学辞典中,"Einfühlung"(同感)这个概念有两个最基本的含义:

首先,它意味着一种对他人表象世界的"Sich-Einleben"(自身进入)或"Sich-Versetzen"(自身置入)。这在哲学发展史上主要体现在解释学的传统中,比如在施莱尔马赫、狄尔泰和伽达默尔等人那里。

其次,它意味着一种将本己的感受转渡(Übertragen)或投射(Projektion)到他者躯体上,在此意义上,它与"类比"(Analogie)的问题多少有些相关。在这个方向上,它主要是在心理学和美学的领域被使用。[②]

然而,这个概念的最初产生以及随后的发展却有着一段远为复杂的历史。尽管在赫尔德(J. G. Herder)那里,就已经出现"sich einfühlen"这样的说法(1778 年),但是如今我们所说的"同感"(Einfühlung)这个概念只是在 19 世纪末才被开始系统使用,尽管它的一些相关含义在 18 世纪

---

① 本节有关"Einfühlung"这一概念史以及它在利普斯哲学中的意涵的相关讨论得益于张伟教授 2011—2012 年冬季学期在中山大学哲学系所开设的研究生讨论班"哲学关键词专题导读(同情 *sympatheia*)"的课堂讲义材料,特此说明并致谢。也参阅张任之《心性与体知——从现象学到儒家》,商务印书馆 2019 年版,第 107—110 页。

② 比如参阅 A. Hügli und P. Lübcke (hrsg.), *Philosophie-Lexikon*, Hamburg, ²1998, S. 163,等等。

已经以"同情"(sympathy)的形态被广泛讨论,比如在休谟、亚当·斯密等人那里。在《人性论》中,休谟曾指出,"人性中任何性质在它的本身和它的结果两方面都最为引人注目的,就是我们所有的同情别人的那种倾向,这种倾向使我们经过传达而接受他们的心理倾向和情绪,不论这些心理倾向和情绪同我们的是怎样不同,或者甚至相反"①。

而在 19 世纪的德国,这个概念首先是在对美学的广泛哲学讨论中由 R. 卫舍(Robert Vischer)引入的(1873 年),它起初描述观察者从艺术作品中引发的感受。在 R. 卫舍以后,"同感"概念逐渐流行并成为当时美学领域的热点。随后利普斯将之从美学领域引入心理学。正是在利普斯的影响下,同感概念一度成为美学和心理学的核心词汇,以至于今天人们可以谈论所谓的"移情论美学"或"移情心理学"。

这里所说的"移情"实际上是对"Einfühlung"一词的另一种汉译。当然它也可以是对英文单词"empathy"的汉译。而"empathy"一词本身就是由著名心理学家 E. 铁钦纳(Edward Titchener)根据希腊文"*empatheia*"生造出来对译利普斯的"Einfühlung"概念的(1909 年)。他放弃了稍早些时候浮龙·李(Vernon Lee)所使用的"sympathy"的英文译名。因为在他看来,希腊文"*empatheia*"中的前缀"en-"意味着"进入",而根本不同于"syn-",后者意指"共同、一起"。而这个意义上的"sympathy"最为对应的德文词应该是"Mitfühlen"。②

① 休谟:《人性论》,关文运译,郑之骧校,商务印书馆 1980 年版,第 352 页。
② "en-"、"syn-"在字母"p"前面写为"em-"、"sym-"。而词根*pathos*则指"情感或感受"。也正是基于这一点,"sympathy"一般被译为"同情",而"empathy"则被译作"移情"。值得一提的是,在现象学的语境中,"Einfühlung"也常被译为法文的"intropathie"(参见利科为《观念 I》所写的法译本译者导言,中译载胡塞尔《纯粹现象学通论》,第 489 页注释 3)。施坦因伯克(A. J. Steinbock)也曾提出以英文的"intropathy"来对译"Einfühlung"(参阅 A. J. Steinbock, *Home and Beyond: Generative Phenomenology after Husserl*, Evanston, Illinois: Northwestern University Press, 1995, p.49)。此处法文和英文中的词根"-pathie"、"-pathy"都来自*pathos*,而前缀"intro-"既可意味一种静态的"在内",也可意味一种动态的"向内、进入"。后面我们会看到这个含义与"Einfühlung"(至少在利普斯那里)贴得更近。

简单而言,希腊文的"*sympatheia*"、英文的"sympathy"以及德文的"Mitfühlen"构成了一组,基本上指"同一情";而希腊文的"*empatheia*"、英文的"empathy"以及德文的"Einfühlung"则构成了另一组,即通常意义上的"移一情"。

但是事情却没有这么简单。对上述这几个概念并不能如此简单地分组,而且还会有新的概念掺杂进来。比如,在德文中同样有直接对应于希腊文的"*sympatheia*"和英文的"sympathy"这一概念的"Sympathie",同样也有相对于希腊文的"*empatheia*"和英文的"empathy"的"Empathie"。前者比如在舍勒的代表作《同情的本质与形式》(*Wesen und Formen der Sympathie*)中等,后者早在1848年就由德国哲学家洛采(Rudolf Hermann Lotze)使用过,在今天的文献中,也常常拿它来对译英文的"empathy"。换言之,早先为了翻译德文的"Einfühlung"而生造出来的英文"empathy",如今也常常被回译为德文的"Empathie"。①

术语的无法一一对应和不断增多表明了一个事态:人们既可能用不同的概念在谈论同一个事情,也可能以同一个概念在谈论不同的事情。单以如今在英语世界广为人知的"empathy"来说,它被广泛应用于实验心理学、临床心理学、审美心理学以及道德心理学等应用学科,其内涵已经渐渐超出了它原先对应的德文词"Einfühlung"的基本意涵,以至于人

---

① 上述概念之间的相互联系,综合参考了如下几篇文字:Dermot Moran, "The Problem of Empathy: Lipps, Scheler, Husserl and Stein", in: *Amor Amicitiae: On the Love that is Friendship. Essays in Medieval Thought and Beyond in Honor of the Rev. Professor James McEvoy*, ed. by Thomas A. Kelly and Phillip W. Rosemann, Leuven/ Paris/ Dudley, MA: Peeters, 2004, pp. 269 - 312; O. Ewert, "[Art.] Einfühlung", in: *Historisches Wörterbuch der Philosophie*, Band 3, hrsg. von Joachim Ritter, Basel/ Stuttgart, 1972, S.396f.; 以及 Gustav Jahoda, "Theodor Lipps and the Shift from 'Sympathy' to 'Empathy'", in: *Journal of the History of Behavioral Sciences*, Vol. 41(2), Spring 2005, pp.151 - 163。

们不得不再以德文中的"Empathie"来对译它。

在本书的核心词"Einfühlung"的使用和意涵上,问题也同样复杂。如前所述,真正将这个词带入心理学和哲学并铸造了其基本含义的,是利普斯。而他起初用这个概念并非为了对译希腊语中的"*empatheia*"。利普斯是休谟《人性论》一书的德译者,而"sympathy"是《人性论》中的核心概念之一。尽管在其德译本中,利普斯常常选用"Mitfühlen"甚至是"Sympathie"来翻译之,但是在后来的研究中他也明确指出,他自己的核心概念"Einfühlung"与休谟或者休谟同时代的苏格兰哲学家的"sympathy"概念基本同义。G. 亚霍达(Gustav Jahoda)曾强调:"虽然利普斯一般更喜欢提 Einfühlung,但他一再地、极其清楚地表明,除了例外以外,他看不到这两个概念(即 Einfühlung 与 Sympathie 这两个概念——引者)之间的实际区别。偶尔的例外比如在下面的引文中:'Sympathie 一词似乎只是 Einfühlung 的另一个说法。情况确实如此。只要我们在肯定的意义上来理解 Einfühlung,[……]即,将之理解为自由的内在参与'。"[①]如果不去细究"Einfühlung"与"Sympathie"这两个概念之间偶见的差异,利普斯这里的"Einfühlung"在根本上就并不仅仅带有后来英文中"empathy"一词的含义,而且还有休谟时代的"sympathy"一词的含义。

我们这里姑且撇开"Einfühlung"这个概念在概念史和思想史上存在着的诸多纠葛不论,而把目光集中在利普斯的语境中。毕竟,通过利普斯并且通过胡塞尔对利普斯这个概念的借用,以及舍勒和施泰因的进一步研究,这个概念如今才成为交互主体性现象学的核心概念。

对于利普斯来说,存在着三种知识的领域:事物、自身和其他人类个

---

① Gustav Jahoda,"Theodor Lipps and the Shift from 'Sympathy' to 'Empathy'",p.158. 此处所引利普斯的文字参阅 Theodor Lipps,*Ästhetik. Psychologie des Schönen und des Kunst I*,Hamburg/ Leibzig:Voss.,1903,S.139。

体。前两种知识分别来自感性感知和内在反思感知,而他人则是通过"同感"而被认识的。与内在反思感知把握到一个人的自身相似,同感可以把握到一个陌生人或者其他人的意识。[①] 换言之,在利普斯这里,相对于外感知和内感知,"同感"首先和对一个陌生人或其他人的意识之把握有关,或者说,它意味着一种对异己意识的把握方式。它与对事物的外感知和对自身的内感知一道构成了认识或者知识的来源。[②] 这也是施泰因后来对"同感"概念的最基本规定:"一种基本的行为方式,在其中异己体验被把握到"(PE, ESGA 5, 13f. / CWES 3, 6)。

实际上,这只是对"同感"这个概念或这种行为的一个非常外在的界定,而且是借助于行为相关项方面而作出的区分和界定,"同感"这一行为的行为相关项是一种异己体验或陌生人的意识。但是利普斯对"同感"的使用并没有仅仅局限在这一层面。

按照萨维奇的说法,利普斯区分了两种最基本的"同感":"夺格同感"和"宾格同感"。这两类同感都可以从"Einfühlung"这个德文词分解出来。这个概念中的词干部分"Fühlung",是"fühlen"一词的名词化,意指一种触摸或准—感触接触意义上的"感受",而并不必然是一种情感激发意义上的感受。因此,在汉译时,"Fühlung"译作"感"要比译作"情"更为合适。

而这个概念中的前缀"ein-"则既可以指一个位置上的"内",也可以指作为一种运动的朝向"内",或者二者皆是。因此,所谓的"Ein-fühlung"就含有内在认识、内部认识之义,从字面上来讲,它就是"内—感受"。就此而言,人们既可以以此"内—感受"的方式居于其自己的主体

---

① 参阅 Theodor Lipps, *Leitfaden der Psychologie*, Leibzig: Wilhelm Engelmann, 1903, ³1909, S.221f.; 同时参阅 Marianne Sawicki, *Body, Text, and Science. The Literacy of Investigative Practices and the Phenomenology of Edith Stein*, p.9。

② 参阅 Edith Stein, Staatsexamensarbeit, S.147。

性之中并与之一致,也可以以此"内—感受"的方式遭遇、沉浸于并接收别的某人某物。前者是在"夺格"的意义上说的,而后者则是在"宾格"的意义上讲的。①

所谓"夺格"意义上的"内—感受"或者说"夺格同感"指的是:无论我做什么,我都可以自身"内—感受"到(fühlen mich ein),我总是发现自己在参与我恰好在进行的心灵活动。② 因此,所谓的"夺格同感"是自我自发的、非选择的、几乎"持续的忙碌",但它却为其后的反思过程奠基,而个体自我恰恰是在这种反思过程中产生的,因此利普斯才会强调,个体自我不是直接被给予的,而是被"追加—思考"的(hinzugedacht)。一个个体自我作为对象在意识中被构成时,它就成为一个"某物",成为一个统一体,那整个系列的活生生的体验就被归于它。在这个意义上的"夺格同感"或者"夺格"意义上的"内—感受"在根本上就意味着一种伴随性的、非课题化的"同一感",它与胡塞尔后来谈论的"内意识"、"原意识"或"自身意识"基本是同义的。③ 这里的"内—"根本上指的就是在自身之内,而这里的"同一"当然可以意指一种夺格意义上的、伴随性的"同时"。④

而"宾格"意义上的"内—感受"或者说"宾格同感"相对要更好理解些,它首先意味着一种技艺,每当人们面对一个审美对象并试图去理解

---

① 参阅 M. Sawicki, *Body, Text, and Science. The Literacy of Investigative Practices and the Phenomenology of Edith Stein*, p.10。当然,在如今的日常德语中,"ein-"这个前缀的主要意思是指动态的"朝向内",而非静态的"居于内"。而这里在"内—感受"意义上的"Einfühlung"主要意味着"居于"这个"感受"(fühlen)本身之"内",是一种伴随性的"居于"。

② 参阅 Theodor Lipps, *Ästhetik. Psychologie des Schönen und des Kunst II*, Hamburg/Leipzig: Voss., 1906, ²1920, S.1ff.。

③ 参阅倪梁康《自识与反思——近现代西方哲学的基本问题》,商务印书馆 2002 年版,第389—399 页。

④ 参阅 Th. Lipps, *Leitfaden der Psychologie*, Leipzig: Wilhelm Engelmann, 1903, ³1909, S.41f.;以及参阅 M. Sawicki, *Body, Text, and Science. The Literacy of Investigative Practices and the Phenomenology of Edith Stein*, pp.11-17。

它时,人们可采取或实践此技艺。当然,这个"内—感受"也可以是作为对这个审美对象的自发回应而发生。事实上,即便是非审美的人工制品或自然之物也可以引发这种投射式的"赋予灵魂"(Beseelung)。甚至自然科学中也有这种"宾格同感",自然科学总是将相互联系归于诸事物,或者说,通过将因果性投射到物理事件中而使事物人性化(vermenschlichen)。对这种"宾格"意义上的投射或者接受(当然也可能是投射并且接受)的觉察就是一种"同感"。在这里,那个事物、那个审美对象乃至于一个事件、一个他人或者他人的心灵都是作为"宾格"出现的,不管是这种"宾格"引发了我们的**被动的**"同感",或者是我们**主动地**为这种"宾格""赋予灵魂"。这种意义上的"内—"根本上就是指一种趋向,一种"朝向内";而这里所说的"同—"则是与"宾格"的"一同"或"共同"。①

正是基于"Einfühlung"这个概念上述两层不同的含义,本书接受"**同感**"这个译名②,它既可指一种夺格式的、伴随性的"同时"的"同—感",也可指一种与"宾格""一同"的"同—感"。通常的译名"移情"不仅无法表达出"Einfühlung"这个概念的夺格意义,即便是在这个概念的宾格意义上,它也因为较强的主动性,而无法表达出"宾格同感"的被动性的那一层面,即被引发的那一层面。

当然,在利普斯那里,对"Einfühlung"这个概念的使用是非常复杂的,前后期也有不少的变化,尤其是在胡塞尔的《逻辑研究》发表以后,利普斯在 1903 年发表的《心理学导引》(*Leitfaden der Psychologie*)以及

---

① 参阅 Th. Lipps, *Leitfaden der Psychologie*, S.41f.; 以及参阅 M. Sawicki, *Body*, *Text*, *and Science. The Literacy of Investigative Practices and the Phenomenology of Edith Stein*, p.14。
② 有关这个概念的汉语翻译以及它在胡塞尔现象学中的主要意涵,可以参阅倪梁康《胡塞尔现象学概念通释》(修订版),"同感"词条。

以后的相关著作中,为回应胡塞尔而不断修正自己的观点。① 利普斯在其不同时期的许多著作中,对"同感"有过多种区分,比如他曾经区分所谓的"审美的同感"(ästhetische Einfühlung)、"实践的同感"(praktische Einfühlung)和"智性的同感"(intellektuelle Einfühlung)②;他也以曾将"同感"划分为"普遍的统觉同感"(allgemeine apperzeptive Einfühlung)、"情绪同感"(Stimmungseinfühlung)和"经验性地被引发的统觉同感"(empirisch bedingte apperzeptive Einfühlung)③,如此等等,以至于胡塞尔 1910 年代以后会抱怨说他很难把握对于利普斯来说"同感"究竟意味着什么。④

我们在这里当然无法深究利普斯"同感"理论的历史变化以及系统思考。实际上,就我们现在可以读到的文本而言,施泰因也没有去细究利普斯"同感"概念的种种变化和差异。在施泰因《论同感问题》一书中她所使用的"同感"概念主要是利普斯那里的宾格意义上的"同感",或者说,在胡塞尔、盖格尔、舍勒以及施泰因等人以来的交互主体性现象学的传统中,这个概念首先是和"对他人或异己意识之把握"的问题相关。当

---

① 有关胡塞尔和利普斯在"自我"、"同感"等问题上的相互关系的讨论,可以参阅 M. Sawicki, *Body*,*Text*,*and Science*. *The Literacy of Investigative Practices and the Phenomenology of Edith Stein*,p.11f.;D. Moran,"The Problem of Empathy: Lipps, Scheler, Husserl and Stein",pp.277ff.。

② 例如参阅 Theodor Lipps, *Leitfaden der Psychologie*,S. 237 - 241;Theodor Lipps, *Ästhetik*. *Psychologie des Schönen und des Kunst II*,S.3。

③ 参阅 Theodor Lipps, *Leitfaden der Psychologie*,S.223 - 227。这里最后的一种对"同感"的界定显示出,利普斯并没有将"同感"限制在人之内或人与人之间,而是将之扩展至动物和有机体领域乃至审美对象之一般。

④ 参阅 D. Moran,"The Problem of Empathy: Lipps, Scheler, Husserl and Stein",p.279。胡塞尔曾仔细阅读过利普斯论述"同感"问题的相关文字,在一份成于 1913 年前后的摘记中,胡塞尔对利普斯的相关论点进行了评论(参阅 E. Husserl, *Zur Phänomenologie der Intersubjektivität*. *Texte aus dem Nachlass*. *Erster Teil: 1905 - 1920*,Hua XIII, hrsg. von Iso Kern, Den Haag: Martinus Nijhoff, 1973, S.70 - 76)。另外,在胡塞尔对施泰因的国家考试文稿的摘记中我们也可以读到他对施泰因所讨论的利普斯相关论点的评论。

然也可以更明确地说,施泰因恰恰是试图以一种"同感的现象学"来取代历史上形形色色的"有关异己意识之把握的发生理论"。我们将首先转向这些理论。

第二节　有关异己意识之把握的诸发生理论

按照施泰因的看法,当时代的哲学研究常常触及对异己意识的把握问题,但这个"我们如何经验到异己的意识"的问题通常也会转换成这样的问题:"在一个心理—物理个体中,对另一个这样的个体的经验是如何发生的?"正是后面这样的问题导致了思想史上诸种"有关异己意识之把握的发生理论",在这些发生理论中,最具代表性的理论有三种,即"模仿(Nachahmung)理论"、"类比推论(Analogieschluß)理论"和"联想同感(assoziative Einfühlung)理论"。(参阅 PE, ESGA 5, 33/ CWES 3, 21)

一、模仿理论及其辩难

所谓"模仿理论"的最主要代表是利普斯。在 1903 年发表的文章《同感、内模仿和器官感觉》①中,利普斯集中阐释了他的同感和内模仿的理论。他强调,所谓同感,就是这样一种事实:"对象就是自我,同样的,自我就是对象。它[同感——引者]是这样一个事实,在自我和对象之间的对立消失了,或者更确切地说,这种对立并不会存在"②。利普斯举例说,比如当我看到一个人一直绷直着手臂张开在那里,假想那绷直的姿

---

① Theodor Lipps, "Einfühlung, innere Nachahmung und Organempfindungen", in: *Archiv für die gesamte Psychologie* I (1903),S.185－204;中文节译参阅[德]里普斯(利普斯)《移情作用,内摹仿和器官感觉》,朱光潜译,载《古典文艺理论译丛》第八辑,人民文学出版社 1964 年版,第 42—53 页。下引该篇文字都出自该版本,且按照本书的译名作了改动,不再一一说明。

② Theodor Lipps, "Einfühlung, innere Nachahmung und Organempfindungen", S.188;[德]里普斯:《移情作用,内摹仿和器官感觉》,第 45 页。

势看得出是自由的、轻松的和稳定的,甚至是带着自豪感的。这个动作成为我聚精会神的对象。我一直看着它。这时我也会感觉到一种挣扎,即一种仿佛要阻止手臂垂下来的挣扎。很可能我想使这个挣扎达到其目的,即继续保持手臂的绷直,我也会"不自觉地"模仿这个动作。在这样做的时候,我感觉到在活动,在使力,在克服,乃至一种成功抵抗后的喜悦。我实实在在地感觉到这一切,而非只是想象。但实际上,我聚精会神地在看他人的动作,只是"不自觉地"在模仿,我完全被他人的动作"占领住",并没有意识到我身体里所发生的一切,因此这样一种模仿根本上是一种没有意识到自我和对象之间对立的"内模仿"。我的活动的感受完全和那发起动作的形体"打成一片"。我被"转置"(hinein versetzen)到这个形体之中了。就我的意识而言,我和它完全同一起来了,自我和对象之间的对立彻底消失了。这就是一种审美的"模仿",或者一种审美的"同感"。①

在这里,自我是一种"意念性"(ideell)的自我,但它却完全是真实的自我,只不过它并不是实际"实践性"的自我,它是观察着的自我,只是流连在和沉没在对于对象的观察之中。因此,同感并不是一种在躯体上的感觉到什么东西,而是把自己"感"到审美对象里面去,它在根本上意味着在一种"内模仿"中取消自我和对象之间的对立,借以把握到对象。②

对此,施泰因提出了她的辩难:"这个理论只是通过与不同身体的捆绑而区分本己的与异己的体验,事实上,这两种体验本身是不同的。根据所指出的方式,我并未达及异己体验的现象,而是达及了本己的体验,即那被见到的异己姿势在我内心所引起的我自己的体验"(PE, ESGA

---

① 参阅 Theodor Lipps, "Einfühlung, innere Nachahmung und Organempfindungen", S.190ff.;[德]里普斯《移情作用,内摹仿和器官感觉》,第 47—49 页。

② 参阅 Theodor Lipps, "Einfühlung, innere Nachahmung und Organempfindungen", S.202;[德]里普斯《移情作用,内摹仿和器官感觉》,第 52 页。

5，36/ CWES 3，23）。因此，"模仿理论"在根本上并没有能够达及异己体验或者异己意识本身，要被解释的现象与实际得到解释的现象之间的这种不一致足以反驳这种"解释"。

施泰因也提供了例子来澄清这种不一致。比如，一个小孩看见另一个小孩哭，他也会哭。当我看到家里人拉长着脸走来走去，我也变得不开心。也就是说，我们亲眼所见的"表达现象"（Ausdrucksphänomene）可以引发我们内心的感受，或者说一种"内模仿"。但是，我们被引发的感受本身并没有认知功能，它们根本不会向我们"宣告"一个异己体验。施泰因借用舍勒的术语，将这种情况称作"感受感染"（Gefühlsansteckung）①，它根本不是一种真正的对异己意识的把握，毋宁说，它要以一种真正的对异己意识的把握为基础或前提才能得以可能，"如果我们先没有以其他方式把握异己体验的话，我们就根本不可能让它被给予我们自身"。至多我们能够从我们已经被引发的自身的感受或一种被体验到的"内模仿"的感受中得出异己体验在场的结论，但由此我们将只能得到关于异己体验的"知识"（Wissen），而非其"被给予性"（Gegebenheit）。"但是，如果按照模仿理论，相应的体验从来没有在追复体验（Nacherleben）中被给予我，那么这种追复体验又是如何可能的呢？因而我如何在此追复体验中构造另一个个体呢？"②而"模仿理论"本来就是试图来解释这种异己意识的"被给予性"的，就此而言，它完全不能成为一种合理的对异己意识之把握的发生理论（PE，ESGA 5，36f./ CWES 3，23f.）。

---

① 参阅 Max Scheler, *Wesen und Formen der Sympathie*，GW VII，Bern：Francke-Verlag，1973，S.25ff.；中译参阅舍勒《同情现象的差异》，朱雁冰译，载刘小枫选编《舍勒选集》，上海三联书店1999年版，第 288－292 页。

② Edith Stein, Staatsexamensarbeit，S.147. 胡塞尔在他对施泰因国家考试文稿所作的摘引中将此称作"一个机智的追问"。

二、联想理论及其辩难

"联想理论"是"模仿理论"的竞争对手,这一理论可以包含多个联想
心理学家的各种各样的尝试,施泰因这里主要讨论的是 A. 普兰德特
(Antonin Prandtl)和 P. 斯特恩(Paul Stern)。

按照普兰德特的看法,异己姿势的视觉形象再造了我们本己姿势的
视觉形象。它再造出一个动感的(kinästhetisch)形象,相应地再造出动
感形象之前所关联的感受。并且,这种感受现在不是被体验为我们自己
的,而是被体验为异己的,因为它作为一个对象面对我们,而且它不是由
我们之前的体验引发的,它也不是通过一个姿势而被表达的。(参阅
PE,ESGA 5,37/ CWES 3,24)

针对普兰德特的这种看法,施泰因借助于一个例子提出了她的疑
问。比如,当我看到某人在跺脚。我记得之前的愤怒出现在我面前时我
是怎么跺脚的。于是我对自己说,"他现在就是这么愤怒"。但是,在这
里他人的愤怒本身却并没有被给予,仅仅是这一愤怒的实存被展示出
来。通过一种可直观的"代表",即我自己的愤怒,我试图靠近那个他人
的愤怒。但是无论如何,在这种联想理论中,我们达到的实际上是我们
自己的感受,尽管我们将之"**视为**"一个异己感受。因此,根本上,普兰德
特的联想理论并没有揭示对异己意识之把握的真实情况。

与普兰德特不完全一样,在斯特恩看来,所谓"联想"并不仅仅是诸
单个表象之间的联结,比如一个对异己姿势之表象再造另一个对本己姿
势之表象,而且它也是一个经验联系(Erfahrungszusammenhang)的统
一,这个经验联系总是作为一个整体出现在我们眼前。

但是在施泰因看来,这同样存在着问题。例如说,我一开始不能理
解某人的某个表现(比如,他把手放在眼睛上)。经过询问,我知道他刚
刚是在沉思。现在我就把这个获得理解的"沉思"通过"联想"而与被感

知到的姿态(比如,把手放在眼睛上)"相联系"。继而,当我再次看到这个姿态时,我会将其视为一个"沉思的"姿态。换言之,我们的确可以借助于"联想"来描述一个经验联系的统一(比如,沉思和某个姿态)。那么,我们是不是可以说,正是"联想"使我们获知了他人的意识(比如,沉思)? (参阅 PE, ESGA 5, 39/ CWES 3, 25)

当然不是。施泰因会说,"联想"只是促成了某种知识(当某人沉思时他看起来是那个样子),但它却不足以促成我们将这个姿态理解为一个内在状况的表达。换言之,"把手放在眼睛上"这个姿态与"沉思"这个内在状况之间的内在联系或者说经验联系的统一本身虽然可以由"联想"得到描述,但是"联想"却没有办法解释这种联系或这种统一是如何可能的。"联想"本身并不是最基础的对异己意识之把握的行为,相反,"联想"本身还要求一个真正的对异己意识之把握的行为为其奠基,恰恰是在后者中,"他在沉思,他集中于一个问题并且想保护思想不受纷扰,因此他蒙上眼睛,使自己与外部世界隔绝"这样一个经验联系的统一才会真正被给予。

简言之,无论是普兰德特的那种强调"诸单个表象之间的联结"的联想理论,还是施特恩所谓的作为"经验联系之统一"的联想理论,都没有处在谈论对异己意识之把握这一问题的最底端或最基础的地方,这种理论或许可以解释某些特别的情况,但是它们本身还需要奠基在真正的、最基础的对异己意识之把握的理论上面。

三、类比推论理论及其辩难

以类比推论理论来解释对异己意识之把握的问题在思想史上有着很长的历史,其最主要的代表人物是英国哲学家、著名的功利主义伦理学家约翰·密尔(John Stuart Mill)。利普斯的"模仿理论"或"同感理论"就是在对类比推论理论的批评中发展出来的,比如体现在他 1899 年

首次发表的《伦理学的基本问题》(*Die ethischen Grundfragen*)[①]一
书中。

根据密尔,这种类比推论理论的基本思路在于:我们可以直接感知
或把握到我们自身的所思所感,并且我们也会注意到这些所思所感有时
会在我们的身体以及身体的动作上有所表达。但是对于他人,我们却只
能直接感知或把握到他的身体以及他的身体动作。因此,在直接感知或
把握到他的身体以及他的身体动作的基础上,我们只能通过类比我们自
身的情况而推论他人也有内在的所思所感,并且这些所思所感也以他们
的身体以及身体动作而表达出来。[②] 比如,我注意到我自己悲伤(自己的
内在感情)的时候会以流泪这样的方式(自己的外在的身体动作)来表
达,当我看到他人流泪(他人的外在的身体动作)就可以借助于类比自身
的情况而推论到他人在悲伤(他人的内在感情)。这样,我们就可以借助
类比推论达及对异己意识的把握。

利普斯对这种"类比推论理论"提出了坚决的批评。回到上面提到的
这个例子。在利普斯看来,如果我们真的利用类比推论的方式来把握他人
的悲伤,我们就得先知道自己的悲伤在自己面貌上的表现或表达,随后看
到他人面貌上也有了类似的表现,才可推论出别人的悲伤。但是事实上,
当我们自己悲伤的时候,我们并不会用镜子去观察自己面貌上的表现,当
然也没有办法直接知道自己面貌上的表现,所以所谓先知自己面貌之表
现,继而去类比他人面貌之表现并非一个自然的顺序。相反,我们直接看

---

① Theodor Lipps, *Die ethischen Grundfragen. Zehn Vorträge*, Hamburg/ Leibzig, 1899;中
译本参阅[德]利普斯《伦理学底基本问题》,陈望道译,中华书局 1936 年版(该书据日文译本
转译,而日译本是由阿部次郎编译的,从行文来看,该译本并不是对原书逐字逐句的翻译)。
施泰因在其国家考试文稿中就已经特别关注了利普斯在这本书中对"同感"问题的探讨,参
阅 Edith Stein, Staatsexamensarbeit, S.142。
② 参阅 Alasdair MacIntyre, *Edith Stein. A philosophical Prologue*, 1913 – 1922, London/
New York:Rowman & Littlefield Publishers, 2006, pp.77f.。

到的其实只是他人的面貌之表现,内在的感情与外在的面貌表现之间的联系也是由看了他人的面貌之表现后而获知的。因此,他人之内在的所思所感(如悲伤)必不是借由这种所谓的"类比推论"而把握到的,根本上,它是由一种"内模仿"或者作为本能的"同感"而达及的。①

另一方面,"类比推论理论"与"联想理论"也不一样。后者强调的是在不同的表象之间的联结或者某个经验联系的统一,被"联结"起来的表象之间的关系可以很近也可以很远,比如某些人甚至可以以一种极为特殊(远离常规)的方式表达愤怒,但是一旦这种方式与愤怒之间的联结被给予,那么它就可以使"联想"得以可能。而在前者这里,类比推论的基础总是在于躯体表现与内在意识之间的联结上。基于这种理论,人们达及的始终仅仅是异己的躯体表现,只是借助在本己的躯体表现与内在意识之间可能存在的对应"联结",并且借助异己的躯体表现与本己躯体表现的"类比"从而才"推论"出异己的内在意识。与"联想理论"相比,这里所强调的联结关系看上去更为紧密(总是在躯体表现与内在意识之间),但正是这种过于紧密的"联结"使得这一理论彻底错失了对异己意识之把握的实情本身。

实际上,如莫兰所指出的那样,在 20 世纪前 25 年所出现的对同感的新讨论(比如在利普斯、胡塞尔、舍勒和施泰因那里)都一致地拒绝"类比推论理论"。胡塞尔明确将"推论说"视为一种诡辩。② 舍勒也指出"类比推论理论"基于一个根本错误的前提,即它错误地假定"从另一个人身上'最先'呈现于我们的只是**他的身体的显现**及身体的变化、动作等"③。

施泰因的拒绝更为激烈。在她看来,人们可以指出别的理论没有达

① 参阅 Theodor Lipps, *Die ethischen Grundfragen. Zehn Vorträge*, Hamburg/ Leibzig, 1899, S.13ff.;中译本参阅[德]利普斯《伦理学底基本问题》,第 11 – 12 页。
② 参阅 D. Moran,"The Problem of Empathy:Lipps, Scheler, Husserl and Stein", p.274。
③ 参阅 Max Scheler, *Wesen und Formen der Sympathie*, GW VII, S.238;中译参阅舍勒《论他者的我》,朱雁冰译,载刘小枫选编《舍勒选集》,上海三联书店 1999 年版,第 372 页。

及对异己意识的经验,但是在"类比推论理论"这里,我们看到了更为惊人的事实:对异己意识之经验这一本该要说明的现象却完全被忽视了。在这个理论中,最终能被我们看到的只是那些"物理的、无灵魂、无生命的躯体(Körper)"(参阅 PE, ESGA 5,41/ CWES 3,26)。而且这个理论得以成立的前提在于,人们必须要首先接受如下双重预设:(1)他人和我们自己是类似的,他人和我们自己都有内在的所思所感;(2)他人和我们自己的内在的所思所感都可以表达出来,而且是以相同的方式表达出来。① 只有如此,一种类比的推论才有可能。然而,这双重预设本身恰恰是一门"对异己意识之把握"的理论所应回答和解决的问题,显然,"类比推论理论"只是预设了它们,而根本无法解决它们。

＊　＊　＊　＊　＊　＊　＊

基于上述的辩难,施泰因指出,当时代的有关"异己意识之把握"的诸发生理论或者上述发生心理学的说明,都无法阐明"异己意识之把握"这一问题的实情。因此我们还需要一种对"异己意识之把握"这一问题的现象学的研究。发生心理学的研究是在探究"对异己体验之经验"的实现过程,但它们最终要诉诸"对异己体验之经验"这一事情本身的**本质现象学**的研究。现象学的研究本身不预设任何科学一般,更不会预设一门事实科学,比如发生心理学。

这样一种对"异己意识之把握"问题的现象学的研究首先就确定:存在着"异己体验"的现象以及相关的"对异己体验之经验"。换言之,这种现象学的研究并不首先去讨论"异己体验"以及是否存在的问题,而是去关注"异己体验"在其被给予性中是什么?"对异己体验之经验"看起来又是怎样的? 这种现象学的研究最终摆脱了"异己体验以及对异己体验之经验"这些现象的一切显现之偶然性,而在其纯粹本质中去把握它。

---

① 参阅 Alasdair MacIntyre, *Edith Stein. A philosophical Prologue*, 1913 - 1922, p.78。

（参阅 PE，ESGA 5，33ff./ CWES 3，21f.）

施泰因将这种"对异己体验之经验"标识为"同感"，因此对它的现象学研究也就是有关同感行为之本质的现象学研究。为了避免可能的误解，施泰因并没有处理一种心理学上的同感能力，比如后来心理学领域所讨论的"empathy"，而是首先在认识论上来处理这种作为"对异己体验之经验"的"同感"。①

第三节 对同感行为之本质的现象学描述

撇开附着在"同感"这个语词上的历史传统，而去关注借这个语词所标识的那些行为的一般性本质，是施泰因所规定的"首要任务"。

就像在下面这个例子中：当一位朋友碰到我，告诉我他失去了他的兄弟，而我"知道"了他的痛苦。那么，这是一种什么样的"知道"？对于试图研究"对异己体验或异己意识之把握"或者说"同感"的行为之本质的现象学家来说，他们首先并不想探究这种痛苦源于何处，也不想探究"我是从哪里获悉这一痛苦"——也许他脸色苍白而焦虑、他声音虚弱而无力，也许他是在话语里表达了他的痛苦，诸如此类等等。尽管这些都是可以研究的，但是它们不是现象学家首先要关心的。根本而言，从事"同感"行为之本质的研究的现象学家首先要知道的不是我如何达到这个"知道"，而是这个"知道"本身是什么，而且是在现象学还原以后的纯粹意识领域来研究"知道"本身是什么，或者说"同感"行为的本质是什么（参阅 PE，ESGA 5，13f./ CWES 3，6）。

---

① 参阅 Nicole Wolf, *Wie werde ich Mensch ? Annäherung an Edith Steins Beitrag zu einem christlichen Existenzdenken*, Dissertation an der Universität Hildesheim, 2008，S.50；以及参阅 Reiner Matzker, *Einfühlung. Edith Stein und die Phänomenologie*，Bern：Peter Lang, 1991，S.14ff.。

一、同感行为既非内感知也非外感知

　　施泰因这里的出发点与胡塞尔在《观念 I》中的出发点是基本一致的。在《观念 I》的第一节中,胡塞尔就在与现象学还原以后的纯粹意识领域中的其他意识行为的比较中引出了"同感"行为:"我们在'外感知'中获得关于物理事物的本原(originär)经验,但我们在回忆或展望性的期待中却不再获得这种本原经验;我们在所谓内感知或自身感知中获得关于我们本身以及我们意识状况的本原经验,但我们无法在'同感'中获得关于他人或他人的体验的本原经验"①。

　　与胡塞尔一样,施泰因也认为"同感"这种对他人或他人体验的把握行为,根本上既不同于把握物理事物的"外感知"行为,也不同于把握我们本己意识状况的"内感知"行为。首先,"同感"行为不可能是"内感知"行为,因为前者是对"他人"痛苦的把握行为,而后者则是对我们"本己"意识状况的把握行为,我们只能在"内感知"中把握自己的痛苦,但却无法达及他人的痛苦。

　　其次,"同感"行为也不能被混淆于"外感知"行为。因为我并没有关于他人痛苦的外感知。在外感知中,只有时间—空间性的事物性存在和事件在切身地(leibhaft)被给予性中被给予我。这个事物性存在此时此地地、自身在此地"对着我"而存在着。并且,它具有很多面,那朝向我的、直接被给予我的那一面在特定意义上是切身的,与其他"背对着我"的、被共感知到的那些面相比,它**本原地**在那里。而痛苦本身(无论他人痛苦或是本己痛苦)根本不是一个事物,它并非作为一个事物被给予我。即便当我"在"他人痛苦的表情中知道"他人痛苦"时,尽管我是在外

---

① E. Husserl, Hua III/1, S.8; 此处中译参阅胡塞尔《现象学的方法》(修订本),[德]克劳斯·黑尔德编,倪梁康译,上海译文出版社 2005 年版,第 88—89 页。

在的方面感知这个表情，但"他人痛苦"本身还是与这个对表情的外感知一起同时被给予的。"外感知"所能直接本原把握到的只是外在的表情，但是"他人痛苦"本身却是在"同感"行为中被给予的。

在连续的外感知中，它的对象的那些面原则上都可以不断地朝向我或直接对着我，"切身地"被给予我，而成为"本原"被给予之物。比如，原则上我可以如我所愿地在诸多"面"上来观察他人痛苦的表达，或者说，原则上我可以连续地"外感知"作为他人持续的痛苦之表达的面部变化。然而，原则上我永远不可能在"同感"行为中获得他人痛苦本身本原地被给予的那个"定位"（Orientierung）。因此，同感行为不具有"外感知"行为的基本特征（参阅 PE，ESGA 5，14f./ CWES 3，6f.）。

但是在施泰因看来，同感行为与外感知行为仍然有某种共同之处：无论是在同感行为中，还是在外感知行为中，对象本身都是此时此地自身在此的。"本原被给予的表达'共现'（appräsentieren）了——如胡塞尔经常所说的那样——心灵之物，而这个心灵之物作为'共同被给予之物'也具有此时存在着的现实性"（PE，ESGA 5，15）①。就此而言，虽然同感行为并不是外感知行为，尽管我们承认外感知是一个本原给予性的行为，但这并不意味着同感行为就不具有"本原性"的特征。

在这里我们可以看出施泰因和胡塞尔之间的一个明显的差异。在前面那段引文中胡塞尔说，"但我们无法在'同感'中获得关于他人或他人的体验的本原经验"。胡塞尔紧接着解释说，"这种同感的觉察尽管是一种直观性的、给予性的行为，然而却不再是**本原**给予行为。他人和他人的心灵生活尽管作为'自身在此的'和与他人的身体相一致地在此的被意识到，然而他人的心灵生活却不像他人的身体那样作为本原被给予的被意识

---

① 这段话是考证版全集本编者根据施泰因在《论同感问题》一书自藏本上的修改而增补的。

到"①。因此,对于胡塞尔来说,同感行为尽管也是一种给予性的行为,但是它根本上不是"本原性"的给予行为,这乃是因为它的对象或相关项根本上不是"本原地"被给予的。换言之,在胡塞尔那里,"本原"首先指的是行为之**对象或相关项**的被给予性特性,进而才据此谈论那些对这类对象或相关项之把握的**行为**自身的特性。一个行为之所以是"本原"给予行为,只是因为它的对象或相关项是"本原"被给予的。一个给予性行为的特性与其对象或相关项的被给予性特性在根本上是一致的。

如倪梁康先生指出的那样,"直至约 1920 年,胡塞尔在术语上基本上只使用'本原的'概念。他主要用它标识感知中的意向的特征。与此相反,回忆、想象等等当下化行为中的意向则是'非本原的'。同样,在'本原'概念出现较多的《纯粹现象学与现象学哲学的观念》第一卷中,它首先意味着'切身的被给予性'或'印象'"②。宽泛而言,所谓的"本原"给予性行为根本上是指一种"看"的行为,这种"看"不仅包含着"感性的、经验的看",同样也包含着"对本质或本质事态的绝然的'看'",这些"看"之所以是本原的,乃是因为无论是感性的、经验的"看"的对象或相关项,或是本质性的、绝然的"看"的对象或相关项都是"切身的自身在此的"。

对于行为之**对象或相关项**的被给予性特性方面的"本原",施泰因基本赞同胡塞尔的看法。在她看来,不仅在外感知中被把握到的外部世界是"本原"被给予我们的,而且在"观念化"(Ideation)中被把握到的本质事态也是直观地"本原"被给予我们的,比如对几何学公理的明察或者一个"价值认定"(Wertnehmen)行为都可以是"本原"给予性的行为。"最终的也是首要的是,我们自身的体验也具有本原性特征,就像它**原初被体验到**以及在反思中达到被给予性一样。"(PE, ESGA 5, 15/ CWES

---

① E. Husserl, Hua III/1, S.8;中译参阅胡塞尔《现象学的方法》,第 89 页。

② 倪梁康:《胡塞尔现象学概念通释》(修订版),"原本的/本原的"词条。

3，7)①简言之，施泰因这里与胡塞尔一样认为，外感知、内感知以及"观念化"或者后来所说的"本质直观"之对象或相关项都是"本原的"，因此，外感知、内感知以及"观念化"行为也都是"本原"给予性行为。

但是施泰因并没有将"本原"的特性仅仅局限在行为之**对象或相关项**的被给予性特性方面，或者更确切地说，施泰因并没有依据行为之对象或相关项的被给予性特性方面的"本原"来谈论对这类对象或相关项之把握的**行为**自身的特性。也就是说，行为之对象或相关项的被给予性特性方面的"本原"，与对这类对象或相关项之把握的行为自身的特性方面的"本原"并不必然是始终一致的，后者并不总是依据于前者。

相反，与胡塞尔根本不一样的是，施泰因依据行为自身的特性方面来谈论行为本身的"本原"。对于施泰因来说，"一切本己的当下(gegenwärtig)体验本身都是本原的；什么能比体验本身更为本原呢？但是并非一切体验都是本原**给予性**的，即就其内容而言是本原的"(PE，ESGA 5，15/ CWES 3，7)。显然，施泰因试图在行为的"本原"和行为对象或相关项(内容)的"本原"之间作出区分，或者更确切地说，是在"**本原**"的行为和"**本原给予性**"的行为之间作出区分。一切本己的当下体验行为本身都是"本原的"，尽管它的对象或内容可能是"非本原的"，因而它就不是本原给予性的。比如像回忆、期待、想象这样的行为，它们作为本己的当下体验本身，无疑都是"本原的"，但是它们的对象或内容却不是切身当下的，而仅仅是"当下化的"(vergegenwärtig)，因此这些行为从其内容方面看，都不是"本原给予性"的行为。

很明显，施泰因这里对"本原"这个概念的使用，并没有完全跟随胡塞尔的理解。她自己也很清楚地指出了这一点："术语'本原的'在体验的行为方面的使用可能会引人注目。我如此使用它乃是因为我认为在

---

① 此处引文中的着重为笔者所加，该部分为施泰因后来增补。

这里与人们在相关项方面那样标识它时具有相同的特征。我有意不用更通常的表达'现时的体验'(aktuelles Erlebnis),是因为我需要把那个表达用在另外的现象①上并希望避免模棱两可"(PE, ESGA 5, 15, Anm. 3/ CWES 3, 121f., Anm. 21)。也就是说,施泰因这里所谈论的行为相关项特性方面的"本原"是指一种"切身的自身在此的",它也就是胡塞尔在 1920 年代以前赋予"本原"一词的意义。当然,所谓"本原给予性的"行为也是根据此行为的相关项之本原性才秉有了"本原给予性的"特性,这也要在这一层面的意义上来理解;而施泰因这里所谈论的行为本身特性方面的"本原的"则意味着"当下的",也就是胡塞尔那里的"现时性"或"当下性"。正是在此意义上施泰因才强调,一切本己的当下体验都是"本原"的,尽管它可能不是"本原给予性"的。同时,一切本己的当下体验本身("本原的体验")都有可能本原地被给予,即它们可能在生活于此体验中的"我"的反思性的一瞥中自身在此;它们也可能在回忆、期待或者想象中非本原地被给予。我们可以在与回忆、期待和想象的类比中更好地把握同感行为的现象学本质。

二、作为"非本原给予性行为"的回忆与同感

在对同感行为的研究中,人们总是习惯将其与那些在其中我们自身体验之物非本原的被给予的行为进行类比,比如与回忆、期待或想象这样的非本原给予性行为进行类比。本节将单以回忆为例,因为在施泰因看来,期待的行为与回忆的行为完全是平行的,仅仅是时间性的指向不同,而想象尽管稍显复杂,但是就探讨同感行为的现象学本质这一目的

---

① 施泰因这里所说的另外的现象是指那些具有"我思"、"被指向……"之形式的体验,这是一种特殊经验意义上的"行为"。本书不去关注施泰因这个意义上的"现时的体验",而是基本上在胡塞尔的意义上使用"现时的"这个概念。有关胡塞尔对"现时的"这个概念的理解,可以参阅倪梁康《胡塞尔现象学概念通释》(修订版),"现时性"词条。

而言,想象与回忆行为所能提供的类比资源是相仿的。

我们这里将目光集中在"回忆"这种"非本原给予性"的行为上。例如,我们对一个高兴的回忆行为,现在作为进行着的当下化行为本身它是本原的,但这个当下化行为的内容(即,那个高兴)却是非本原的。那个高兴并不是本原地、切身地在此,而是曾经鲜活过的。也就是说,这个"当下的"、"现时的"当下化行为本身是本原的,而它的内容却并不是"切身的自身在此的",因而不是本原的,但是这个当下的非本原性却指向过去的本原性,这个过去具有之前的"现在"的特征,毕竟,这个当下非本原的"高兴"曾经是鲜活的,"切身的自身在此的"。在此意义上,回忆行为也在进行着设定,即设定那被回忆之物是存在的,尽管是非本原的存在(参阅 PE, ESGA 5, 16/ CWES 3, 8)。

施泰因还进一步解释说,在回忆这种行为中也还存在着两种可能性:第一,作为回忆行为主体的"自我",可以在回忆这个当下化行为中回顾过去的高兴。于是,作为回忆行为主体的"自我",把那个过去的高兴连同那个高兴所归属的那个过去的主体"自我"一起,当作这个现时回忆行为的对象。由此,当下的"自我"和过去的"自我"就处在一种"主—客体"的关系之中,它们彼此并不相合,尽管存在着"同一个"这样的意识,但是这种意识并不意味着一种明确的"同一化",因而在本原地回忆着的"自我"和非本原地被回忆的"自我"之间仍然存在着区别。

其次,回忆行为也可以以其他的方式实现。施泰因如此说道:"一个当下化的统一性的行为——在其中被回忆的东西作为整体出现在我面前——包含着某种趋向。当这些趋向展现出来时,它们揭显出包含在那些作为整体的被回忆的东西中的、在它们时间过程中的'特性',即被回忆的体验整体曾经是如何被本原地构造起来的"(PE, ESGA 5, 17/ CWES 3, 8)。在这种情况下,我甚至可以不需要反思,不需要以任何方式在眼前拥有当下的"自我"——进行回忆行为的主体,就能进行被动的以及主动的回忆过程。或者我也可以明确地将自己放回持续的体验流中的那个时刻，让过去的体验序列再次被唤醒，生活在被回忆的体验里，而不是将它变成一个对象。换言之，不同于我们前面所说的第一种回忆行为发生的情况，在这里，回忆完全可以在未发生"主—客体"（当下进行回忆行为的主体和被回忆的客体）分离的情况下进行。

然而，无论是这两种情况中的哪一种，回忆始终还是一种当下化行为，无论是否有"主—客体"分离的发生，被回忆之物或者说回忆行为的相关项总是非本原的，而回忆行为却是当下的、现时的和本真的。我们既可以"本真地"将"非本真的"被回忆之物对象化、"客体"化，也可以"本真地"生活在那"非本真的"过去体验之中。

同感行为与之相类似。在根本上，同感行为也是一个作为当下的体验而在行为特性方面是"本原的"行为，但其内容却是"非本原的"，因而从内容特性方面看是"非本原给予性的"行为（参阅 PE，ESGA 5，19/CWES 3，10）。而这个对进行同感行为的"自我"而言的"非本原的"内容作为一种他人的体验，既可以被拥有它的那个他人本身"本原地"把握到，当然也可以被那个他人在诸如回忆、期待或想象这样的"非本原给予性的"行为进行方式中拥有。从最基本的现象学本质描述方面来看，同感行为本身就是一个"自我"当下、现时进行着的"本原的"行为，这一行为指向一个属于他人的因而对"自我"而言"非本原的"体验。同感行为根本上就是一个当下的、本原的对他人体验或异己意识的把握行为，它是现时的"一下子"的把握行为，而非一个理论性的推论，等等。

施泰因举例说，当我在他人的脸上看到悲伤时，这个"悲伤"是一下子突然呈现给我的，它并非是被我"内模仿"出来的，也并非是"类比推论"出来的，而是在这个当下的"同感"行为中自身被给予的。在这个"当下"，这个"悲伤"作为一个"对象"面对着我。但是当我试图深入探究时，比如我试图将这个他人的情绪——"悲伤"——变成对我自己而言的"清晰"的被给予性时,这个他人的"悲伤"对我自己而言就"不再真的是一个对象了",而毋宁说,我会处在这个"悲伤"之体验的那个原初主体的位置上而朝向这个"悲伤"体验之对象,进而"充实"这个"悲伤"体验。只有在获得这种"清晰"的被给予性之后,这个"悲伤"才重又成为我的对象(参阅 PE, ESGA 5, 19/ CWES 3, 10)。

据此,施泰因实际上向我们展示了对他人体验之"当下化"所具有的进行层级(Vollzugsstufen)或进行模式(Vollzugsmodalitäten),尽管在某一具体情况下人们并不总是完成所有层级,而是通常只满足于某一较低层级。在施泰因看来,这个对他人体验之"当下化"的进行包括三个层级:

(1)［他人］体验的呈现;

(2)充实性的展显(Explikation);

(3)对被展显的诸体验的理解性的对象化。

第一个层级当然也是最低的层级,在上面的例子中就是指他人的"悲伤"一下子突然地呈现给我或者说他人体验的自身被给予。这可以说是"同感"行为最低的层级,或者也可以说是同感行为的最小的"核心",即直接地、当下地在同感行为中把握到他人的"悲伤"。

而第二个层级所说的充实性的"**展显**",从本质结构性奠基层面而言,它当然基于第一个层级。在上面的例子中即意味着对他人"悲伤"的"深入探究"或者他人"悲伤"的"清晰"的被给予。在这个他人"悲伤"的充实性的"展显"中,这个"悲伤"本身已经"不再真的是一个对象了",我不再朝向这个"悲伤",而是朝向这个"悲伤"的对象。施泰因这里显然是在胡塞尔对"展显"的发生现象学的规定意义上来谈论事情本身的。① 在胡塞尔那里,"从意向活动的角度来看,'展显'意味着一种对对象的考察

---

① 海泽(Irene Heise)将这里的"展显"概念依其字面意思阐释为"解释"(Auslegung),显然没有注意到这一概念在胡塞尔现象学中的独特含义以及施泰因与胡塞尔的内在关联,参阅 Irene Heise, *Einfühlung bei Edith Stein*, Wien: Börsedruck, 2005, ²2006, S.33f.。

方式,即'一种展开的(entfalten)考察,一种分层次统一的考察';从意向相关项的角度来看,'展显'是指一个对象在它本身的各种规定性中的展开","展显"是指在对象本身的"内规定性"方面的"展显",或者说是对象的"内视域"的拓展。比如,在我们对于一个对象 S 的感知中,会形成各种特殊的触发和特殊的朝向 a、b、c 等,而对 a、b、c 等的把握最终表现为对 S 的意义的丰富,或者说对 S 的进一步规定。因此,在此意义上对 a、b、c 等的把握也就是 S 的"展显"过程,在此过程中,S 得到更为精确、更为"清晰"的直观。①

那么,在施泰因这里的所谓他人体验的充实性的"展显"就意味着,我不再直接朝向他人体验(作为对象的 S),而是朝向这一他人体验的对象(S 本身的各种规定性 a、b、c 等),在此朝向中,我的当下化行为就是一种"展开的考察"、一种"分层次统一的考察",而我当下化行为之对象——他人体验——则获得了充实性的"展显"。

第三个层级"对被展显的诸体验的理解性的对象化"恰恰是奠基于这第二个层级的他人体验的充实性的"展显"之上的。恰恰是在获得他人体验的"清晰"的被给予性之后,这个"他人体验"才重又成为我的对象,即这个被展显的他人体验在与我的本己体验相对照中被把握为、被"理解"为是"他人的"。所谓"被同感到的"体验始终是"他人的",而非"本己的",这属于"对异己意识之把握"行为的本质。

要注意的是,首先,施泰因对这三个层级的区分实际上是对同感行为之本质的结构性的现象学描述分析,因此在这三个层级之间存在着的奠基关系就是一种本质结构性的奠基,而绝非时序上的先后演替。其次,施泰因也强调,这种对同感行为之本质的结构性分析意味着从现象

---

① 参阅胡塞尔《经验与判断》,第 24 节;以及参阅倪梁康《胡塞尔现象学概念通释》(修订版),"展显"词条。

学上看一个"对异己意识之把握"行为本质该当如此,但在现实的具体情况中,人们往往总是会一下子满足于某一较低的层级,但这些现实具体情况并不会改变同感行为的现象学本质。另外,对于现象学研究而言,人们还要在"异己意识"的原初被给予行为和后继的对这个已然被给予的"异己意识"的进一步研究行为之间作出明确的区分。比如,我们可以在"同感"中直接把握到他人的"悲伤",继而也可以探究他人之"悲伤"的缘由、面部表现及其合时与否(是否做作、是否过假),等等。前者是一种"本原的"、直接的把握行为,而后者尽管也可以是"本原的"——就其也可以是一个当下的、现时的体验行为而言——但它始终是一个被奠基的行为。

施泰因还进一步指出,在这里所谈论的第一和第三个层级上,当下化行为是与感知行为相平行的,只不过当下化行为展示为一种非本原,而在第二个层级上它则是与体验之进行相平行的,当然它同样展示为一种非本原(参阅 PE,ESGA 5,20/ CWES 3,10)。也就是说,人们在对感知行为的结构性本质分析中也可以把握到这里所说的第一和第三个层级,即(1)体验的呈现和(2)对象化。而施泰因这里所谈论的第二层级则是与对体验本身的发生现象学分析相类似的。只不过,在同感行为中,这三个层级都是"非本原给予性的"。

而同感这种"非本原给予性的"行为与回忆(以及期待、想象)这类"非本原给予性的"行为的根本性区别在于:被同感体验的主体并不是进行同感的主体,而是根本有别的另一个主体。这两个主体在根本上是分离的,而不是像在回忆中进行回忆的主体和被回忆的主体总是通过一种"同一个"的意识,或者体验流的持恒而联系在一起的。即便是当我"活"在他人的高兴之中时,我也并未感受到本原的高兴,根本上,"这种高兴并不是鲜活地从我的自我中流出的"(PE,ESGA 5,20/ CWES 3,11)。这种被同感的高兴也不像被回忆的高兴那样具有一种曾经鲜活过的特征,当然它也不是缺乏真实生命的单纯被想象的高兴。而毋宁说,它对于那个被同感的他人而言是本原的,尽管我无法体验到这种本原性。可以说,在我的"本原的"但"非本原给予性"的"同感"行为中,我始终感到被一个对他人而言"本原"的、我却无法"本原"体验到但它始终仍然在那里的体验所引导,而这个体验在我的"非本原给予性"的行为中自身显示出来。

就此而言,从现象学本质描述来看,同感是一种独特的(*sui generis*)的经验行为,它是一种"对异己意识之把握"的行为。施泰因的研究开始于一种现象学还原以后的纯粹意识的领域,或者说,借助于现象学还原,施泰因"在方法上"将整个外部世界的实存性包括其他主体的经验性方面都排斥不论,而直接从"纯粹自我"出发,研究同感这种独特的经验行为的现象学本质。根本上,与回忆行为一样,同感行为作为我的当下的现时的体验行为是"本原的",但它的对象或相关项则是"非本原的";但与回忆行为不同,被同感到的这个异己的体验永远不曾对我"本原"被给予过,而只是原则上对于另一个其他主体来说是"本原的",我们就是在这种"本原的"同感行为中直接把握到"非本原性"的"异己意识"。不同于形形色色的有关异己意识之把握的发生心理学理论,按照同感的本质结构现象学分析,异己意识总是一下子直接被给予我,我在被动发生之经验中、在这个异己意识自身的充实性的"展显"中获得异己意识的"清晰"的被给予性,并且将此异己意识"对象化"为"异己的"或"他人的"。在施泰因看来,"一个'自我'一般所拥有的关于另一个'自我'一般的经验看起来就是这样的"(PE,ESGA 5,20/ CWES 3,11)。

三、有关同感的表象观与现时观之争

或许借助于对当时代有关同感理论的主要论争——所谓的"表象观"(Vorstellungsansicht)和"现时观"(Aktualitätsansicht)之间的争论,或者说,同感究竟是具有"表象"的特征还是具有"现时"的特征——的回顾,我们可以更好地理解施泰因的同感现象学。这种"表象观"和"现时观"的区分主要是由 S.维塔泽克(Stephan Witasek)在其有关审美同感的讨论中作出的。所谓同感的"现时观"是指,他人的感受是在"同感"中直接被经验到的;而同感的"表象观"则是指,他人的感受是基于一种"直观地表象"而在我的心中被构想出来的,而非直接地被感受到。当时的利普斯、舍勒、盖格尔、迈农(Alexius Meinong)以及施泰因等人都讨论或批评过维塔泽克的这一区分。①

按照施泰因的看法,基于对同感行为本身的现象学描述,我们可以找到探讨这一论争的切入点。她援引盖格尔稍早时候的看法说,同感行为究竟是具有"表象"的特征还是具有"现时"的特征,这个问题本身模棱两可,人们必须要区分各个不同的要点,或者说从下面几个问题来细致描述同感行为的特征:

(1) 被同感的体验是否是本原的?

(2) 异己体验是(作为相对我而在的某物)对象性地被给予,还是合体验地(erlebnismäßig)被给予的?

(3) 它们是直观地还是非直观地被给予的(如果是直观地,是以感知特征还是以当下化特征被给予的)?(参阅 PE, ESGA 5, 30f./ CWES 3, 19)②

根据本节前面的讨论,我们可以直截了当地否定地回答第一个问题,即按照施泰因对于同感行为的现象学分析,同感是一种"非本原给予性"的行为,在该行为中被给予的体验或者说被同感的体验根本上是非本原的,即非"切身的自身在此的"。

但是对于第二个问题,我们无法轻易地回答。因为对于施泰因来说,同感行为的本质有两面性(Doppelseitigkeit):它涉及一个"本原的"、

---

① 参阅 D. Moran,"The Problem of Empathy: Lipps, Scheler, Husserl and Stein", pp.275ff.。

② 参阅 M. Geiger, "Über das Wesen und die Bedeutung der Einfühlung", in: F. Schuhmann (hrsg.), *Bericht über den IV. Kongreß für experimentelle Psychologie in Innsbruck vom 19. bis 22. April 1910*, Leipzig, 1911, S.29 – 73, hier S.33f.。

当下的、现时的本己体验行为，同时，它也涉及一个在此本原的本己体验中显示出来的"非本原"的异己体验。① 而且，在这个具有两面性的同感行为中还存在着各种可能的进行层级。例如，我可以转向异己体验，感到自己受到它的引导；或者也可以是，在同感性的展显中，之前模糊地被意指的东西获得清晰性。如前所述，在后面这种"展显"中人们很难谈论一种确切的意义上的"对象性"，尽管对我而言异己体验的确"在那里"。简言之，从对同感行为之本质的结构性的现象学分析来看，在其不同进行层级中，人们可以谈论一种"对象性"（比如在第一和第三层级中），当然也会无法言及确切意义上的"对象性"（比如在第二层级中）。

　　而第三个问题同样需要进一步的研究。前面我们已经提及感知、当下化和同感之间的相互关系问题。简单说，同感行为不同于感知行为，因为后者是"本原给予性"的行为，它是在一种"切身的被给予性"中拥有它的对象的，而同感行为则无法如此拥有它的对象。但是同感行为也不完全同于当下化行为，因为与感知行为一样，同感行为的对象也是"自身在此"，同感行为也是在其对象恰好所在的地方"一下子"直接地"遭遇"（Treffen）到它的对象，而无须通过一种"代现"（Repräsentant）将之带至近处。因此，即便同感行为具有一种直接性，但是人们还是很难直截了当地去谈论在同感行为中异己体验究竟是以感知特征还是以当下化特征被给予的。而且，尽管在此"遭遇"中，进行同感体验的主体获得一种单纯的"知道"（Wissen），但这种"知道"也只是限制在这种"遭遇"的范围内。主体触及了它的对象，但是他并不"拥有"对象。对象"站在"他的面前，但他却无法"看见"它，在此意义上，同感行为并不是一种确切意义上的"直观"，这里所谈及的"知道"最终也是"盲的和空的"（参阅 PE，ESGA 5，31/ CWES 3，19）。

　　比如，当我们说"我'知道'他人的悲伤"，这里的"知道"就可以有不

---

① 参阅 D. Moran，"The Problem of Empathy: Lipps, Scheler, Husserl and Stein"，p.276。

同的情况。我可以是"同感地"把握到这个悲伤,因而就不是"直观地"把握到,我就得满足于一种"空的知道";或者我也可以基于一种"告知"(Mitteilung)而获悉他人的悲伤,那么这个悲伤当然也不是直观地被给予我的,但我可能借助于这种"告知"会"知道"得清楚些。而且在后面这种情况中,如果"告知者"就是悲伤者本人,那么对于他来说,这个悲伤就是本原被给予的,如果"告知者"只是一个第三者,那么对于他来说,他也只能要么借助于"告知"要么借助于"同感"而非本原地把握到这个悲伤。在这最后一个情况中,情况最为复杂,我其实是"同感地"把握到一个第三者所"同感"到的一个其他的悲伤者本人的悲伤。

因此,对于施泰因来说,同感行为的发生其实是非常复杂的,而有关同感行为究竟是具有"表象"的特征还是具有"现时"的特征这样的问题本身就提得不好。在此二者之间的任何非此即彼的回答都不可能符合事情本身,根本上,同感行为是具"两面性"的行为。

第四节　利普斯、舍勒和施泰因论同感和同一感①

自胡塞尔的现象学发生所谓的"超越论的转向"以后,对其现象学是

---

① 本节文字是根据拙文"Max Scheler and Edith Stein on *Einfühlung* and *Einsfühlung*"翻译、增补修改而成的。该文曾于 2009 年 6 月 12 日在德国德累斯顿工业大学哲学系主办召开的国际学术研讨会"欧洲及其他者:列维纳斯、施泰因和梯希纳(*Europa und seine Anderen. Emmanuel Levinas, Edith Stein, Jozef Tischner*)"上宣读。这里要特别感谢笔者当时在布拉格查理大学人文科学系做访问学生时的合作导师塞普(Hans Rainer Sepp)先生对该文的悉心指导并推荐笔者参加该学术会议,也要特别感谢德累斯顿工业大学哲学系的著名施泰因研究专家法尔科维奇(Hanna-Barbara Gerl-Falkovitz)教授对我的邀请以及提出的学术内行的建议,并将该文收入她主编的同名会议文集(Dresden: Thelem, 2010)予以发表。同时笔者也要感谢当时对该文提出学术评论和建议的几位著名的施泰因研究专家:意大利的贝洛(Angela Ales Bello)教授、德国的佐勒(Beate Beckmann-Zöller)教授和爱尔兰的乐贝希(Mette Lebech)教授等。该会议论文的增补修改稿也以"A Phenomenological Investigation on Einfühlung and Einsfühlung: From Th. Lipps, M. Scheler to E. Stein"为题发表于 *Phainomena* xx/79 (2011)。

一种"唯我论"的批评就不绝于耳。但事实上，早在其"超越论的转向"之前，胡塞尔就关注了所谓的"交互主体性"问题，这表现在他自 1905 年就开始并持续到他生命最后的对于"同感"（Einfühlung）①问题的不懈思考，而且他在不同场合多次反驳过"唯我论"。早期现象学运动的另外两位重要代表人物舍勒和施泰因也都专题讨论过与"同感"有关的问题。看起来，现象学是借"同感"来讨论对他人的通达，以试图避免"唯我论"的困扰的。然而，究竟什么是"同感"，它究竟描述的是怎样一种现象，现象学家赋予这个借自心理学和美学的概念以一种什么样的特殊含义？

如前所述，施泰因最早开始决定以"同感"问题作为其现象学研究的开始，是受到胡塞尔的影响，但是胡塞尔对她的影响更多体现在从事这一研究的方法（即现象学的方法）以及这一研究所期待达到的目标（为精神科学奠定基础）上。而在对"同感"这一论题本身的研究方面，对施泰因影响最大的无疑还是利普斯和舍勒。早在施泰因决定从事这一课题的研究时，胡塞尔就要求她要结合利普斯来讨论，并给她开列了详细的书单（参阅 LJF，ESGA 1，219/ CWES 1，269）。在她为博士论文撰写所做准备的"国家考试文稿"中，施泰因详细讨论了利普斯相关的讨论。毫无疑问，利普斯对"同感"的探究构成了施泰因的同感现象学理论的最根本的基础。② 另一方面，舍勒于 1913 年出版的 "同情书"第一版，即《论现象学与同情感理论以及论爱与恨》③以及 1913/1916 年出版的《伦理学中的形式主义与质料的价值伦理学》对施泰因也有着极大的影响，但同时他在其 1923 年增补修改的"同情书"第二版，即《同情的本质与形

---

① 有关这个概念的汉语翻译以及它在胡塞尔现象学中的主要意涵，可以参阅倪梁康《胡塞尔现象学概念通释》（修订本），"同感"词条。

② 有关施泰因与利普斯在同感问题上的学术关联的概要讨论，可参阅 Antonio Carreto Fidalgo，"Edith Stein，Theodor Lipps und die Einfühlungsproblematik"，a. a. O.。

③ Max Scheler, *Zur Phänomenologie und Theorie der Sympathiegefühle und von Liebe und Hass*, Halle, 1913.

式》反过来也受到了施泰因这方面研究的触动。① 具体而言,利普斯、舍勒和施泰因在有关同感问题的研究方面,最主要的结合点在于对"同感"和"同一感"(Einsfühlung)这两个概念的现象学描述与分析上。

因此,在本节我们将首先从利普斯的绞缠着"同一"观点的"同感"概念入手,继而阐明施泰因对他的反驳,与施泰因本人对这一概念的明确界定和阐释,以及由此概念而生发出的"同一感"概念,进而过渡到舍勒,并阐明他对利普斯和施泰因的论述的态度,最终厘清施泰因和舍勒在"同感"和"同一感"概念上的关系,以便我们更好地把握施泰因对于"同感"本身的现象学本质的观点。

一、利普斯论"同感"与"完全体验的趋向"

在利普斯那里,"同感"或更确切地说"审美同感"是在他对审美欣赏的分析中引入的。比方说,当我们欣赏一个审美客体,例如石柱、人体形象等时,我们总是会产生愉快或欣喜的情感。利普斯对这一现象进行了深入的分析。他认为,首先要解决的问题是审美欣赏的对象和原因。看起来,美的客体的感性形状是审美欣赏的"对象",但是,这个对立于欣赏主体的"对象"却不是审美欣赏的真正对象,而且审美欣赏的原因也不在这里。

利普斯说:"审美欣赏的原因就在我自己,或自我,也就是'看到''对立的'对象而感到欢乐或愉快的那个自我。"②因为在审美欣赏中,我经历

---

① 有关对施泰因与舍勒在同感问题以及社会现象学方面的学术关联的概要讨论,可参阅 Claudia Mariele Wulf, "Freiheit und Verantwortung in Gemeinschaft. Eine brisante Auseinandersetzung zwischen Edith Stein und Max Scheler", in: Beate Beckmann Zöller & Hanna-Barbara Gerl-Falkovitz (hrsg.), *Die unbekannte Edith Stein: Phänomenologie und Sozialphilosophie*, Frankfurt am Main/ Berlin/ Bern usw.: Peter Lang, 2006, S.91 - 114。
② Th. Lipps, "Einfühlung, innere Nachahmung und Organempfindungen", S.185f.; [德]里普斯:《移情作用,内摹仿和器官感觉》,第 43 页。

了一系列复杂的情感：欣喜、愉快或者努力、挣扎。在这些"内心活动"（inneres Tun）中我感到自豪、轻松等。这些情感是审美的原因。它们并不需要有美的客体作为对象。我在感到这些情感时并不是与客体对立，而毋宁说，自我（或主体）就在客体之中。我所感到的自豪、愉快等情感也不是客体的，而是自我的自豪、愉快。"我**在**我的活动**里面**感到欣喜或幸福。"①

所以，利普斯指出，审美在根本上是一种自我欣赏，一种直接的、被客体化（objektiviert）的自身价值感受（Selbstwertgefühl）。"审美欣赏的特征在于在它里面我的感到愉快的自我和使我感到愉快的对象并不是分割开来成为两回事，这两方面都是同一个自我，即直接经验到的自我。"②审美欣赏的对象就是自我。因此，审美欣赏的对象也就是审美欣赏的原因。

利普斯由此强调，所谓同感根本上就是这样一种"对象即自我，自我即对象"的事实："在自我和对象之间的对立消失了，或者更确切地说，这种对立并不会存在"③。如前所述，利普斯恰恰是借助于"内模仿"来谈论"同感"之实现的。而且，他最终将这种"内模仿"或"同感"归为一种"本能"（Instinkt），尽管他自己也认为，这个"本能"的说法最终只能是"用作逃场的一个不可思议的 X"。④

当然，利普斯并没有将"同感"仅仅限制在美学领域，而是将之作了

---

① Th. Lipps, "Einfühlung, innere Nachahmung und Organempfindungen"，S.186；［德］里普斯：《移情作用，内摹仿和器官感觉》，第 44 页。

② Th. Lipps, "Einfühlung, innere Nachahmung und Organempfindungen"，S.187；［德］里普斯：《移情作用，内摹仿和器官感觉》，第 44 页。

③ Th. Lipps, "Einfühlung, innere Nachahmung und Organempfindungen"，S.188；［德］里普斯：《移情作用，内摹仿和器官感觉》，第 45 页。

④ 利普斯在很多著作中都将"同感"归为一种本能。例如参阅 Th. Lipps, *Die ethischen Grundfragen*，S.14f.；［德］利普斯：《伦理学底基本问题》，第 12 页；以及 Th. Lipps, "Das Wissen von fremden Ichen", in: Th. Lipps（hrsg.），*Psychologische Untersuchungen Ⅰ*，Leipzig：Wilhelm Engelmann, 1907, S.694 - 722, hier S.713。

进一步的扩展,他强调,"同感概念现在首先是美学的基本概念,但它也必须成为心理学的基本概念,继而也必须成为社会学的基本概念"①。因此,同感必然会与例如对异己体验的把握这样的问题相关。而这个问题也恰恰是施泰因最为关注的。在施泰因看来,她和利普斯最为一致的地方在于:在一种意义上,利普斯也将"同感"刻画为"对异己体验的'内参与'(inneres Mitmachen)",即我完全聚精会神于异己的体验,而完全意识不到自己在做什么——意识不到自己的身体状态,更意识不到自己对之的"内模仿"。而毋宁说,我完全专注于异己体验之对象,与异己体验之主体一道转向他的体验对象,我"内参与"到异己体验中去。施泰因认为,尽管不完全相同,但她本人在对"同感"之结构分析中所阐明的"同感"行为的第二个进行层级(即"异己体验的充实性的展显")与利普斯这里所说的"内参与"是相仿的(参阅 PE,ESGA 5,21/ CWES 3,12)。

但是,就像在审美欣赏的同感中利普斯对于"自我"和"对象"之间对立的抹消一样,在这里利普斯也谈到一种"完全体验的趋向"。所谓"完全体验的趋向"是指,每一个我所知道的体验,包括那些被回忆、期待以及被同感的体验都"趋向于"被完全地体验。如果在我的内心没有东西反对它的话,它就能够被完全地体验。对一个"自我"的体验也具有这种趋向,无论是对过去的、将来的或者是异己的"自我"的体验。而对异己"自我"或异己体验的完全体验就是一种"同感",或者更确切地说,是一种"完全的同感"(volle Einfühlung)或"完美的同感"(vollkommene Einfühlung)。② 利普斯也将这种同感称作"积极的同感"(positive Einfühlung)。与此相对,如果因为我内心的某种东西阻止异己体验被完

① Th. Lipps, "Das Wissen von fremden Ichen", S.713.
② 参阅 Th. Lipps, *Ästhetik. Psychologie des Schönen und des Kunst I. Grundlegung der Ästhetik*, Hamburg/ Leibzig: Voss., 1903, S.124。

全体验到,我的"同感"行为只是"不完美地"被进行,那么这种"同感"就是一种"消极的同感"(negative Einfühlung)。①

简言之,对于利普斯来说,所谓对异己体验的"完全体验的趋向"或者"完全的同感"("完美的同感"、"积极的同感")就意味着,在此"同感"行为中进行同感行为的主体与被同感的客体之间的对立被抹除。为了说明这一点,利普斯举了著名的"杂技演员"的例子。他说,当我观看(聚精会神于)杂技演员在天上的钢丝上移动时,我与杂技演员同一,并在内心完成他的动作。那个在天上的走钢丝的杂技演员和这个坐在下面全神观看的我之间的区分消失了,我完全在他身上、在他的位置上感受自己。②"这时我连同我的活动的感觉都和那发动作的形体完全打成一片,就连在空间上(假如我们可以说自我有空间范围)我也是处在那发动作的形体的地位;我被转置(hinein versetzen)到它里面去了。就我的意识来说,我和它完全同一起来了。既然这样感觉到自己在所见到的形体中活动,我也就感觉到自己在它里面自由、轻松和自豪。"③当然我可以在"事后的反思"中把握到天上的杂技演员和坐在下面的我、他的移动和我的"仿佛移动"之间的差异。正因为如此,我只是"内参与"了他的移动,我并没有在真正的意义上"模仿"他移动,而只是静静地、聚精会神地观看着,因此对他的"同感"根本上只是"模仿的内部方面"(Innenseite der Nachahmung)或者一种"内模仿"。④ 但是,无论如何,在这种作为本能

---

① 参阅 Th. Lipps, "Weiteres zur Einfühlung", in: *Archiv für die gesamte Psychologie* IV (1905), S.465 - 519, hier S.481f.;该文的中文摘译参阅[德]里普斯(利普斯)《再论"移情作用"》,朱光潜译,载《古典文艺理论译丛》第八辑,人民文学出版社 1964 年版,第 53—55 页。

② 参阅 Th. Lipps, *Ästhetik. Psychologie des Schönen und des Kunst I. Grundlegung der Ästhetik*, S.121。

③ 参阅 Th. Lipps, "Einfühlung, innere Nachahmung und Organempfindungen", S.191;[德]里普斯《移情作用,内摹仿和器官感觉》,第 48—49 页。

④ 参阅 Th. Lipps, *Ästhetik. Psychologie des Schönen und des Kunst I. Grundlegung der Ästhetik*, S.122。

的内模仿或者同感中,主体和客体之间的对立是被抹除了的,主体与客体达到了一种同一。

利普斯恰恰是借"杂技演员"的例子,借所谓的对异己体验的"完全体验的趋向"或者"完全的同感"来强调:在此同感行为中,个体主体融合在其对象中,主体将自身与客体相同一。后来,施泰因和舍勒在各自的著作中都提到了利普斯这个"杂技演员"的例子,并对利普斯的阐释进行了批判和反省,继而铸造出一个新的概念:"同一感"。

二、施泰因论"同感"与"同一感"

施泰因在《论同感问题》一书中十分明确地对利普斯的同感概念进行了批评。她说,"我们不再将[利普斯所说的完全的同感]视为同感"(PE,ESGA 5,27/ CWES 3,16)。她针对利普斯所举的"杂技演员"的例子指出,"我并非与杂技演员合而为一(eins),而只是'在'(bei)他那里。我并非真的完成他的动作,而只是'准'(quasi)完成"(PE,ESGA 5,28/ CWES 3,16)。

尽管按照利普斯的阐释,我也只是"内模仿"杂技演员的动作,在事后的反思中我可以把握到杂技演员及其体验与我以及我的体验之间的区别。但是在这个"聚精会神"之中,或者说在这个"完全的同感"之中,我和杂技演员是同一的,因而我由"内模仿"或"内参与"而获得的"移动"的体验乃至于"内"进行这一移动的我尽管是"意念性"(ideell)的,但却都是完全"真实的"(real)。[1] 但是,对于施泰因来说,这种我所体验到的利普斯所谓的"内部的""我移动"的体验根本上对"我"而言却并非是本原的,而是非本原的。而在杂技演员那里的"我移动"的体

---

[1] 参阅 Th. Lipps, "Einfühlung, innere Nachahmung und Organempfindungen", S.192;[德]里普斯《移情作用,内摹仿和器官感觉》,第49页。

验对他而言才是真正"本原的",现在这一"本原的""我移动"体验恰恰是在我所体验到的那种"非本原的""我移动"体验中"昭告"(bekunden)自身的。因此,施泰因强调,利普斯所谈及的"完全的同感"实际上是一种"同——感"(Eins-Fühlung),但是真正的"同感"却不是这种"同——感"。利普斯的阐释使得"异己体验与本己体验、异己自我与本己自我"之间的真正区别被搁置了,那么他如何还能谈论一种对"异己体验或异己自我之把握"呢?利普斯这一错误的根本原因在于他混同了如下两种行为:(1)首先被拖入客观被给予的体验,继而充实其隐含的趋向;(2)从非本原体验向本原体验的过渡。(参阅 PE,ESGA 5,22/CWES 3,13)在施泰因看来,就"同感"行为本身而言,前者属于"同感"行为结构的不同的进行层级,而后者所谈及的"过渡"则属于一种根本无法逾越的事情。在同感行为中,我们永远无法将"非本原的"异己体验视为"本原的",这里只有我的不断进行的行为才是"本原的",比如,我作为一个观看者正在进行的同感行为,或者我捡起不经意掉在地上的节目单(尽管我可能并不"知道",因为我全神贯注于杂技演员),如此等等。

基于此,对于施泰因来说,进行表演的、运动着的杂技演员和观看着的、同感着的我就是两个分离的主体。根本不可能像利普斯所阐述的那样,同感着的主体与被同感的客体(即那个运动的主体:"杂技演员")是同一的。实际上,借助于我们在前文所提到的利普斯对"夺格同感"和"宾格同感"的区分,可以更为清楚地看清施泰因对这个"杂技演员"例子的分析。

对于施泰因来说,我们在观看杂技演员表演的同时,我们对于杂技演员的全神贯注的观看是一种"宾格同感",但是伴随这种"宾格同感"之进行的当然也有一种"夺格同感",即对此"宾格同感"的"内一感受"。事实上,在我们观看表演的整个过程中,始终都有"夺格同感"在伴随着我们，即我们始终"内—感受"到我们的所作所为，尽管未必是"课题化的"。因此，当我聚精会神地观看表演时，或者说当我沉浸于利普斯所描述的审美的忘我状态时，我或许并没有完全"课题化"我自己当下的运动，比如，可能捡起不经意掉在地上的节目单而不自"知"，但是我一定拥有伴随这一不自"知"的"捡起"行为的"夺格同感"，这一"夺格同感"的存在恰恰是我事后可以反思起我这个"捡起"行为的原因。也恰恰是因为这个"夺格同感"的存在，这个当下的"捡起"行为才是我的"本原的"行为。换言之，借助于"夺格同感"，我们可以确定，尽管我们可以在"宾格同感"中达至忘我状态，但这也不意谓着作为观众的"我"成了杂技演员的"我"，二者合而为一。"捡起"这一行为在当时对我这个观众来说是本原的，虽然在这件事发生时我没有意识到。但事后我进行反思的话，就会发现我自己当时的本原行为。与此相反，杂技演员的经验对观众来说永远都不会是本原的。所以，施泰因认为，利普斯在谈论"完全的同感"时，实际上混淆了"同感"（Einfühlung）和"同一感"（Einsfühlung）。前者的前缀"ein-"表示"进入"或"在……之内"，而"eins-"则表示"一"。二者意义的差别可谓巨大，不可混淆。

需要注意的是，施泰因只是批评利普斯混淆了"同感"和"同一感"，但是她并没有拒绝"同一感"本身，而是相反，她不仅对"同感"进行了现象学的本质描述，而且也简要地描述了"同一感"的现象学本质。

施泰因举例说，当我们都对同一事件，如一个好消息，感到高兴时，我们拥有"相同的"感受。对这个"相同的"感受需要进一步分析。一方面，我对这个好消息感到高兴。另一方面，我同感到其他和我一起听说这个好消息的人也同时为它感到高兴。在本原性与非本原性的阐释模式中，我的高兴是本原的，而我同感到的他人的高兴是非本原的。但在这个情况下，本原性与非本原性之间的界限似乎消失了。事实上，施泰因表示,个体"我"与个体"你"的感受在各方面都一致,"从'我'和'你'中出现了一个更高层次的主体'我们'"(PE,ESGA 5,29/ CWES 3,17)。易言之,拥有相同感受的不是我和你,而是"我们"。施泰因说,"同一感的主体不是一个'我',而是一个'我们'"(PE,ESGA 5,29/ CWES 3,18)。① 而且,她认为像高兴这样的感受可以得到丰富,因为在我的感受与他人的感受之间存在差异。我同感地把握到这种差异,并且在特定情况下我的高兴可以超出其界限,达到一个更高的层次。如果他人在相同状况下有同样的经历,那么"我们"就感受到更高层次的高兴。这就是施泰因所理解的同一感。但是无论如何,"同一感"并不能与"同感"相混淆,我们只是在"同感"中而非在"同一感"中把握异己的体验。

施泰因将"同一感"区别于"同感",这一区分对舍勒产生了很大的影响。萨维奇甚至认为,舍勒在 1923 年将其"同情书"的第一版扩充增订,"其扩充似乎就是对埃迪·施泰因对同感与同一感的区分的回应[……]"②。事实上,在交互主体性经验的问题上,舍勒和施泰因相互影响、相互激发。在施泰因博士论文的准备过程中,她显然认真研究了舍勒对同感的研究,因为在《论同感问题》一书中她多次提到对舍勒观点的回应,甚至在第二章第六节专门性地论及舍勒对异己意识的把握问题(参阅 PE,ESGA 5,42 - 51/ CWES 3,27 - 34)。③ 不过,在当时她所阅

---

① 也有学者指出,在"同一感"中,共同的体验是原初的,自我的本己体验则是第二性的,参阅 John Hughes,"Edith Stein's Doctoral Thesis on Empathy and the philosophical climate from which it emerged",in:*Teresianum*,36 (1985),pp.455 - 484,here pp.473f.。

② M. Sawicki,*Body*,*Text*,*and Science. The Literacy of Investigative Practices and the Phenomenology of Edith Stein*,p.33.

③ 在该部分,施泰因评论了舍勒与胡塞尔在"内感知"和"异己感知"问题上的争执,萨维奇曾指出,施泰因总是试图在舍勒对胡塞尔的批评中为胡塞尔辩护,但是她却误解了舍勒(参阅 M. Sawicki,*Body*,*Text*,*and Science. The Literacy of Investigative Practices and the Phenomenology of Edith Stein*,pp.103ff.)。有关舍勒和胡塞尔在这一问题上的相互关系的深入探讨,也可以参阅张任之《"自身欺罔"与"内陌己感知"——舍勒交互主体性现象学之导引》,载《哲学论集》第 44 期。

读的当然还只是舍勒"同情书"的第一版。但舍勒"同情书"两个版本之间的差异是显著的。在某种程度上,我们甚至可以说,施泰因对舍勒"同情书"的扩充与修订起到了很大的作用。

三、舍勒论"相互一同感受"、"追复感受"与"同一感"

在舍勒"同情书"的第一版中,他对"同情感"(Sympathiegefühle)作了三种区分,即"相互一同感受"(Mit-einander-fühlen)、"共感"(Mitgefühl)和"感受感染"(Gefühlsansteckung)。① 在舍勒看来:(1)"相互一同感受"是最高类型的同情感。作为主体的 A 和 B 一起具有相同感受。"这里我在另一个人那里所感知的情绪也是**我的**情绪,同时我也知道另一个人的情绪是他或她自己的情绪。"②这一类感受的典型例子是父母对他们死去孩子的"相互一同"悲伤。(2)"共感"包含着对他人之快乐或悲伤的感受的意向性指涉。③ 这种"共感"基于一种理解行为或者"追复感受"(Nachfühlung)。这里 B 的怜悯之"共感"或"同情感"所朝向的是 A 的遭遇。(3)"感受感染"与"共感"完全不同,在这里既不存在对他人之快乐或悲伤的感受的意向指涉,也没有参与后者的体验。它只是发生在诸感受状态或情绪之间,并没有预设任何一种对他人所感受到的快乐的"知道"(Wissen)。④ 例如,我们走进一个酒吧,那里欢乐的气氛

---

① 参阅 Max Scheler, *Zur Phänomenologie und Theorie der Sympathiegefühle und von Liebe und Hass*, Halle, 1913, S.9ff. 。

② E. Kelly, *Structure and Diversity. Studies in the Phenomenological Philosophy of Max Scheler*, *Phaenomenologica* 141, Dordrecht/ Boston/London, 1997, p.147.

③ 参阅 Max Scheler, *Wesen und Formen der Sympathie*, GW VII, Bern: Francke-Verlag, 1973, S.24;中译参阅舍勒《同情现象的差异》,朱雁冰译,载刘小枫选编《舍勒选集》,上海三联书店 1999 年版,第 286 页。本书引用该文均为此版本,且据我们这里确定的译名对相关术语进行了统一,以下不再一一注明。

④ 参阅 M. Scheler, *Wesen und Formen der Sympathie*, S.26;舍勒《同情现象的差异》,第 288 页。

会"感染"我们，我们也立即与酒吧里的人们一起快乐起来。但这种感受感染实际上与真正的"共感"毫无关系。

在"同情书"的第二版中，舍勒修订了他的这个区分，在其中加入了第四个类型——"同一感"。① 在对"同一感"进行描述分析的过程中，舍勒明确提到了施泰因。显然，施泰因对"同感"和"同一感"的区分启发了舍勒，促成舍勒自己的"同一感"理论的形成。当然，相比于施泰因，舍勒的同一感理论更为具体深入，体系也更庞大。但是他们二者在"同一感"问题上更为重要也是更为本质的差异在于，他们二者的"同一感"概念的内涵并非完全一致。我们先来关注舍勒的"同一感"概念。

舍勒在这里也谈到了利普斯的"杂技演员"的例子。他同意施泰因对利普斯的批评。他也强调，利普斯错误地试图将"杂技演员"的例子阐释为一种类同于"审美同感"的"完全的同感"。如前所述，利普斯的审美同感意味着主体完全沉浸在他的审美对象之中。舍勒引用施泰因的话说，"我并非与杂技演员合而为一，而只是'在'他那里"，并且舍勒主张有一个"幻想自我"（Fiktumich）附带地在"共同完成"着杂技演员的那些动作意向和冲动，这个"幻想自我"并不同于"我的个体自我"，"我的注意力完全被动地集中在幻想自我之上，并由此而集中在杂技演员身上"。② 总之，舍勒与施泰因一样，完全不赞成利普斯的观点：在观看者和杂技演员之间存在同一。

但是他接着指出，"也有**一些**情况是利普斯和施泰因都未曾提及

---

① 有关舍勒的"同情感"与交互主体性现象学研究，可以参阅［美］曼弗雷德·弗林斯《舍勒的心灵》，张志平、张任之译，上海三联书店 2006 年版，第 78—96 页。有关舍勒在"同情书"两版中对"同情感"之不同区分在其思想发展变化中的重要意义，可以参阅张任之《爱与同情感——舍勒思想中的奠基关系》，载《浙江学刊》2003 年第 3 期。

② 参阅 M. Scheler, *Wesen und Formen der Sympathie*，S. 29；舍勒《同情现象的差异》，第 292 页。

的"①。正是基于这样的"一些"情况,舍勒提出了他自己的"同一感"概念,它与施泰因的"同一感"概念截然不同,尽管施泰因在"同感"与"同一感"之间作出的区分启发了舍勒。在舍勒这里,"同一感"的真正意义在于:将本己的个体自我与异己的个体自我相同一,在根本上它只是"感受感染"的极端例子,或者说是"高度的感受感染"。在"同一感"中,"不仅异己的、有限的感受过程被不自觉地当成本己的感受过程,而且异己的自我恰恰(在其所有基本行为上)与本己的自我被视为同一"②。

鲁道夫·马克瑞尔(Rudolf A. Makkreel)如此来理解上述这段话:"同一感(Einsfühlung)的确作为同感(Einfühlung)的貌似合理的**强化**被舍勒认可,借此同一感,自己要么完全地甚至是催眠式地为他人所吞没,要么反过来他人为我所同化"③。在这里我们可以发现一个明显的错误或误解。舍勒明确地强调"同一感"是"感受感染的强化形式"。而"同感"并未被舍勒列入对"同情感"行为的四种区分之中。在舍勒这里,我们常常可以看到"投射的同感"(projective Einfühlung)这样的概念,但它更多是个否定的概念,舍勒主要是在利普斯的意义上使用,或者说是在批评利普斯的语境中提到这个概念。那么我们是不是可以得出结论说,舍勒这里除了"投射的同感"之外没有别的同感概念呢?对此我们不能简单地答以是或不是。

事实上,在舍勒这里也存在着施泰因意义上的同感概念,但它不以"同感"的名称出现,舍勒称之为追复感受(Nachfühlen)。在施泰因文本中的某些地方,她明确地表明她的同感概念与舍勒的追复感受是相同

---

① M. Scheler, *Wesen und Formen der Sympathie*, S.29;舍勒:《同情现象的差异》,第 292 页。

② M. Scheler, *Wesen und Formen der Sympathie*, S.29;舍勒:《同情现象的差异》,第 292 页。

③ Rudolf A. Makkreel, "How is Empathy Related to Understanding?" in: *Issues in Husserl's Ideas II*, ed. by Thomas Nenon and Lester Embree, Dordrecht/ Boston/ London, 1996, p.200.(着重为笔者所加)

的。例如,她在脚注中曾写道,"舍勒以同样的方式来解释对**'同感'**(**或者如他所说的'追复感受'**)以及**'共感'**的理解"(PE,ESGA 5,25,Anm. 11/ CWES 3,122,Note 27,着重为笔者所加)。在另一个地方,施泰因再一次指出了这一点,"舍勒强调,与**'追复感受'**(**我们的'同感'**)相对……"(PE,ESGA 5,38,Anm. 21/ CWES 3,123,Note 35,着重为笔者所加)。

反过来,在其修订增补的"同情书"第二版中,舍勒在讨论"追复感受"时也让读者们参考施泰因。舍勒指出,S.维塔泽克在其《审美观的心理学分析》一书中认为那些被舍勒称为"理解"(Verstehen)和"追复感受"(Nachfühlen)的东西只是"对有关体验的直观表象"。[①]接着他就指引读者们参考施泰因的《论同感问题》中有关同感的表象观与现时观之争的讨论。在那里,施泰因也批评了 S.维塔泽克的观点,即将"同感"视为对异己体验的一种直观表象(参阅 PE,ESGA 5,30ff./ CWES 3,18ff.)。[②] 因此,通过这些文本的列举和对比,我们清楚地看到施泰因所谓的"同感"与舍勒所说的"追复感受"其实就是同一个东西。

对于舍勒来说,"我们必须将'追复感受'、'追复生活'(Nachleben)与'共感'严格地区分开来。[……]我们在'追复感受'中以感受的方式把握到异己感受的**质性**,而后者却**并未转移**到我们身上来,或者说,在我们身上**并没有**产生同样的现实的感受"[③]。他解释说,我们只是感受到他人之"苦",但并未与之"共苦";我们也只是感受到他人之"甘",但并未与之"同甘"。事实上,我们并不需要与他人一起受苦就可以感受到他人之痛苦的质性,不需要与他人一起高兴就可以感受到他人之快乐的质性。

---

① 参阅 M. Scheler, *Wesen und Formen der Sympathie*,S.24,Anm. 1;舍勒《同情现象的差异》,第 286 页,脚注 1。

② 有关于此,可以参阅本书第二章第三节第三目中的相关论述。

③ M. Scheler, *Wesen und Formen der Sympathie*,S.20;舍勒:《同情现象的差异》,第 281 页。

用施泰因的话来说,这意味着他人的快乐和痛苦对他来说是本原的,而对我则是非本原的。我们是在"同感"(施泰因)或"追复感受"(舍勒)中"非本原地"把握到这种快乐或痛苦,至于我是否愿意"同情"这种快乐或痛苦或与之"共感",这是另一个问题。正如舍勒所说,"我完全可以追复你的感受,但我并不怜悯你"①。这意味着"追复感受"仍然停留在认识行为的领域中,而不是一个道德上相关的行为。

四、在"同感"与"同一感"问题上施泰因与舍勒之间的相互关系

我们已经看到,施泰因的"同感"概念与舍勒的"追复感受"概念几乎具有一样的含义。显然,"同感"在施泰因理论中的作用与"追复感受"在舍勒这里的作用是不同的。但我们这里无法全面梳理舍勒和施泰因在这一问题上的相互联系,而是将目光限定在他们的理论中"同感"(施泰因)/"追复感受"(舍勒)与"同一感"(施泰因以及舍勒)的关系上。

施泰因说,"不是通过'同一感',而是通过'同感',我们经验到他人。'同一感'和我们本己体验的丰富化通过'同感'得以可能"②(PE,ESGA 5,29/ CWES 3,18)。当我"同感"到你的快乐与我的一样,而你也"同感"到我的快乐与你的一样时,一个更高层次的主体"我们"就出现了。因此对于施泰因来说,"同一感"的主体是"我们",她在后来也将此意义上的"同一感"称作一种特殊的"同感",在此"同一感"中我们"内觉察"到一种新的"主体",即"我们"(参阅 PE,ESGA 5,29f. Anm. 13)③。

但舍勒的想法截然不同。他指出:"'追复感受'和'共感'这二者完全排除了'同一感'和真正的同一化"④。根据舍勒,"同一感"可能发生的

---

① M. Scheler,*Wesen und Formen der Sympathie*,S.20;舍勒:《同情现象的差异》,第 281 页。
② 这里引文中的后半句话,施泰因后来修改为:"'同一感'和我们本己体验的丰富化与'同感'是不一样的,尽管它们之间的联系很紧密"。
③ 此注释为施泰因后来所加。
④ M. Scheler,*Wesen und Formen der Sympathie*,S.44;舍勒:《同情现象的差异》,第 310 页。

"地点"只能在于身体意识和意向性的—精神性的人格存在（Personsein）**"之间"**，人们只有当在认识、精神和理性领域（意向性的—精神性的人格存在）以及物理和肉体感觉以及感受感觉领域（身体意识）中起作用的行为和功能不再起作用时才能获得"同一感"和同一化。因此，有"追复感受"的地方就不会有"同一感"和同一化。

不过，我们发现实际上"同一感"在舍勒和施泰因那里也有着完全不同的含义。施泰因在一个脚注中提道："舍勒明确地强调这一现象：不同的人格完全可以拥有同样的感受①，并且宣称各个主体由此而被保留。然而他并没有注意到，统一的行为并不具有复数的个体作为其主体，而是将一个基于它们而构造起来的更高的统一作为其主体"（PE，ESGA 5，29，Anm. 12/ CWES 3，122，Note 28）。施泰因这里所作的提示，即要求读者们特别去参考的舍勒"同情书"第一版的那些相关段落，所指向的是舍勒论述"相互一同感受"的章节。我们可以借助于舍勒在那里谈论的"相互一同感受"例子（即父母对他们死去孩子的"相互一同"悲伤）来理解施泰因此处的说明。舍勒在那里强调，父母面对他们死去的孩子"相互一同"感受到悲伤，而且父亲（或母亲）的悲伤对于母亲（或父亲）来说并不是以一种"对象性"的方式获知的，而是他们"相互一同"感受到同一个悲伤。但是父亲和母亲作为两个不同的"人格"，两个不同的"主体"仍然被保留。而施泰因随后对舍勒的批评在于，舍勒并没有注意到：统一的行为（相互一同感受）并不具有复数的个体作为其主体（父亲和母亲），而是将一个基于它们而构造起来的更高的统一（"他们"或"双亲"）作为其主体。换言之，在施泰因看来，舍勒所说的这种"相互一同感受"

---

① 施泰因提示，她得出这个看法是基于：Max Scheler, *Zur Phänomenologie und Theorie der Sympathiegefühle und von Liebe und Hass*, Halle, 1913, S. 9 und 31（可以参阅 M. Scheler, *Wesen und Formen der Sympathie*, S. 23f.；舍勒《同情现象的差异》，第 285—286 页）。

的主体就不是各个单个的个体,而是一个基于这些复数的个体而构成的一个统一,比如"我们"或"他们"。

按照这里的分析,施泰因的"同一感"(以"我们"作为其主体)概念很可能来自舍勒在"同情书"第一版中所描述的"相互—同感受"的概念。这个"相互—同感受"对于舍勒来说是"共感"的最高形式,而"共感"则基于"追复感受",那么我们可以推断,在舍勒这里,"相互—同感受"基于"追复感受",尽管在"相互—同感受"的情况下,"'追复体验'和'追复感受'的功能与本真的'共感'交织在一起,以至于根本体验不到这两种功能的差别性"①。

概而言之,通过对施泰因和舍勒所使用的术语进行分疏,我们得到以下结论:他们常常在用不同的概念描述同一件事,有时又在用同一个概念谈论不同的事。我们可以把我们至此为止的分析总结如下:

(1) 从利普斯所用的"杂技演员"的例子,施泰因用她自己的基于"本原性和非本原性"之区分的"同感"概念驳斥了利普斯的"完全的同感"、"积极的同感"概念,然后创造性地区分了"同感"和"同一感"。

(2) 这个区分极大地影响了舍勒,使他修订并扩充了"同情书"的第一版。特别是,他在有关同情感行为的分类中补充了"同一感"作为第四个类型。但舍勒的"同一感"概念完全不同于施泰因的"同一感"概念。他认为"同一感"是"感受感染"的强化形式或极端例子。

(3) 通过提及马克瑞尔误解舍勒的"同一感"是"同感"的强化形式,我们试图表明,当舍勒使用"同感"一词时,他指的是利普斯的审美的"投射的同感",而他的"追复感受"才与施泰因所说的"同感"相一致,这由这两位作者自己的文字所证实。

(4) 施泰因的"同一感"只有通过"同感"才得以可能,就像舍勒的"相

---

① M. Scheler, *Wesen und Formen der Sympathie*, S.24;舍勒:《同情现象的差异》,第287页。

互一同感受"要基于"追复感受"一样。而舍勒的"同一感"则排除了"追复感受"。就此而言,施泰因的"同一感"与舍勒的"相互一同感受"更类似。这种"相互一同感受"要奠基于"追复感受",尽管在此"相互一同感受"中,"追复感受"的功能难以与"共感"以及这种"相互一同感受"区分开来。

无论是舍勒还是施泰因,他们都在对"同感"和"同一感"概念的澄清中,展开了一门广义上的"同感现象学"或"交互主体性现象学"。但是由于他们各自对于相关概念的不同理解,最终他们也开展出不尽相同的局面。舍勒的"同感现象学"最终赋予"同一感"更为基础的地位,并最终成为其对现代资本主义道德批判和重建欧洲秩序理论的基础;施泰因的"同感现象学"则更为强调"同感"本身,并进一步拓展这一概念,从而成为她勾连现象学和中世纪经院哲学的核心基础之一。

附论　我们如何通达他人的意识?——发生心理学的进路与现象学的进路

"他心知"问题被看作是当代西方心灵哲学中最为基本的两个问题之一。[①] 但实际上,这个问题在 20 世纪初就已经成为哲学心理学研究的焦点了。"我们如何通达他人的意识?"的问题在当时的哲学心理学中主要是以这样的方式被追问的,即"在一个心理—物理个体中,对另一个这样的个体的经验是如何发生的?"在此追问中,形成了哲学心理学思想史上诸种"有关异己意识之把握的发生理论"。我们也可将之称作"他心知"问题的"发生心理学进路"。如前所述,在这些发生理论中,最具代表性的理论有三种,即"模仿理论"、"类比推论理论"和"联想同感理论"。

---

① 参阅高新民《"他心"的证明与认识问题——西方心灵哲学中的他心知研究》,载《江海学刊》1998 年第 4 期。

胡塞尔所开创的现象学也处身于 20 世纪初心理学主义的大的思想背景之下,因此也不得不思考对他人或异己意识的把握问题。在现象学家们看来,所有"有关异己意识之把握的发生理论"都存在着各种各样的问题,现象学家所要做的恰恰是试图以一种"同感现象学"来取代历史上形形色色的发生理论。

事实上,发生理论也构成了当代有关"他心知"问题的心灵哲学探究的基本理论背景。心灵哲学的诸种方案或者直接针对着某种发生理论(比如维特根斯坦对约翰·密尔、罗素等人所支持的"类比推论理论"的批评和反对),或者直接再现了某种发生理论[比如戈德曼(A. Goldman)的模拟论与传统"模仿理论"的同质]。当然,随着当代神经科学的发展,建基于此之上的心灵哲学的某些方案也在一定程度上推进或延展了"他心知"问题的研究。

细致分梳 20 世纪上半叶有关异己意识("他心")之把握的发生心理学的进路以及与之相竞争的现象学(特别是施泰因)的进路,无疑将有助于人们更好地厘清"他心知"问题的实质。

概而言之,施泰因对"同感"实际上是借助行为相关项的方面来作出区分和界定的,"同感"这一行为的行为相关项是一种异己体验或陌生人的意识。比如说,当"我"在他人的脸上"看到"悲伤时,"我"以一种独特的"体验方式"通达了他人的意识经验(比如悲伤)。在这里,"模仿理论"可能会解释说,"我"是基于对他人行为举止的"内模仿"而通达了他人的意识;而"类比推论理论"则可能解释说,因为我们之前可能在体验本己的悲伤(内在意识)时已经在自己的脸上发现了相应的表情(躯体表现),现在"我"在他人脸上看到了类似的表情,于是"我"借助于"类比推论"通达了他人的内在意识。但是如前所述,无论是"模仿理论"或者是"类比推论理论"(还包括"联想理论")其实都没有能够本真地描述这里的事情。

现象学地来看,这个"悲伤"是一下子突然呈现给我的,它既不是被我"内模仿"出来的,也不是"类比推论"出来的,毋宁说,它是在"我的"当下的"同感"行为中自身被给予的。这里的"一下子"、这里的"当下"、这里的"我的"等这样的描述,表达和勾勒出同感行为的"切身性"(Leibhaftigkeit)和"本原性"(Originarität)。在这个"当下",这个"悲伤"作为一个"对象""一下子"地面对着"我",它是"切身地自身在此的"。尽管这个"悲伤"本身始终无法"本原地"被给予我,或者说,我永远无法像达及本己的悲伤体验那样"本原地"达及他人的悲伤,我甚至也无法像我回忆自己过去的悲伤那样通达他人的悲伤,但是这个他人的悲伤却也始终是"一下子"在"当下"的"同感"行为中被给予"我"的。就如同我回忆的对象是"当下化的"但回忆行为本身是当下本原的一样,同感行为的对象也是"当下化的"而同感行为本身则是当下本原的。这种当下本原的"同感"行为不仅不同于一切的"内模仿"、"联想"或"类比推论",而且它还构成了所有这些行为的基础。"模仿理论"、"联想理论"以及"类比推论理论"等有关"异己意识之把握"的发生理论并没有真正解释对异己意识的把握的实情,相反,它们总是预设我们"已经通达"了他人的意识,而同感现象学恰恰是对这种对他人意识"已经通达"的方式的现象学本质描述的研究。因此它构成了诸发生理论的基础。

总的来看,当代英美心灵哲学中有关"他心知"问题的诸种讨论——无论是诉诸常识的所谓的民众心理学理论,或是罗素、汉普希尔(S. Hampshire)等人所支持的类比论证,还是赖尔(Gilbert Ryle)的行为主义理论,以及当今最为流行的两种理论(理论论与模拟论),等等——其实都可以在20世纪初的"有关异己意识之把握的诸发生理论"中或多或少、或隐或显地找到其思想源头。

近年来,在英美心灵哲学研究的大框架下,有学者借助维特根斯坦对传统"他心知"理论的批评性讨论以及麦克道威尔（J. McDowell）的相关研究，发展出所谓的"他心的直接感知理论"。① 这种理论追随维特根斯坦而强调，他心是可以直接感知的："一般说来，我不是猜出他心中的恐惧——我看见这种恐惧。我并不是觉得我仿佛是从外在东西中推出内在东西中的可能存在；毋宁说，人的面孔仿佛在一定程度上是透明的，我不是在反射的光亮中，而是在它自己的光亮中看见它的"②。这种理论还指出，直接感知理论是最为基本的读心方式，它并没有否定理论论和模拟论，而是为它们提供了一种何以可能的说明。

在此我们似乎可以说，通过批评"类比论证"说、理论论和模拟论等传统理论而提出的"他心的直接感知理论"，在一定意义上与通过批判发生心理学诸进路而发展出的现象学进路是殊途同归的，而且，现象学的进路在理论的细致性上显然超出所谓的"他心的直接感知理论"。

"他心的直接感知理论"实际上并没有对这种所谓的对他心的"直接感知"作清晰的厘定，而更多地诉诸了常识；现象学的进路则不同，基于其描述的本质科学的根本性特征，现象学的进路将这种所谓的"直接感知"或维特根斯坦所说的对"他心中恐惧"的"看见"标识为"同感"，并对之进行了细致入微的描述。

根本而言，同感行为在其现象学本质性上具有两面性（Doppelseitigkeit）：它涉及了一个"本原的"、当下的、现时的本己体验行为，同时，它也涉及一个在此本原的本己体验中显示出来的"非本原"的异己体验。③但是，正是这种具"两面性"的同感行为描述了我们对他人意识之通达的实情。在现象学上，他人意识的确自身被给予了，或者更严

---

① 参阅王华平《心的直接感知理论》，载《哲学研究》2012 年第 9 期。
② 参阅维特根斯坦《心理学哲学评论》，载《维特根斯坦全集》第九卷，涂纪亮译，第二部分，第 170 节，河北教育出版社 2003 年版，第 324 页。
③ 参阅 D. Moran, "The Problem of Empathy: Lipps, Scheler, Husserl and Stein", p.276。

格地说,一种特殊的意识体验的确自身被给予了,我们通达它的方式既不同于感知、想象、回忆和期待,也不同于自身意识等,我们可以将之描述为"同感",而它的行为相关项则是"他人意识"。但是在这种当下的、本原的"同感"行为中被给予的"他人意识"却始终是非本原的,我们甚至永远无法本原地"达及"它。

这里对有关"异己意识"探究的现象学进路的讨论自然也显示出它的两面性:一方面"扬其长",另一方面"显其短"。客观而言,在对"异己意识"或"他心"的认识论探究,特别是对其本质结构的描述分析上,现象学进路的优长显露无遗。然而,"他心知"问题是一个远为宽阔而且尚在进一步展开的问题域,在这些方面,特别是在当代神经科学、发展心理学(developmental psychology)和认知科学得到长足进展的大背景下,现象学进路往往也显示出其无能为力或有待发展之处。

在总体倾向上,现象学进路主要聚焦于"人—层次",而并没有更多关注所谓的"亚人—层次",但是显然,我们对于他人意识的通达或对他人的理解在很大程度上要得益于"亚人机制"①,特别是有关镜像神经元的发现和研究。与此同时,在过去的二三十年间,发展心理学家对于儿童对人类心智进行领会的发展变化方面所做出的大量研究和结论表明,对于"表征式心智"(the representational mind)的领会构成了交互主体性的一个先决条件。②

可以说,当代神经科学、发展心理学等学科的最新研究成果对现象学提出了发展的新要求,也打开了发展的新空间。耿宁(Iso Kern)、马爱德(Eduard Marbach)、洛马尔(D. Lohmar)和扎哈维(D. Zahavi)等现象

---

① 参阅 D. Zahavi, "Empathy, Embodiment and Interpersonal Understanding: From Lipps to Schutz", in: *Inquiry: An Interdisciplinary Journal of Philosophy* 53 (3) 2010, pp.285 - 306。

② 参阅耿宁《心的现象——耿宁心性现象学研究文集》,倪梁康编,商务印书馆 2012 年版,第 358—380 页。

学家都对这些新的发展、新的理论抱持开放的态度,对之颇多关注,并在整体上积极规划和设想了现象学与以神经科学为代表的新科学之间的相互关系,即二者应该是"互相激励、相互充实"的,"一方对于某一规律的发现必须借助于另一方的评价才能实现二者有效的合作。现象学必须通过自己的方式去挖掘那些神经科学已发现的丰富领域;然而从另一方面来说,两者的关系也一样:神经科学可以期待现象学通过自身方式来为其领域内还值得进一步深化的研究提供富有建设性的启示"①。

---

① 洛马尔:《镜像神经元与主体间性现象学》,陈巍译,载《世界哲学》2007 年第 6 期。

第三章　同感行为与个体、人格的构造

前一章我们从思想历史和思想实事两个方面对施泰因的"同感"本质现象学进行了探讨。简单而言,施泰因是在胡塞尔、利普斯、舍勒等人的影响下,在当时代心理学与哲学的大背景中来探究"同感"问题的。对于她来说,"同感"就其现象学本质而言就是一种"本原的"但"非本原给予性"的行为,它根本上是对"异己体验"或"异己意识"的把握。在这一章我们将把目光转向有关异己体验之同感这一行为的"权效"(Rechtkraft)问题①。施泰因将这种追问"同感"之"权效"的问题看作一个比描述同感行为的本质"远要重大得多的任务",并把这一"权效"的问题标识为"构造问题"(Konstitutionsproblem),即回答通常同感理论中的那些对象性(如心理—物理的个体、人格性等)如何"合意识地"(Bewusstseinsmäßig)被建构这样的问题②(参阅 PE,ESGA 5,53/CWES 3,37)。

---

① 参阅 Antonio Carreto Fidalgo, *Der Übergang zur objektiven Welt. Eine kritische Erörterung zum Problem der Einfühlung bei Edith Stein*, a. a. O., S.57。

② 当然,在《论同感问题》一书中,对于这个"远要重大得多的任务",施泰因也只是涉及了,但是并没有完全地展开。她后来的《心理学和精神科学的哲学基础之文集》和《国家之 (转下页)

　　显然,在这里施泰因受到了胡塞尔《观念 I》很大的影响,即把"构造问题"接受为"现象学"研究的论题域。

　　在 1912 年前后,胡塞尔尝试在"纯粹现象学与现象学哲学的观念"的总标题下展示其纯粹现象学这样"一门本质上全新的科学"。按照最初的规划,他将在第一卷"纯粹现象学通论"(《观念 I》)中讨论现象学还原的一般学说,并且描述借由现象学还原而达及的纯粹意识的最一般结构等;随后的第二卷(《观念 II》)将详细讨论某些有特殊意义的问题系列,它们将构成探究现象学与各种自然科学、心理学、精神科学乃至一切超越论的科学之间的复杂关系;第三卷将讨论哲学的观念。[①] 但是在其生前,胡塞尔只是在 1913 年出版了《观念 I》,第二卷和第三卷则始终没有发表。

　　如今,胡塞尔《观念 II》的相关手稿被编入《胡塞尔全集》第四卷,并被冠以"对构造的现象学研究"的标题。按照全集编者 M. 比梅尔的说法,一直到 1928 年左右胡塞尔一再地对这份手稿进行加工,在此期间,有关对象在意识中的构造问题不仅成为其哲学的主要问题之一,而且对于现象学来说它获得了"无与伦比"的意义。[②] 现在的《观念 II》全书分为三大部分,分别讨论"物质自然的构造"、"动物性自然的构造"以及"精神世界的构造"。

　　(接上页)研究》等都可以看作是对这个任务的继续,如她自己在题献给胡塞尔 60 岁生日的《心理学和精神科学的哲学基础之文集》的"前言"中所说,"以下的研究的任务在于:从不同的方面深入心理实在性和精神的本质,由此获得恰当区分心理学和精神科学的基础。这里尝试解决的问题在我的博士论文《论同感问题》中就已经出现了。在对异己主体性之经验进行分析的语境中,我感到我需要粗略勾勒人之人格性的结构,而无法在该框架内对围绕这个难题的复杂问题展开深入的研究"(BBPG, ESGA 6, 3/ CWES 7, 1)。本书的讨论将主要局限于《论同感问题》一书,只是在必要的时候参看后面的这两本著作。

① 参阅 Husserl, Hua III/1, S.1 - 6;胡塞尔《纯粹现象学通论》,第 42—47 页。

② 参阅 M. Biemel, "Einleitung des Herausgebers", in: E. Husserl, *Ideen zu einer reinen Phänomenologie und phänomenologischen Philosophie. Zweites Buch*: *Phänomenologische Untersuchungen zur Konstitution*, hrsg. von Marly Biemel, Den Haag, 1953, S.XV。

究竟什么是现象学意义上的"构造"？著名现象学专家克拉格斯（U. Claesges）曾指出，"'构造'所具有的形式的、贯穿性的含义是与意向性概念一同被给予的，即作为意向性的成就：通过意识行为的多样性而'构建起'对象性的同一性"①。在《观念 I》的结尾部分，胡塞尔对将在《观念 II》中要展开的进一步研究进行了展望，并给出了"构造"的现象学含义："**构造问题**显然在此只意味着依照一定规则、在显现物统一体中**必然**聚集的诸显现系列，可直观地被观看和在理论上被把握——尽管它们具有（以确定的'如此等等'的方式完全可以明确控制的）无限性——，并意味着，这些显现系列可以在它们**本质的**自身独特性中被分析和描述；而且**在作为统一体的确定显现物和确定无限的显现复合体之间相互关系的规则性成就**可被充分洞见，从而一切谜团均可破除"②。

因此，"构造"根本上意味着一种在显现物与其显现之间的意向性的关联，或者说，显现物在显现中获得（被构造出）其自身的"意义"。"构造"根本上不同于创造，也不同于建构，构造始终是一种意向性的成就。无论是物质自然，或是动物性自然，还是精神世界，它们都在意向性的成就中获得（被构造出）其现象学的意义。

如同胡塞尔一样，施泰因这里的"构造"也以"现象学还原"为基础。她说："当我们获得了我们所谓的进步——**在内在被给予的、纯粹意识中的超验客体的构造**，我们就拥有了最终的清晰性，没有问题悬而未决。这是现象学的目标"（PE, ESGA 5, 53f./ CWES 3, 38. 着重为笔者所加）。施泰因的"构造"的起点也是"纯粹自我"，而她"同感"之"构造"的目标则是对"被同感的个体自我"或者说"异己个体自我"的构造。那么这个"被同感的个体自我"或"异己个体自我"，或者更一般地说，一个不

---

① 参阅倪梁康《胡塞尔现象学概念通释》（修订版），"构造"条目，第 266—269 页。

② 参阅 Husserl, Hua III/1, S.315f.；胡塞尔《纯粹现象学通论》，第 363 页（译文参照德文原文有所改动）。

同于"纯粹自我"的"个体自我一般"或"个体一般"在现象学上意味着什么,这个"个体自我一般"或"个体一般"是如何自身构造的? 施泰因恰恰是首先来谈论"心理—物理个体一般"本身的现象学本质,而后讨论"被同感的个体自我"或"异己个体自我"的构造问题的。我们将在本章的前两节分别讨论之。

巴尔泽(Carmen Balzer)曾经指出,施泰因的"同感"根本上在两个层面上发生:一个是心理—物理个体的层次,另一个则是人格的层次。① 我们将在第三节讨论"同感"与"人格"的构造问题。

第一节 "个体一般"或"个体自我一般"的现象学本质

"自我"问题似乎是现象学研究的永恒难题。现象学家们大都在这个主题上倾注过心力。在胡塞尔各个时期的现象学研究中,就包含着对"纯粹自我"、"人格自我"、"超越论的自我"、"单子自我"以及"前自我"、"原自我"等各种类型的"自我"的分梳和思考。②施泰因也在胡塞尔的影响下,讨论过"纯粹自我"、"心理—物理自我"和"人格自我"等。有研究者还曾经抱怨说,施泰因尽管区分了这三种"自我",但是她却从来没有给出它们之间的关系。③

现象学要求在彻底的还原基础上,无前提性地展开对"自我"的研究。一个马上可以得到追问的问题就是,在"现象学还原"以后,现象学

---

① 参阅 Carmen Balzer,"The Empathy Problem in Edith Stein", in: A. - T. Tymieniecka (ed.), *Analecta Husserliana*, Vol. XXXV, pp.271 - 278, here p.275。

② 在胡塞尔现象学的语境中,甚至还需要去面对"自然主体性"("世间自我")与"超越论的主体性"("超越论的自我")之间的关系问题,对此可参阅汉斯·莱纳·塞普《现象学是如何被动机触发的?》,余洋译,载《广西大学学报·哲社版》2014年第4期。

③ 参阅 A. C. Fidalgo, "Edith Stein, Theodor Lipps und die Einfühlungsproblematik", in: Reto Luzius Fetz, Matthias Rath und Peter Schulz (hrsg.), *Studien zur Philosophie von Edith Stein*, *Phänomenologische Forschungen* Bd. 26/27, Freiburg/ München: Alber, 1993, S.105。

家们所面对的是纯粹的体验或意识领域,这一领域是无人称的,但这种体验或意识又是如何一步步展现出它的"个体性"的呢? 或者说,一个不同于"纯粹自我"的"个体自我一般"或"个体一般"在现象学上意味着什么? 这个"个体自我一般"或"个体一般"是如何自身构造的?"自我"又是如何"个体化"的呢? 本节将尝试借助施泰因的相关描述和分析,在现象学上展示"自我的个体化"或者"个体自我"的自身构造这一过程。

一、从无性质的"纯粹自我"到有性质区分的"意识流"

如我们在本书第一章第三节中已经讨论过的那样,施泰因的博士论文研究的出发点是胡塞尔《观念 I》中的现象学,她接受了她所概括的胡塞尔现象学六个基本要点中的前五个,并且将第五个(构造问题)视为其同感现象学的基本目标,尽管她也有所保留地说:"我们甚至不能希望在一个如此简要研究的框架内接近对这个问题的回答"(PE, ESGA 5, 53/CWES 3, 37)。但是无疑,在她看来,在她以前的大多数有关同感的研究都忽视了"构造"这样的基本问题。而她本人在胡塞尔的直接影响下所进行的这项现象学研究,最终应该推进此问题的研究。

很遗憾,施泰因并没有对"构造"这个来自胡塞尔的核心概念作相应的解释,而是直接进入到"个体一般"的构造问题本身之中。我们后面会看到,恰恰是因为这一点,她对"构造"本身的理解与胡塞尔有着重大的区别,并且这一区别也导致在施泰因《论同感问题》一书中存在着一个内在的张力。

无论如何,施泰因在有关"构造"这一问题的起点上与胡塞尔是完全一致的,即"构造"要以"现象学还原"为基础,通过"现象学还原",人们可以通达"纯粹自我"(das reine Ich)或者一个"纯粹意识的领域",它构成了一切研究的最基础领域。

而有关"纯粹自我"的问题,在胡塞尔 1900—1913 年的思想发展中存在着非常重大的变化。在 1900/1901 年发表的《逻辑研究》第一版中，胡塞尔对"自我"有两个基本的规定：作为人的经验自我和作为体验之复合的自我。这两个意义上的"自我"在当时都是被胡塞尔明确拒绝的。但是在 1913 年修改出版的《逻辑研究》第二版中，胡塞尔改变了他的态度，并且指出，"对于这里所表述的对'纯粹'自我的反对意见，作者现在不再持赞同态度"①。而在同年出版的《观念 I》之中，胡塞尔进一步对"纯粹自我"进行了现象学的描述。在这里，"纯粹自我"是在现象学还原以后，在搁置了世界以及从属于世界的经验主体性以后仍然作为现象学的主题得以留存下来的东西。这个"纯粹自我"是持续地、必然地存在着的，它根本上"充分地生活在任何一个现时的'我思'之中"②，因而是与体验流有关的纯粹主体。③

    著名胡塞尔研究专家马爱德曾经指出，胡塞尔在此期间有关自我问题的思想变化很大程度上受到利普斯 1903 年出版的《心理学导引》（*Leitfaden der Psychologie*）的影响。④ 而舒曼等人则强调，如果像马爱德这样的研究只是单单着眼于胡塞尔的超越论的现象学这一单方面

---

① 胡塞尔：《逻辑研究》第二卷，第一部分（修订译本），倪梁康译，上海译文出版社 2006 年版，A 332/B₁ 354。

② E. Husserl, Hua III/1, S.177f.；胡塞尔：《纯粹现象学通论》，第 151 页（译文有所改动）。

③ 有关胡塞尔"纯粹自我"问题的研究，参阅倪梁康《自识与反思》，第二十二讲"胡塞尔（3）：纯粹自我的问题"。新近张任之撰文提出，胡塞尔在 1901 年所拒斥的纯粹自我与 1913 年所迎回的纯粹自我并不是同一个。胡塞尔明确区分了意识流的"统一性"原则和"同一性"原则。无论是在 1901 年还是在 1913 年以后，对于作为意识流的"统一性"原则的"纯粹自我"胡塞尔都予以拒绝。而 1913 年以后胡塞尔重新予以关注并对之进行现象学的描述的"纯粹自我"所要表达的实际上是"意识的同一化原则"，即一种"与格的我"（参阅张任之《意识的"统一"与"同一"——再思胡塞尔的"纯粹自我"问题》，载《哲学研究》2018 年第 7 期）。

④ 参阅 E. Marbach, *Das Problem des Ich in der Phänomenologie Husserls*, *Phaenomenologica* 59, Den Haag, 1974；以及参阅 M. Sawicki, *Body*, *Text*, *and Science. The Literacy of Investigative Practices and the Phenomenology of Edith Stein*, p.12.

的视角,那试图去估量利普斯对胡塞尔的影响就会是徒劳的。①

但是,显然施泰因这里对于"纯粹自我"的讨论处在胡塞尔和利普斯的双重影响下。一方面,她跟随《观念 I》中的胡塞尔指出,"纯粹自我"是无法进一步细述的、"无性质"(qualitätslos)的体验主体(参阅 PE,ESGA 5,54/ CWES 3,38),在此"纯粹自我"总是与"体验"相关而成为"体验"之主体。另一方面,她也接受利普斯的如下看法,即"纯粹自我"不是"个体自我"(individuelles Ich),尽管在"纯粹自我"或"纯粹意识"这里也可以发现"我的"和"别的"之区分,但是这种区分并不是一种"性质"上的区别,因为二者都是"无性质"的,它们只是一种"自身性"(Selbstheit)和"他异性"(Andersheit)的区分,因为二者的被给予方式不一样,一种"意识"是"别的",而非"我的",只是因为它以与"我的"不同的另一种方式被给予我自己(参阅同上)。但是在这里还没有发生"个体化","自我"还只是"纯粹自我",我们只是在现象学还原以后的"纯粹意识领域"中关注自身被给予之物及其被给予方式。因此,尽管"纯粹自我"构成了整个现象学构造研究的基础,但是它本身是"无性质的",因此,"构造"研究从一开始并不意味着一种"唯我论"的研究。

更进一步,我们也可以将"自我"在第二个意义上看作"意识流的统一"。我们可以从一个作为现时体验之主体的"自我"开始,但是当我们反思这个体验的时候,我们发现它并不是孤立的,而是置于一个体验流的背景之中。这一体验流的"自我"却并不总是在此体验之中,而是总是在这一个和另一个体验之中穿梭。"正是所有流的体验与当下的、活生生的纯粹自我的这种联合构成了这一流的不可断裂的统一"(PE,ESGA

① 参阅 Niels W. Bokhove und Karl Schuhmann,"Bibliographie der Schriften von Theodor Lipps",in:*Zeitschrift für philosophische Forschung* 45 (1991),S.112 - 130,hier S.117;以及参阅 A. C. Fidalgo,"Edith Stein, Theodor Lipps und die Einfühlungsproblematik",a. a. O.,S.97f.。

5，55/ CWES 3，39）。

现在，"别的"意识流遭遇到"这一个"意识流，"我的"意识流遭遇到"你的"或"他的"意识流。这些"别的"意识流也不仅仅是"别的"，而且还是"各不相同"的，因为每一个意识流都具有其独特的体验内容。基于此，不同于"纯粹自我"，意识流是根据它们的体验内容"在性质上"被区别的。当然，尽管这种"性质"的"特有性"（Eigentümlichkeit）也可以在某种意义上被理解为一种特定的"个体性"（Individualität），但它也还没有将我们带到人们通常所理解的"个体自我"或"个体"那样的东西，后者是一种特定结构的心理—物理的统一。

无论是在"纯粹自我"中的"无性质"的"自身性"，或是在"意识流"中的"性质"的"特有性"都无法达及"个体化"，因而"纯粹自我"也非"个体自我"，但是，借助于这种对"无性质"的"自身性"和"性质"的"特有性"的描述，人们还是向着"个体自我"的构造迈进了一步。

二、作为心灵与身体之统一的"心理—物理个体"

对于施泰因来说，作为"构造"之起点的"无性质"之"纯粹自我"，以及根据其独特的体验内容而获得其"性质"之"特有性"的"意识流"，都还不是"个体"或"个体自我"，或者说，它们之中都还不含有"个体化"。而作为"构造"之目标的"个体"或"个体自我"在根本上意味着一种特定结构的心理—物理的统一。换言之，从现象学上来看，"个体"是一种"心理—物理的个体"，它既含有"心理之物"（Psyche）也含有"物理之物"（Physische），"个体"最终是"心理之物"与"物理之物"在特定结构下的统一体。

施泰因首先关注了有关"心理之物"的个体统一，她将之标识为"心灵"（Seele）。这里有必要预先对已经出现的、在一般的哲学心理学研究中常常容易混淆的几个概念予以澄清，以便更好地把握施泰因的基本思想。这几个概念分别是"体验"(Erlebnis)、"意识"(Bewusstsein)、"心理"(Psyche)、"心灵"(Seele)以及"自我"(Ich)和"个体"(Individuum)等。①

"体验"构成了现象学研究的最基本单位。施泰因强调，我们可以在任一体验中区分三个因素：(1) 一个被接纳到意识中的"内容"(Gehalt)，比如颜色、材料等；(2) 对此"内容"的"体验"(Erleben)，即此"内容"在意识中的"被接纳"，比如对一个感觉的拥有(Haben)等；(3) 对此"体验"的"意识"(Bewusstsein)，它总是伴随着"体验"，为了使此"体验"本身也可以被称作"意识"(参阅 BBPG，ESGA 6，18/ CWES 7，16f.)。从这个区分中我们可以看到，施泰因跟随胡塞尔将"意识"视为现象学的最主要研究对象，无论是"体验"或是对此"体验"之"意识"在根本上都可被归属于"意识"。因此，施泰因对于"同感"的现象学研究是从"纯粹意识领域"中的诸"体验"或诸"意识"的对比研究开始的。

这个意义上的"意识"，在传统哲学心理学中也和"自我"的概念相联系。但是施泰因跟随胡塞尔在"纯粹自我"和"实在自我"(reales Ich)之间作了区分。前者作为现象学"构造"之起点是"无性质"的，而后者则与"经验自我"或"个体自我"有关，它是"构造"的目标之一，或者说，它是被构造出来的。施泰因也将后面这个"个体自我"简称作"个体"。根本上，"个体"是一个"心理—物理的统一"。

这里我们可以引出"心理"这个概念。施泰因将"实在自我以及它的属性和状态"标识为"心理"。因此，"意识"是指被意识到的纯粹体验的王国(Reich)，而"心理"则是指在体验和体验之内容中显现出来的"超越的"(transzendent)实在性的领域(Bereich)(参阅 BBPG，ESGA 6，22/ CWES 7，23f.)。因此可以说，"心理"与"物理"一样，都是一种"超越之

---

① 与此相关的，当然还涉及"精神"(Geist)和"人格"(Person)等，我们会在本章第三节再予以讨论。

物"(参阅 EES, ESGA 11 - 12, 51/ CWES 9, 47f.)。

与"心理"主要是相对于"物理"来说不同,"心灵"更主要的是相对于"身体"或"躯体"概念,或者说,施泰因是借助于后面这对概念来谈论传统意义上的"心—身关系"问题的。① 所谓"心灵"是指"心理之本身的个体性的统一"(PE, ESGA 5, 55/ CWES 3, 39)。换言之,在施泰因这里,"心理"是与"一般性"有关的概念,而"心灵"则是一个较为具体的"个体性"的概念。

简单而言,(1)"体验"和"体验流"、"意识"和"意识流"是现象学构造研究的最主要的对象,是现象学意义上的"内在"(immanent),而"纯粹自我"则构成了这一构造研究的起点,它是"无性质"的。(2)另一方面,"自我"也可以被用来指称"体验流"或"意识流"之现时体验的主体,在此意义上,它获得了一种"性质上"的区分(即相对于"你"或"他",等等)。而"心理"或"心灵"则是构造的目标,是现象学意义上的"超越"。它们不同于"意识流",而是某些实在自我及其实在的属性和状态的"同一的载体"。(3)但是无论如何,它们只是构成了"个体自我"或者"个体"的"心理性"或者"心灵性"方面,"个体"在根本上不仅包含"心理",而且也包含"物理"。

施泰因将"心灵"这种有关自我之持续的属性的"载体"看作"实体性的"(substanziell),比如我们外感知中的"感觉敏锐性",或者体现在我们行动中的"能量",以及我们感受的强度、我们意志的张弛、我们情感的兴

---

① 佐勒认为,在《论同感问题》中施泰因是在相同的意义上使用"心理"和"心灵"概念的,只是在后来的《哲学导论》中才将这两个概念明确区分开来,前者主要与心理学相关,而后者则主要是在形而上学—宗教哲学中使用(参阅 Beate Beckmann-Zöller, "Zugänge zum Leib-Seele-Problem bei Edith Stein im Hinblick auf das Ereignis des religiösen Erlebnisses", in: Cathrin Nielsen, Michael Steinmann und Frank Töpfer (hrsg.), *Das Leib-Seele-Problem und die Phänomenologie*, Würzburg, 2007, S.155 - 170,尤其是第 4 点)。但我们认为,尽管在《论同感问题》中施泰因的确在很多时候将这两个概念视为同义词,但是还是存在着侧重点上的细微差别。

奋性,等等。这些持续的属性最终都基于一个"实体性的统一",即"心灵",它完全类似于物理之物。① 而且,我们也可以称一个"实体性的统一"为"我的"统一或"我的"心灵,只要那些显现上述持续属性的体验流是"我的"体验流。因此,"心灵"虽然不是"体验流"或"意识流",但是这个心灵统一性的"特有性"的结构还是要依赖于"体验流"或"意识流"的"特有性"内容。反过来,一旦这种"心灵"的结构构成以后,"体验流"或"意识流"的内容也同样要依赖于心灵之结构。所以,根本上作为一种"实体性"的或者"超越"的"心灵"本身与纯粹的、"内在"的"体验流"或"意识流"是紧紧联系在一起的。前者的"超越"构成基于后者的内容或"性质"上的"特有性"(参阅 PE,ESGA 5,56/ CWES 3,40)。

但是对于施泰因来说,如果我们仅仅局限于心理现象的领域,就无法完全地把握"个体"本身,我们还必须从"心理"过渡到"心理—物理"。这里的关键在于"身体"。究竟何为"身体"?"身体"又是如何自身被给予的,或者说,"身体"是如何在意识中自身构造的?

与胡塞尔和舍勒一样,施泰因也在"躯体(Körper)"和"身体"(Leib)之间进行了区分。前者是一种"物理性"的事物,而后者并非一种单纯的"物理性"的事物,而是一种"心理—物理之物"。施泰因强调,我可以"看见"、"触摸"一个"躯体",包括"我的"躯体。因此我的"躯体"可以以一种物理性、实在性的方式在外感知中被给予我,但是它并不会"只"以这种方式被给予我,对其他的物理性事物我都可以靠近它或远离它,然而"我

---

① 萨维奇曾经指出,施泰因在这里试图描述从意识流之中构造出心灵来,但这种构造能否在现象学上被展现是令人怀疑的,因为它是否发生这一点令人怀疑。它似乎更多只是因为需要一个物理之物的相似物而被提出(参阅 M. Sawicki, *Body*, *Text*, *and Science. The Literacy of Investigative Practices and the Phenomenology of Edith Stein*, pp.114f.)。事实上,后来胡塞尔在《观念 II》中也借助与物理事物之构造的类比而论证了作为实在的心灵性主体的"心灵"(对此可参阅 E. Husserl, *Ideen zu einer reinen Phänomenologie und phänomenologischen Philosophie. Zweites Buch: Phänomenologische Untersuchungen zur Konstitution*, hrsg. von Marly Biemel, Den Haag, 1953, S.120ff.。下引该书简作 Hua IV)。

的躯体"却始终在这儿,"它会比月亮更加顽固地保留它的背面"而不被我"看到"。然而,假设我们紧闭双眼,平伸手臂,保证没有任何的肢体相互接触,这样我们就无法看到或触摸到我的躯体,即便如此我们也无法真正摆脱我们的"身体"或者"切身性"(Leibhaftigkeit)。就此而言,我的"身体"或者"切身性"与我自身是永恒相连的,在外感知中被给予的"躯体"只是一种被特别对待的被给予性,而"身体"则绝不能仅仅在外感知中自身构造(参阅 PE, ESGA 5, 58f./ CWES 3, 41f.)。从现象学上看,这就是"身体"的**第一个**本质特征:在纯粹意识领域中,"身体"就是一种"切身性",它是与"自我"永恒相连的"此处存在"(Hiersein)。[①]

"身体"的**第二个**现象学的本质特征在于,作为整体的、心理—物理的身体总是处于"定位零点"(Nullpunkt der Orientierung),它以双重的方式自身构造。与之相对,物理性的躯体则处在这个"定位零点"之外,比如,我们总是可以说我的躯干比四肢离"我"(定位零点)更近些,等等。但是,这个"定位零点"实际上并没有一个确切的空间位置,它并非确切地在我躯体中的某个位置上或某一点上。而作为整体、作为心理—物理的"身体"恰恰就处于这个"定位零点",围绕此身体,我们始终具有一个"身体空间"(Leibraum),它不同于"外部世界"。仅仅通过外感知,人们无法达及"身体空间",同样,仅仅通过"身体—感知(体—知)"(Leibwahrnehmen),人们也无法达及"外部世界"。因此,"我的身体"始终以双重的方式自身构造:被感觉的或被"体—知"的身体和外在被感知的从属于外部世界的躯体。比如,我不仅可以看到我的手、触摸到我的手,我也可以"体—知"到我的手,"体—知"到它在感觉,等等。在这双重被给予性中,"我的身体"被体验为同一个,它具有了外部空间中的一个位置并且填

---

① 参阅 A. U. Müller, *Grundzüge der Religionsphilosophie Edith Steins*, Freiburg/München: Alber, 1993, S.344f.。

充着这个空间的一个部分(参阅 PE，ESGA 5，59/ CWES 3，43)。

上面的分析只考虑了静止的身体,但是事实上人们可以更进一步,这就涉及"身体"的**第三个现象学的本质特征**:"身体"是可以运动的,不仅可以"现实地"运动,也可以"想象地"运动。比如,当我(即整个的心理—物理之身体)在房间里移动,那么对这个"我移动"的体验就是一种基于各种感觉之上的"本己运动之统觉"(Apperzeption der Eigenbewegung)。如果这种"我移动"是"现实的",那么,通过外感知和"体—知"的双重性,我把握到身体运动和躯体运动的同一性的"相合"(Deckung):运动着的"身体"就成为被运动的"躯体"。然而,我们也可以"想象""我移动"。比如,我可以"想象"我从电脑前站起来,走到房间的另一角来"观看"坐在电脑前的"我的躯体"。因此,一个"无身的我"是可设想的,而一个"无我之身"则是绝对不可能的。一个被"我"所"抛弃"的"身体"在根本上只是一个"躯体"。恰恰是基于"身体"的无论是"现实的"或者"想象的""可运动性",或者这种"身体运动之统觉","我"和"身体"之间的统一性被构造出来(参阅 PE，ESGA 5，61ff./ CWES 3，45ff.)。

根本上,"身体是通过感觉被构造起来的,而感觉则是意识的实项的(reell)组成块片,它本身属于自我"(PE，ESGA 5，64/ CWES 3，48)。正是通过感觉或基于诸感觉的统觉,"身体"才得以成为一个"心理—物理之统一",或者更确切地说,一个作为心灵与身体之统一的"心理—物理个体"才被构造出来。在施泰因看来,唯有通过这种"心理—物理"之"身体",人的"个体性"或"个体化"才能得以保证。① 一个"个体"或"个体自我"作为心灵和身体之统一的"心理—物理之物",在根本上正是借助

---

① 参阅 M. Sawicki, *Body，Text，and Science. The Literacy of Investigative Practices and the Phenomenology of Edith Stein*，p.115.

于它的"身体"才得以区别于其他的"个体",也正是借助于它的"身体"它才获得了一种真正的"**个体性**",这种"个体性"既不同于"无性质"的"纯粹自我"的"**自身性**",当然也不同于含有"性质"区分的我的"意识流"的"**特有性**"。

三、"心理—物理个体"的基本特性

在施泰因这里,"个体"或者"个体自我"的现象学本质就在于:"它是一个统一性的对象,在其中自我的意识统一和物理的躯体不可分地凝结在一起。它们中的每一个都获得了新的特征,躯体作为身体出现,而意识则作为统一个体的心灵而出现"(PE, ESGA 5, 74/ CWES 3, 56)。"个体"作为"心理—物理之物"最终就是心灵和身体的统一。而这样一种"个体"或者"个体自我"从现象学上看又具有哪些基本的特性呢?或者说,是哪些特性保证了"个体"或者"个体自我"这种作为"心理—物理之物"的现象学本质?

施泰因主要从四个方面来描画"心理—物理个体"的基本特性,即个体的感觉和一般感受(Gemeingefühl)、心理—物理的因果性、表达现象以及意愿体验。

首先,个体的感觉和"一般感受"的被给予性证明了个体是作为"心理—物理之物"的统一。跟随施通普夫(Carl Stumpf)和舍勒,施泰因也谈论了"感受感觉"(Gefühlsempfindung)和"感性感受"(sinnliche Gefühle)。按照施泰因,尽管这些"感受感觉"或"感性感受"总是在"躯体"上有其定位,比如一道美食的爽口感、一个感性的疼痛或者一件舒适衣服的舒适感等,总是在食物被品尝时、被刺痛时、衣服贴着身体表面时被把握到,但是这些"感受感觉"或"感性感受"也不仅仅在"躯体"那里,而是同时也在"我"之中。"一般感受"也一样。所谓"一般感受"(Gemeingefühl)通常指人所共有的体内感觉,比如饥、渴、疲劳感等。不

仅"我"感受到"活力四射"或"无精打采"，而且我在我的"所有肢体"中都觉察到这一点。不仅我的每一个精神行为而且我的每一个躯体行为都会感受到或被察觉出这种"活力四射"或"无精打采"。施泰因将这种现象称作"融合"(Verschmelzung)：我不仅可以"看到"我的手的运动，同时也可以"感受到"它的迟缓("无精打采")，而且我还可以"看到"这种迟缓的运动和手的迟缓。我们总是将这种"一般感受"体验为是出自"身体"而非"躯体"的，因此它总是展现为一种"心理—物理的统一"。即便是像"情绪"(Stimmung)这样的"非肉身本性"的"一般感受"(比如高兴、忧郁等)也始终在"心灵的"和"身体的"体验的相互影响的现象中有其基础。基于此，无论是个体的感觉、感受感觉或是其"一般感受"的这种现象学的被给予性，都表明了"个体"本身根本上是"心理—物理的统一体"(参阅 PE，ESGA 5，65f./ CWES 3，48f.)。

　　其次，心灵之物的一个本质特征在于，它对身体影响之体验具有依赖性。一切的心理之物都是被缚于身体的意识，根本上，"心灵"作为在个别心理体验中显现出来的实体性的统一始终要奠基于"身体"，二者共同构成了"心理—物理的个体"。施泰因将此心灵之物的一个本质特征称为"心理—物理的因果性"(psychophysische Kausalität)。她还特别区分了两种类型的心理之物：(1)本质的心理体验，比如被缚于身体的感觉，乃至于感受感觉、感性感受和"一般感受"等；(2)非本质地具有心理特征①的体验，比如所谓的"精神感受"(geistige Gefühle)等。前一种本质的心理之物因为其对身体的依赖性而本质地含有"心理—物理的因果性"，而在后一种非本质地具有心理特征的体验这里，存在的是一种"非本质必然"的"心理—物理的因果性"。"精神感受"这种体验本身是"非

---

① 在《论同感问题》的第一版中，此处的"心理特征"误作"物理特征"，现据考证版全集本改正之，参阅 PE，ESGA 5，66。

本质心理的"、"非缚于身体的",人们也可以纯粹地把握到"精神感受"的现象学本质,比如"快乐"或"惊慌"这些"精神感受"完全也可以在排除身体因素的情况下被"纯粹地"理解,身体因素并非这些感受的本质必然的伴随物或成分,但尽管如此,我们还是可以说,"快乐使得我的心脏停止跳动"或者"惊慌使得我呼吸困难",等等,因此,这里仍然可能存在一种非本质必然的"心理—物理的因果性"(参阅 PE,ESGA 5,66ff./ CWES 3,49ff.)。基于此,无论是本质的"心理—物理因果性"或者非本质的"心理—物理因果性",它们都进一步证明了个体是心理—物理的统一。①

再次,与由感受的心理—物理因果性而引起的感受的物理性伴随显现不同,感受的表达(Ausdruck)在现象学上是一个全新的现象,比如我因害羞而脸红、我因愤怒而握紧拳头、我因生气而皱眉、我因痛苦而呻吟、我因高兴而欢呼,等等。这种感受与其表达之间的关系全然不同于感受与其物理性伴随显现之间的关系,后者是一种"心理—物理因果性",而在前者这里,我并没有注意到物理体验基于心理体验的因果发生(参阅 PE,ESGA 5,68/ CWES 3,51)。从根本上说,感受需要表达,表达的各种不同类型是各种不同的本质可能性。"在感受和表达之间存在着本质的和意义的联系,而非因果的联系"。在这里,"我不仅感受到感受如何不断涌入表达并在其中宣泄出来,而且我也同时让这个表达在'体—知'中被给予"(PE,ESGA 5,70f./ CWES 3,53)。比如,脸红并非是害羞的物理性结果,而是害羞的表达,当我感受到害羞时,也同时"体—知"到脸红;当我处在快乐之中时,我体验到它被表达,比如通过微笑,我同时可以"体—知"到我嘴唇的伸展,如此等等。根本上,表达现象

---

① 施泰因后来在其《心理学和精神科学的哲学基础之文集》的第一部分"心理的因果性"对因果性的问题进行了更为详细和集中的讨论(参阅 BBPG,ESGA 6,5-109/ CWES 7,2-128),相关研究可以参阅 Angela Ales Bello,"The Study of the Soul between Psychology and Phenomenology in Edith Stein",in:*Cultura. International Journal of Philosophy of Culture and Axiology*,8(2007),pp.90-108。

显现为感受的流露,它们同时是那些在它们之中所显现出来的心灵特征的表达。因此,表达现象构成了个体或个体自我的心理—物理的内在的本质统一性。

最后,感受按其本质来说是某种不封闭在自身之中的东西,即是说,它必须将自身宣泄出来,或者是通过表达,或者是通过引发一个意愿行为或行动(参阅 PE,ESGA 5,68/ CWES 3,51f.),因此"意愿体验"(Willenserlebnis)对于作为心理—物理之统一的个体的构造也具有重要意义。在施泰因看来,身体的表达现象并不是意愿行为的表达自身,而是包含在复杂的意愿体验中的感受之组元(Gefühlskomponente)。意愿也不会封闭在自身之内,而是在行动中外在化自身,或者说人们总是在行动中体现出乃至实现自己的意愿。这种意愿的行动可以是物理性的,比如我意愿去爬山并实现我的意愿。这种行动当然也可以是心理性的,比如我意愿参加考试并且完成了所有准备。因此,"意愿不仅是身体的主人同时也是心灵的主人,尽管它不是绝对地也不是毫不拒绝服从地被经验"(PE,ESGA 5,73/ CWES 3,55)。在根本上,意愿有能力使用心理—物理因果性。比如,眉毛的皱起既可以是一种生气之感受的表达,同时也可以是通过意愿并借助心理—物理因果性而"假装"出来的生气,只是因为我在意愿"表现出我好像正在生气",就此而言,"意愿着的'我'是身体的主人"(PE,ESGA 5,74/ CWES 3,56)。

施泰因通过对四个方面——(1)个体的完全受缚于身体的感觉、感受感觉或感性感受以及一般感受(Gemeingefühl),(2)心理之感受的物理性的因果伴随现象,(3)心理之感受的本质的和意义的表达之现象,(4)作为心理—物理之主人的意愿体验——的现象学描述,进一步勾勒了个体或个体自我的现象学本质特征,即作为一种心理—物理之统一。从本质上来说,"作为整体的心理—物理的个体是自然(Natur)关联体的成员"(PE，ESGA 5，74/ CWES 3，56)。①

第二节　"个体一般"以及"外部世界"之现象学的构造

我们在上一节已经讨论了"个体"或"个体自我"在现象学上究竟意味着什么。这样一种"个体自我"的构造可以体现为四个层次②：(1)作为出发点的纯粹自我；(2)处身于意识流之中的"自我"；(3)作为自我诸体验之持续属性载体的心理性的心灵；(4)心理—物理性的、作为"定位零点"的身体。这种被构造起来的"个体一般"在现象学意义上就是心理—物理之统一，在对这一"个体一般"的感觉与一般感受、心理—物理的因果性、表达现象以及意愿体验的现象学分析中，我们可以进一步确认"个体一般"的这一现象学本质特征，而且我们也可以发现，这些"个体一般"的现象学特性根本上都与心理—物理性的"身体"有关。

因此，"对身体的分析构成了对他者或异己个体之分析的必要步骤"③，在本节中我们将首先借助于对身体的分析，或者更确切地说是对异己身体的分析来谈论异己个体的现象学"建构"(aufbauen)④。这一异

---

① 本书只处理了施泰因早期现象学研究中的"个体"理论，但是"个体"或"个体性"的问题是施泰因一生都关注的主题，在其思想发展的后期也有专题论述，与此相关的研究可以参阅 Sarah Borden, "What Makes You You? Individuality in Edith Stein", in: Joyce Avrech Berkman (ed.), *Contemplating Edith Stein*, Notre Dame: University of Notre Dame Press, 2006, pp.283 - 300。

② 参阅 Nicole Wolf, *Wie werde ich Mensch? Annäherung an Edith Steins Beitrag zu einem christlichen Existenzdenken*, a. a. O., S.58ff.。但是沃尔芙这里谈论的是"自我"的构造，这显然是有歧义的，因为施泰因在"纯粹自我"和"个体自我"之间进行了本质性的区分，"纯粹自我"是其构造的起点，而"个体自我"则是其构造的目标。我们后面还会回到这个问题上来。

③ N. Wolf, *Wie werde ich Mensch? Annäherung an Edith Steins Beitrag zu einem christlichen Existenzdenken*, a. a. O., S.60.

④ 施泰因在其博士论文中交叉使用胡塞尔的术语"Konstitution"(构造)和这个"aufbauen"(建构)，但后期更偏好使用后者。有关这两个概念之间进一步的讨论，可以参阅　(转下页)

己个体的现象学建构问题实际上意味着探讨"同感"在这一建构中的作用。异己个体的构造也会影响到本己个体的构造，并且诸个体的构造最终也会关涉外部世界的构造问题。

一、同感与异己个体的构造

施泰因是从对异己身体的分析开始其对异己个体的现象学构造的，在这一分析中，她着力关注的是"同感"行为在构造过程中的作用，而这一构造过程主要可以分为下列七个层次。

1. 感觉同感与异己的感觉领域

我们是如何将一个异己身体把握为一个身体的，它与异己的物理躯体的区别何在？这里首先要关注的是：感觉领域是如何被给予我们的？施泰因认为，有关我们本己的感觉领域，我们在"体—知"中拥有一种本原的被给予性，而且它们也会在我们对我们本己躯体的外感知中"被共给予"（mitgegeben）。同样的，他人的感觉领域对于我们来说也以同样的方式在"那里"，正因为此，异己的身体被"视作"一个"身体"。这种被给予性被施泰因称为一种"**共—本原性**"（Kon-originarität）。

对于一个空间事物来说，当前被看见的面和当前没有直接看到的背面以及内部一起被给予，因此我们说我们"看见"整个事物，我们"能够"（作为一种权能性）从这个面过渡到另一个面，因而那些当前没有直接看到的、仅仅具有"共—本原性"的面也可以通过这些"过渡"而本原地被给予。这种"共见"（Mitsehen）在涉及本己的感觉领域时也是可能的，只不过不是在逐渐进行的外感知中，而是在由外感知向"体—知"的过渡中，

（接上页）John Haydn Gurmin, *A Study of the Development and Significance of the Idea of the Image of God from its Origins in Genesis through its Historical-Philosophical Interpretations to Contemporary Concerns in Science and Phenomenology*, Dissertation presented to the Department of Philosophy, National University of Ireland, Maynooth, 2010, pp.259ff.。

"共—本原性"逐渐过渡到"本原性"。但是涉及他人的感觉领域时,"本原性"被排除了,然而借助于"同感的当下化"(einfühlende Vergegenwärtigung),他人的感觉领域可以"共—本原"地直接被给予我(参阅 PE,ESGA 5,74f./ CWES 3,57f.)。比如,当我看他人放在书桌上的手时,它显然不同于书桌上的书,我始终会以一种"同感的当下化""共—本原"地把握到这只手的压力和紧张的感觉,尽管这些感觉对我来说永远是"非本原的"。施泰因也将这种对他人感觉领域的"同感的当下化"称作"感觉同感"(Empfindungseinfühlung)或"同—感觉"(Einempfindung)(参阅 PE,ESGA 5,76/ CWES 3,58)。

这种"感觉同感"或"同—感觉"的可能性由我们已经谈到过的外感知和"体—知"的"融合"所保证。尽管我们在谈及这种"感觉同感"时常常会谈及一种在我的身体与和我的身体属于同一类的异己身体之间的"类比",但是施泰因提醒我们,这种"类比"决不同于所谓的"类比推论"。在这里,"类比"只是"同感"行为的一个内在的因素,比如,在我们对他人放在书桌上的手的"感觉同感"行为中内在地包含着一个"类比"的因素。

正是借助于这种"感觉同感",我们把握到一个新的客体化。他人放在书桌上的手尽管可能始终在"背景视域"中,甚至也可以在我对它的外感知中被我注意到,但是通过"感觉同感",它却有了新的尊严,以一种"同感的当下化"的方式,我对它的体验获得充实。感觉领域根本上属于一个"我",因此在对异己躯体的感性层次的构造中,一个异己的"我"也在此"感觉同感"中一同被给予了,以至于人们不能再将这个异己躯体称作躯体,而要将之称作"异己身体"(参阅 PE,ESGA 5,77/ CWES 3,60)。

2. 作为空间世界定位中心的异己身体

从现象学上看,身体处身于"定位的零点"。因此,尽管异己的物理躯体与其他物理性事物一样都是空间性的,它总是在某个位置上(距作为空间定位中心的"我"有一定距离)、在它与空间世界的其他空间性事物的某种空间关系中被给予,但是异己的身体作为心理—物理的统一却并不仅仅如此被给予。只要我把这个异己身体把握为一个身体,那我就"同感地"将自身"置于"(versetzen)这个身体之中,于是我就获得了空间世界的一个新的图像,并且获得另一个定位零点。换言之,在这种"同感地置于"之中,异己身体被我把握为一个与我不同的"定位零点"。

之所以说异己身体处身于一个不同的"定位零点",是因为我不是将我自己的"定位零点"转移到异己身体的位置上,因为在这种"同感地置于"之中我始终保持着我"本原的"零点和"本原的"定位,因此,这个新的不同的"定位零点"是在"同感"中"非本原地"被给予的。根本上,异己身体的"定位零点"对于我来说是"共—本原的",就像异己的感觉领域一样,因为这个作为"定位零点"的异己身体同时也是被感知到的躯体,尽管它对于我来说是非本原的,但是它对于另一个"我"来说却是本原给予性的(参阅 PE,ESGA 5,79f./ CWES 3,61f.)。我们后面还会看到,恰恰是复数的作为"定位零点"的身体自身被构造,才为一个空间世界的构造奠定了基础。

3. 作为自由运动之载体的异己身体

施泰因认为,除了作为感觉领域之载体的异己身体和作为空间世界定位中心的异己身体以外,自由运动是异己身体的又一"要素"(constituens)(参阅 PE,ESGA 5,83/ CWES 3,66)。一个个体的运动决不会单单作为单纯的机械运动而被给予我们。比如,当我看到某人开车经过,原则上这个某人以及他的身体的运动在我看来与汽车的静态部分(比如车门上的图案等)的运动无异。他及其身体的运动与车门上的图案的运动一样是一种机械的"共同—运动"(mechanische Mitbewegung)。我是以一种外感知的方式把握到他以及他的身体,而非以同感的方式。但是,当我"同感地当下化"这个身体的运动,当我将自身"置于"他的身体这个"定位零点"上时,情况就完全不同了,就像我突然看到他停下车或者在车里站起来。我看到一个与我的自发运动

(Eigenbewegung)类型类似的运动,我将这个运动把握为一个由他发起的"自发运动"。然后,我将这个运动客体化,它成为一个相对于我的运动,一个由另一个个体自由发起的运动。于是,他及其身体恰恰在"同感"中被把握为可以自由运动的载体,"自由运动属于个体的建构,这是完全无法取消的"(PE,ESGA 5,85/ CWES 3,68)。

4. 异己个体的一般感受或生命现象

在个体的建构之中,还有一组特殊的现象,它们显现在身体上,但是它们也作为心灵的体验。施泰因将这些现象称作个体的"生命现象"(Lebensphänomene),它们包括成长、发展和老化,健康和疾病,强健和迟缓,生命和追求,等等。这些所谓的"生命现象"在很大程度上类似于上文曾提及的"一般感受",事实上,施泰因将"一般感受"视为"生命现象"的"心灵本性"(PE,ESGA 5,87/ CWES 3,69)。这意味着,"一般感受"更多关联于个体的"心理"或"心灵"层面,而"生命现象"则总是显露在个体的"身体"上。但是,无论如何,对于"心理—物理之统一"的个体而言,"一般感受"和"生命现象"是紧紧联系在一起的,它们不能分离于个体的其他构造,也是"同感"地被把握到的。"一般感受"被视为我们的本己体验,就像"感觉领域"一样,它们也能够被"共见"(mitgesehen)。这一点对于异己个体的一般感受和生命现象来说也一样。比如,通过他人的行走、姿势以及他的每一个动作,我们也可以"看到""他感受的方式"、他的强健或迟缓,等等。"通过同感地一同进行,我们可以充实那些共同被意指(mitintendiert)的异己体验"(PE,ESGA 5,86/ CWES 3,69)。根本上,在施泰因看来,尽管生命现象显露在身体上,但是它们无疑也在心理的关联之中具有体验的特征,同时,也并不存在非—心理的个体体验,心灵与生命不可分。基于此,我们是在"同感"中"非本原"地把握到异己个体的一般感受或生命现象的。

5. 个体建构中的因果性

施泰因指出,个体建构中的因果思考的可能性同样也要基于同感。比如,在我看到他人的手被钉子刺伤和把钉子敲进墙这样的例子中,这两种情况下,机械的进程都是一样的,即一个尖锐物(钉子)进入另一个物体(手或墙)。但是在我看到他人的手被钉子刺伤时,我们也会同时"看到"手的疼痛。即是说,我不仅可以看到"因"(手被钉子刺),也看到"果"(手疼),同时还"看到"因和果之间的这种"联系"。这种对"因果"联系的"看到"之所以可能,是因为"我们把这只手看作正在感觉着的,并且我们同感地置入它之中,由此每一个对这只手的物理的影响被把握为'刺激',这种刺激引起一种心理的影响"(PE, ESGA 5, 89/ CWES 3, 71)。

除了这类外部原因所引发的结果外,我们也可以在个体自身之中领会这种因果性。比如,我们会看到一个小孩兴奋地玩耍,而后变得疲惫、厌倦甚至恼怒,等等。于是我们会将这种疲惫、厌倦甚至恼怒的坏情绪把握为运动的结果。我们既看到了运动,也看到了疲惫,当然也可以同感到坏情绪,并且也可以基于这样的"同感地置入"把握其间的因果联系。基于此,人们可以说,在对异己个体之建构中,恰恰是借助于"同感"人们才能把握作为个体建构之"要素"的"心理—物理的因果性"(参阅PE, ESGA 5, 89f./ CWES 3, 71f.)。

6. 作为表达现象之载体的异己身体

既不同于异己个体的感觉领域,也不同于异己个体的一般感受或生命现象,还存在着一种更为深层次的"心理领域"的现象,即表达现象。比如,我在他人的脸红中看到他人的害羞,在他人的紧握拳头中看到他人的愤怒,在他人的皱眉中看到他人的生气,在他人的呻吟声中看到他人的痛苦,等等。在这种表达现象的情况中,我"同这个表达现象**一起把握**那个心理领域的现象",而在生命现象的情况中,我则是"**借助于那个生命现象把握心理领域的现象**",在前一种情况中,心理之物不仅仅与身体之物一起被"共—感知",而且也通过它被表达出来。因为在施泰因看来,表达现象与心理领域之间的关联是本质性的和意义性的,而生命现象与心理领域的关联则基于一种心理—物理因果性(参阅 PE,ESGA 5,93f./ CWES 3,75f.)。在表达现象这样的情况中,我同感地"将自身置入异己身体之中,去进行那个在相关的表达中已经空洞地被共—给予我的体验,并去体验,那个体验是如何在表达中结束的"(PE,ESGA 5,100/ CWES 3,82)。

按照施泰因的看法,因果关系总是以"如果……那么"(wenn … so)的形式被宣告,以至于一个事件(无论是心理性的或是物理性的)的被给予性引发了向另一个事件的被给予性的推进,但是与此不同,一个体验从另一个体验中的这种"产生"(Hervorgehen)并不需要绕道到客体领域,而是在最纯粹的内在性中被体验。施泰因将这种被体验到的"产生"称作"动机引发"(Motivation),比如一个意愿引发一种行动,一个感受引发一种意愿,以及一个表达从一个体验中"产生"出来,等等。动机引发在根本上属于体验的领域。"相对于因果关系,我们习惯于将动机引发的关系标示为可理解的(verständlich)或有意义的(sinnvoll)"(PE,ESGA 5,102/ CWES 3,84)。所谓"可理解"或"有意义"无非意味着在一个体验整体中体验到一个部分向另一个部分的过渡,一切客体的、对象的意义单独在这类体验中自身构造。体验和表达在相同的意义上构成了一个理解的整体,我在一种感觉或体验的被给予性中理解了一个表达,并穿过这个表达现象进入心理之物的意义关联。

这种体验和表达之间的意义统一性会给我们的同感行为的修正(Korrektur)带来可能。比如,当我看他人的一个伤口而同感他受伤的痛苦时,我倾向于看着他的脸来让我的体验在他受苦的表达中被证实。如果相反,我看到一个高兴的或平静的表情,我会对自己说他一定真的没有任何痛苦,因为就其意义而言,痛苦应引发一个在表达中可见的不适的感受。然而基于新的同感行为，比如他平静表情下的异样，我们也会修正我们之前的同感行为——实际上疼痛的感性感受的确存在，只是其表达被刻意压制。

基于这种体验和表达之间的意义统一性之上的同感行为的修正，还可以帮助我们更准确地把握"模糊"或"歧义"（äquivok）表达。比如，害羞、生气乃至物理的用力都可以导致"脸红"，我如何可以在他人的"脸红"中看到他人究竟是害羞、生气或者仅仅是物理的用力？我们只有在不同的情境中不断修正我们的同感行为，才有可能真正把握一个"表达"之后的"体验"（参阅 PE，ESGA 5，103f./ CWES 3，84f.）。

借助于"同感"，我们可以把握到异己个体体验中的"动机引发"关系，比如在体验和表达之间的内在的意义统一性，而基于这种统一性之上的同感行为的修正，可以进一步让我们更准确地把握"模糊"或"歧义"表达、把握真正的表达，以及把握那些我们自身根本不熟悉的表达显现，等等。

7. 心灵个体的构造

在对异己个体的构造中，我们不仅将其物理性的躯体把握为心理—物理性的身体，而且还涉及异己个体之心灵的构造。因为在同感以及同感行为的不断修正中，我们不仅去把握单个体验和单个的意义关联，而且我们还会把这些体验和意义关联当作个体之属性及其载体的宣告，就像在内感知中我们对本己的体验一样。而这种个体之持续的属性的"载体"，在施泰因看来，就是"实体性的"心灵。因此，我们可以借助同感以及同感行为的不断修正来构造异己个体之心灵，或者"心灵性的个体"。比如，我不仅在友好的一瞥中把握到一个现时的情绪，而且将此友好性视为一个习惯性的属性；而一次生气的爆发也会对我显示出一种"暴躁的性情"，如此等等。"我们总是在每个属性中把握一个特征的统一，就像我们在每一个事物性的属性中把握一个事物的统一一样"(PE，ESGA 5，104/ CWES 3，86)。

因此，心灵性个体恰恰是在同感行为以及同感行为的不断修正中自身构造起来的，而这些被构造起来的某种心灵属性又会成为进一步的同感行为之评价的根据，比如有人告知我们一个我们已经认为是诚实的人的某些不诚实行为，我们可能不会马上相信他。就像在单个体验中一样，在人格属性之中也存在着意义关联，因此会存在本质上相协调的或本质上就相冲突的属性，比如一个真正的好人不可能有报复心，一个坦率的人不可能有手腕，等等。

当然在这里也有可能存在"欺罔"，比如我们可能会将我们个体的特征而非我们的类型(Typus)作为同感的基础，比如我们将我们的判断能力归于小孩子，或者我们将我们的审美接受性归于野蛮人等。这种可能的"欺罔"在本质上只能再由同感本身来消除(参阅 PE，ESGA 5，105/ CWES 3，87)。

概而言之，无论是异己个体之身体的感觉领域、定位零点、自由运动、一般感受与生命现象、因果关系和动机引发关系以及其表达现象，或是异己个体的心灵，最终都是借助于宽泛意义上的同感行为(既包含感觉同感，也包含同感地置入，还包含同感行为之修正等)而被把握到的。因此，异己个体作为心理—物理之统一根本上只能在同感行为以及同感行为的不断修正之中自身构造起来。

二、本己个体的构造与外部世界的构造

利普斯曾经指出，我们本己的个体以及"自我"的众多性(Vielheit)是在对异己躯体之感知的基础上实现的，因为在这种对异己躯体的感知中，我们借由同感的中介而发现意识体验。我们在通过与另一个人的"类比"来看待我们自己时，才初次真正把自己看作一个个体，看作"众多

自我中的一个"。① 施泰因赞同利普斯的这一基本观点,但是她也认为利普斯的理论是不充分的,因为尽管利普斯强调了在异己个体的躯体和异己个体的单个体验之间的所谓的"象征关系",但他却并没有指出这二者是如何本质相关的,当然也并没有指明同感在个体构造中的成就(参阅PE,ESGA 5,82/ CWES 3,64)。

对于施泰因而言,同感不仅在异己个体的构造中起着根本性的作用,而且它也是本己个体构造的可能性条件。这一可能性条件既体现在本己个体之身体的构造方面,也体现在本己个体之心灵的构造方面。

如前所述,从现象学上看,我们在"同感地置于"之中,把异己身体把握为一个与我不同的"定位零点",由此我们获悉,并非只有"我"是一个"定位零点",而是可以把握到众多的、复数的"定位零点"。因而,"我"这个"定位零点"在某种意义上也可以不再是一个"定位零点"(Nullpunkt),而仅仅是一个空间点(Raumpunkt),就像其他众多的、复数的"定位零点"也同时都可以是众多的、复数的空间点一样。于是,通过这种方式并且也仅仅通过这种方式,我学着将自己的身体("定位零点")视为一个与其他异己躯体一样的躯体(空间点)。这个作为众多空间点之一的"我的"躯体仅仅在我的本原经验中才作为身体而被给予我,而且在外感知中,它始终是作为一个不完整的因而不同于其他人的躯体而被给予我,因为我总是无法外感知到我的躯体的那些"背面"。而在所

_____

① 参阅 Th. Lipps, *Leitfaden der Psychologie*, Leipzig: Wilhelm Engelmann, 1903, ³1909, S.36f.。

谓的"反复同感"(iterierte Einfühlung)[1]中，我可以再次将这个躯体把握为身体，正是在这里，我才"第一次"作为一个完全意义上的心理—物理个体被给予我自身。换言之，我恰恰是借助于"同感地置入"获得众多的"定位零点"(将异己躯体视为身体)，而后将此众多的包括我自己的"定位零点"都视为单纯的空间点(将本己身体视为躯体)，继而通过"反复同感"再次将本己的躯体把握为身体，于是作为心理—物理之统一的本己个体才"第一次"自身构造起来。在此构造过程中，同感(无论是"同感地置入"，或是"反复同感")起到了关键性的作用，同感成为我们本己个体之身体自身构造的可能性条件(参阅 PE，ESGA 5，80f./ CWES 3，63)。

异己个体的构造不仅是本己个体之身体方面完全构造的可能性条件，同样，异己个体的构造也对本己心灵性个体的构造具有重要意义。在内感知的意义上考察自己，即考察我的心灵自我及其属性，这就意味着我要像我看他人或他人看我那样来看自身。在一种源初的对主体的素朴态度中，我的心灵自我及其属性也在某种意义上被意识到，但我却没有将之视为"客体"，我也没有重视或评价它。换言之，在这种源初的对主体的素朴态度中，我的心灵自我及其属性本身只是以某种方式被觉察到，但却并未被客体化。但是与此相反，我们对于异己的心灵生活却一开始就是一种客体化的把握和考察，因为它与被感知到的异己躯体紧

---

[1] 施泰因所说的"反复同感"或者"同感的反复性"(Iterierbarkeit der Einfühlung)与利普斯有关。利普斯曾经提到一种"反身的同情"(reflexive Sympathie)，施泰因认为，他所说的这种"反身的同情"实际上是"反复同感"的一种特例。与很多其他行为一样，同感行为也具有"反复性"。比如，我们可以反思，也可以有对反思的反思。作为一种无限的理想可能性，我可以回忆一个回忆，期待一个期待，想象一个想象，等等，我也可以同感一个同感，也就是说，在我所同感地把握"另一个人"的行为中的那"另一个人"的行为，也可能是这"另一个人"对别的人的行为的同感行为。那"另一个人"可以是第三者也可以是我自身，在后面这个情况中，我同感地把握到我自身的一个同感行为，我自身的源初体验作为一个被同感到的体验返回到我这里，这就是利普斯意义上的"反身的同情"(参阅 PE，ESGA 5，30/ CWES 3，18)。

紧相关。这个异己心灵一开始就是作为"客体"站在我面前的,当我将之把握为"与我一样的"(meinesgleichen),与对异己身体的同感把握一样,我也就可能把自己当作和他一样的一个客体。在所谓的"反身同情"中,我可以同感地把握他的那些行为,那些我的个体在他那里构造起来的行为。于是,在此"反身同情"中,我从他的"立足点"出发把握到他借助他的同感行为所把握到的我的心灵属性。换言之,在他人(对我的心灵)的"同感"中,他人获得一个我自身呈现给他人的现象,他拥有了一个关于我的"形象"(Bild);而在所谓的"反身同情"或"反复同感"中,我再次拥有了他人所拥有的我自己的"形象",或者说我自身所呈现出来的"现象"再次回到我这里。

当然,与对异己个体之心灵的构造不同,对本己个体心灵的构造并不是单单依据这种"反身同情"或"反复同感",我们也可以在内感知中本原地获得一种源初的对主体的素朴态度。因此,本己个体的心灵是在"同感"和"内感知"的密切合作中被给予我们自己的(参阅 PE,ESGA 5,106f./ CWES 3,88f.)。

"同感"在构造现象学中的作用,不仅体现在对异己个体、本己个体的构造之中,根本上还体现在实在外部世界在交互主体的经验中的构造上。

对于施泰因来说,"我同感地瞥见的世界是实存着的(existierend)世界,它被设定为就像本原被感知的世界一样存在着。被感知的世界与同感地被给予的世界是同一个世界,只是不同地被看到"(PE,ESGA 5,81/ CWES 3,64)。这同一个世界并不仅仅是在不同的面上被看到,比如我从这个点继而从另一个点来本原地感知它,而是我在这个点并且我同感到他在那个点"同时"把握这同一个世界。这同一个世界也并不仅仅是现在以一种方式展现自身,继而以另一种方式展现自身,而是也"同时"以两种不同的方式展现自身。因此,这个世界的"显现"

(Erscheinung)依赖于个体的意识,比如依赖于个体的立足点或者观察者的本性等,但是这个显现着的世界本身却独立于意识,它始终是同一个世界,无论它如何以及向谁显现。或者说,恰恰是在我的本原的感知行为和同样本原的但非本原给予性的同感行为的共同作用下,世界本身相对于意识的独立性展现出来。"因此作为交互主体经验之基础的同感成为对实存着的外部世界之认识的可能性条件"(PE,ESGA 5,82/CWES 3,64)。或者更明确地说,正是在交互主体的经验之中,实在的(real)①外部世界自身构造起来,而同感则是这种交互主体经验的基础。正是在这"同感"(包含"感觉同感"、"同感地置入"、"反复同感"以及"同感行为的修正"等)行为中,个体(异己个体和本己个体)以及外部世界得以构造。②

第三节 "精神主体"或"人格"之现象学构造

佐勒曾经指出,在施泰因的思想发展中存在着一个"生命项目":"对人格的分析"③。在其思想发展的不同时期,施泰因总是尝试以不同的方式、在不同的语境脉络下来展开这一"生命项目",这种尝试在《论同感问题》一书中首先体现在一个专门的问题上:对其他人格的理解和把握的问题。施泰因恰恰是借助"同感"来谈论一种对其他人格的理解和把握的,或者说,借助于"同感"来探究人格的构造问题。

事实上,在其现象学时期,施泰因对于人格问题的关注与另外一个

---

① 显然,施泰因这里是将"实存着的(existierend)外部世界"与"实在的(real)外部世界"看作一回事。

② 施泰因在这里还指出,她的这样一种有关"作为交互主体经验之基础的同感成为对实存着的外部世界之认识的可能性条件"的看法也为胡塞尔所揭示(参阅 PE,ESGA 5,82/ CWES 3,64)。这无疑是值得进一步深究的,我们后面还会再回到这个问题上来。

③ 参阅 Beate Beckmann-Zöller,"Einführung",in:Edith Stein,BBPG,ESGA 6,S.XXIV。

更为基础、更为根本的问题有关：自然与精神的问题。我们知道，施泰因
进行其博士论文研究的一个基本出发点就是胡塞尔 1913 年的讲座"自
然与精神"。施泰因博士论文创作的根本目的也在于：以胡塞尔现象学
的方法来处理自然与精神或者自然科学与精神科学的关系问题。而所
谓的精神科学无疑是与"人格"的问题紧紧联系在一起的，继而也与我们
这里讨论的同感问题相关。

　　在本节，我们将首先关注施泰因所认为的自然与精神（或自然科学
与精神科学）的基本关系问题，进而探讨作为"精神主体"的人格之现象
学构造，最后将处理"同感的理解"与异己人格的被给予性问题。

一、自然与精神或自然科学与精神科学的基本问题

　　在 1913 年夏季学期，施泰因参加了胡塞尔所开的"自然与精神"讲
座课，以及胡塞尔所开的另外一个有关自然科学与精神科学之观念的讨
论班。[①] 按照现在可以看到的课程安排，胡塞尔的讲座课实际上主要集
中在"自然"的问题方面，只是在 6 月 25 日的课程中，在与客体化行为的
对比中谈论了"价值化的行为"。[②] 当然，仅仅从留存下来的课程安排，我
们现在已无从知晓在这一次课上或者在这整个讲座中，胡塞尔是否明确
处理了"自然与精神"或"自然科学与精神科学"的关系问题。但是可以
确定的是，"自然与精神"或"自然科学与精神科学"的关系问题，或者更
为确切地说，为精神科学寻找现象学的基础的问题是胡塞尔《观念 II》
（1913 年夏季学期的"自然与精神"讲座只是对《观念 II》部分章节的讲
述）和施泰因博士论文所面临的共同任务。

---

① 参阅 Karl Schuhmann, *Husserl-Chronik. Denk- und Lebensweg Edmund Husserls*, a. a.
　 O., S.178f.。
② 参阅 Karl Schuhmann, *Husserl-Chronik. Denk- und Lebensweg Edmund Husserls*, a. a.
　 O., S.179 - 185；以及参阅 A. U. Müller, *Grundzüge der Religionsphilosophie Edith
　 Steins*, a. a. O., S.477f.。

撇开施泰因与《观念 II》的难以轻易厘清的关系不论①,可以确定的是,施泰因在处理这个问题时所利用的基本思想资源至少有胡塞尔的《哲学作为严格的科学》(1911 年)、《观念 I》(1913 年),舍勒的《论自身欺罔》(Über Selbsttäuschung,1911 年)、《伦理学中的形式主义与质料的价值伦理学》(第一部分,1913 年),当然更为直接的还有狄尔泰的相关论述等。

胡塞尔的《哲学作为严格的科学》的一开始便指出,"自最初的开端起,哲学便要求成为严格的科学,而且是这样的一门科学,它可以满足最高的理论需求,并且在伦理—宗教方面可以使一种受纯粹理性规范支配的生活成为可能"②。而近代以来哲学发展和努力的结果在于自然科学和精神科学的建立与独立,但是哲学本身仍然缺乏严格的特征。只要哲学还没有获得严格的特征,那么精神科学(比如狄尔泰的精神科学)就仍然没有获得其最严格和最可靠的基础,"唯有现象学的本质学才能够为一门精神哲学提供论证"③。在《观念 I》的第一节,胡塞尔也对"自然科学"与"精神科学"进行了区分:自然科学是有关物质自然的科学,它包括关于具有心理—物理本性的有生命物的科学以及生理学、心理学等;精神科学则包含历史学、文化科学、各种社会学学科等。④ 这些自然科学或

---

① 对此参阅本书第 8 页脚注①。另一方面,施泰因在作为胡塞尔的助手时,究竟在《观念 II》的编辑中发挥了多大的作用,同样值得进一步的深究,有关于此可以参阅 Roman Ingarden, "Edith Stein on her Activity as an Assistant of Edmund Husserl", in: *Philosophy and Phenomenological Research*, Vol. XXIII, No. 2 (1962), pp.155 - 175; M. Sawicki, *Body, Text, and Science. The Literacy of Investigative Practices and the Phenomenology of Edith Stein*, pp.153 - 165; 以及 Margaretha Hackermeier, *Einfühlung und Leiblichkeit als Voraussetzung für intersubjektive Konstitution. Zum Begriff der Einfühlung bei Edith Stein, Edmund Husserl, Max Scheler, Martin Heidegger, Maurice Merleau-Ponty und Bernhard Waldenfels*, Hamburg, 2008。
② 胡塞尔:《哲学作为严格的科学》,第 289 页(边码)。
③ 胡塞尔:《哲学作为严格的科学》,第 328 页(边码)。
④ 参阅 E. Husserl, Hua III/1, S.8;胡塞尔《纯粹现象学通论》,第 49 页。

精神科学在根本上都还是一种关于世界的科学,亦即一种持自然态度的科学,因此在现象学的研究中,它们都需要被"现象学还原":"由于排除了自然世界,即物理的和心理—物理的世界,因而也排除了由价值化的和实践的意识功能所构成的一切个体对象性,各种各样的文化构成物,各种技术的和艺术的作品、科学作品[……],各种形式的审美价值和实践价值。同样当然还有如国家、伦常、法律、宗教这类现实性对象"①。

　　显然,对于胡塞尔来说,自然与精神或者自然科学与精神科学这二者都要经受现象学还原的排除,借此排除,人们不是抛弃了自然科学与精神科学,而是为之提供一个更为严格和可靠的基础。正是在此意义上,胡塞尔强调:尽管物理的自然受到现象学还原的排除,但是存在着有关自然科学经验和思维问题的自然科学意识现象学以及作为自然科学相关物的自然本身的现象学;同样地,尽管自然态度下的心理学和精神科学受到现象学还原的排除,但同样也存在着关于人、人的人格性、他的人格特征、他的意识流的现象学以及关于社会精神、社会构成、文化构成物等的现象学。② 换言之,现象学的还原并没有减损我们的研究对象,而是在一种全新的、严格的现象学基础上对之展开研究。

　　施泰因的基本出发点与胡塞尔完全一致,即区分自然与精神或自然科学与精神科学,并且在现象学还原的基础上,特别为精神科学提供严格的论证。因为在这里,她与胡塞尔、舍勒以及稍后的海德格尔一样,都赞成狄尔泰在自然科学与精神科学之间的区分以及对当时代相对于自然科学的态度而言的精神科学态度的优先性的确认,只是他们认为,狄尔泰为这个优先的精神科学提供的基础仍然不够严格和可靠。

　　在施泰因看来,我们至此为止已经讨论过的个体一般或个体自我、

---

① E. Husserl, Hua III/1, S.108;胡塞尔:《纯粹现象学通论》,第 150 页(译文有所改动)。
② 参阅 E. Husserl, Hua III/1, S.142;胡塞尔《纯粹现象学通论》,第 184 页。

它的躯体以及心灵、作为自然发生的心理之物以及因果的联系等都是"自然"的一部分。然而,在上面的研究中,我们也可以看到,意识并不仅仅作为受因果支配的发生,而且同时作为客体—构造性的(objekt-konstituierend)而自身呈现,因而作为客观世界的相关项的意识并不是"自然",而是"精神"(参阅 PE, ESGA 5, 108/ CWES 3, 91)。

但是我们所面对的世界并不仅仅就是一个受因果支配的"自然世界",它同时也是一个由精神构造起来的"价值世界",就像胡塞尔在《观念 I》中所作的区分那样:"这个世界对我不仅仅是作为**实事**世界,而且在相同的直接性中作为**价值世界、善业世界、实践世界**而在此存在。我直截了当地发现我面前的事物,它们具备实事状态,同样也具备价值特征,它们或者是美的,或者是丑的;或者是令人愉快的,或者是令人厌恶的;或者是舒适的,或者是不舒适的,如此等等。事物直接作为被使用的客体而处于此,'桌子'连同上面的'书','茶杯','花瓶','钢琴',如此等等。这些价值特征和实践特征也**构造性地属于'现有的'客体本身**,无论我是否朝向这些特征以及这些客体。自然,这种情况不仅对'纯事物'有效,而且对我周围的人和动物也有效。他们是我的'朋友',我的'下属'或'上司',我的'陌生人'或'亲属',等等"①。

尽管施泰因在行文中并没有引用或提示胡塞尔的上述文字,但在我们看来,施泰因这里对于自然与精神或自然科学与精神科学的基本区分恰恰是依据了这段长长的引文。施泰因说:"就像物理自然在感知行为中自身构造一样,一个新的客体领域也在感受(Fühlen)中自身构造起来。这个新的客体领域就是价值世界"(PE, ESGA 5, 108/ CWES 3, 92)。在快乐中,主体面对某种快乐的东西;在恐惧中,主体则面对某种

---

① E. Husserl, Hua III/1, S.50;中译参见胡塞尔《现象学的方法》,第 120 - 121 页(译文稍有改动)。

令人恐惧的东西。因此,对于高兴的人来说,世界就沐浴在"玫瑰色的光辉"之中,而对于消沉的人来说,世界则沉浸在黑暗之中。所有这些都借助于感受行为、作为属于它的而一同被给予。因此,与单纯的自然世界不同,"精神"所构造的是价值世界,"我们的整个'文化世界'、'人的手'所构形的一切、一切被使用的客体,一切手工的、技术的、艺术的作品都是一种实在性,一种由精神而形成的相关物的实在性"(PE,ESGA 5, 109/ CWES 3,92)。

而自然科学(包括物理学、化学和最广义的作为有关一切活的生物之科学的生物学,以及经验心理学等)是描述自然客体的,并试图因果性地"解释"(erklären)其实在的发生。自然的存在论试图揭示这些自然客体的本质和范畴结构,自然哲学或者自然现象学则展示这些客体如何在意识中被构造,因而为自然科学这种"教条式的"科学之进行提供澄清性的阐明。与此相对,精神科学或文化科学描述精神的产品,并且追踪那些最广义上的被称作"历史"的东西,比如文化史、文学史、语言史、艺术史等以及它们从精神中的产生和形成。人们并不是以一种因果的解释,而是以"追复生活地理解"(nachlebendes Verstehen)的方式来从事精神科学,或者更确切地说,"精神主体同感地抓住另一个主体,并使其创作自身被给予"(PE,ESGA 5,110/ CWES 3,93)。在这里,人们所遵循的法则不再是因果法则,而是动机引发的法则。

在施泰因看来,在之前的世代,人们往往对自然科学提出不合理的要求,他们想使得自然事件"可理解"(比如想证明自然是上帝精神的创造物)。只要自然科学不坚决反对这一点,它就无法正当地得到发展。然而在现时代,相反的危险出现了,人们试图将因果解释树立为绝对的科学理想,试图以因果解释来探究精神科学。同样地,如果精神科学不坚决地反对这一点,它也就不可能得到正当的发展。如果将"因果的解释"限制在自然科学的领域,那它将是无害的;但如果以之为标准来衡量精神科学,并因后者的不"精确"而将后者视为"非科学的",那就是根本错误的。比如,当人们试图探究一个文化生成物的形成过程时,只有在人们探究这个文化生成物的自然方面时,因果的解释才是适当的。就拿语言为例,存在着语言生理学和语言心理学,它们属于自然科学,主要关注例如什么器官与发声有关以及哪些心理过程导致一个词代替了另一个类似的发声语词,等等。这些研究自有其价值,只是人们不应该认为这些是语言史和语言科学这些精神科学的真正问题。

与胡塞尔一样,施泰因也认为,尽管狄尔泰在自然科学和精神科学的区分上做出了极大的贡献,而且,为精神科学寻找真正的基础[即以一种"描述的和分析的心理学"(beschreibende und zergliedernde Psychologie)取代"解释的心理学"(erklärende Psychologie)以为精神科学奠基[①]甚至是他的生命目标,但是狄尔泰所强调的"描述心理学"却仍然是一种有关属于自然的心灵之科学,因此他并没有能够真正为精神科学提供严格的基础。对于现象学所大力主张的"对相关科学的意识进行反思的研究,进而澄清自然科学和精神科学的方法"这种看法,狄尔泰并不完全清楚。

尽管狄尔泰也把"自身思义"(Selbstbesinnung)视为达及认识论奠基的方式,而且他也承认在对精神科学之进程的反思性目光转向中,过去的精神生活被"追复生活地理解",或者用施泰因的术语来说就是"同感地把握",但是他把属于自然的人、心理—物理个体的总体作为这种

---

① 参阅 Wilhelm Dilthey, *Ideen über eine beschreibende und zergliedernde Psychologie*, in: *Wilhelm Dilthey Gesammelte Schriften*, Bd. V, Stuttgart/ Göttingen, ⁶1966, S.139 – 240;英译参见 W. Dilthey, "A Descriptive and Analytic Psychology (1894)", in: W. Dilthey, *Descriptive Psychology and Historical Understanding*, trans. by Richaed M. Zaner & Kenneth L. Heiges, The Hague: Martinus Nijhoff, 1977, pp.21 – 120。

"理解"的主体。① 因此"自然和精神的原则性区分被放弃了"(PE,
ESGA 5，113/ CWES 3，95)。

对于施泰因来说,心灵以及心理个体是"自然对象",是自然科学的
客体,对于这些客体的构造而言,"同感"或"同感地**把握**"(einfühlendes
Erfassen)是完全必要的。而对于精神科学来说,其主体是精神的主体
(geistiges Subjekt)或人格(Person),在它们的构造之中,起作用的是一
种"理解"或"同感地**理解**"(einfühlendes Verstehen)。

为了区分自然科学和精神科学,人们除了指出方法上的区别(解释
与理解,"同感地**把握**"与"同感地**理解**"等)以外,还需要为精神科学寻找
一个客观的基础——一个与自然之存在论相对的精神之存在论,与自然
之现象学相对的精神之现象学。就像自然事物拥有一个本质奠基的结
构一样,也存在着精神的本质结构和理想类型。比如经验性的空间形式
是理想的几何形式的实现,具体的历史人格性也是精神本质结构和理想
类型的经验性实现(参阅 PE，ESGA 5，113f./ CWES 3，95f.)。

施泰因最终恰恰就是以这种精神存在论或精神之现象学来为精神
科学提供基础的,而在这种精神存在论或精神之现象学中最为根本的问
题就在于:(1) 作为"精神主体"的"人格"之构造;(2) 同感或"同感地理
解"在异己人格构造中的本质作用。

二、作为"精神主体"的人格之现象学构造

何谓"精神主体"? 何谓"人格"? 这个作为精神主体的人格与我们

---

① 参阅 Wilhelm Dilthey, *Einleitung in die Geisteswissenschaften*, *Versuch einer Grundlegung
für das Studium der Gesellschaft und Geschichte I*, in: *Wilhelm Dilthey Gesammelte
Schriften*, Bd. I, Stuttgart/ Göttingen, ⁹1990, S.94, 108f., 37f.;中译参阅[德]威廉·狄尔
泰《精神科学引论》第一卷,艾彦译,译林出版社 2012 年版,第 130、149‑150、57‑58 页。

前一节所谈论的"心理—物理个体"有何关联？

菲达尔果曾经抱怨说，施泰因在其博士论文中区分了三种自我，即"纯粹自我"、"心理—物理自我"和"人格自我"，但是她却从来没有给出它们之间的关系。[①] 我们在本章第一节中曾论及"纯粹自我"与"心理—物理自我"（或"心理—物理个体"、"个体自我"）之间的关系。简言之，前者在施泰因这里是其现象学还原以后构造研究的起点，本身是无性质的，而后者则是其构造研究的对象之一，这种被构造起来的"个体自我"在现象学意义上就是心理—物理之统一，"个体性"的差异最终恰恰是在心理—物理性的"身体"中显现出来的。

而所谓的作为"精神主体"的"人格"或"人格自我"与前两者都不同。"我们发现精神主体是一个自我，在其行为中，客体世界自身构造起来，而且这个自我自身通过其意愿创造客体"（PE, ESGA 5, 114/ CWES 3, 96）。当我们作为"精神主体"时，并不是我们每个主体都从相同的"面向"（Seite）去看世界或者让世界在相同的显现连续中被给予，而是每个主体都有他独特的"世界观"或"对世界之观"（Weltanschauung）。这种"无基底的"（substratlos）精神主体就是"人格"。显然，施泰因这里接受了舍勒对"人格"的最基本规定，即人格在根本上并非一种实体（Substanz），而是行为进行的存在统一。[②] 世界恰恰是在人格的进行之中向人格显现的，也正是在其进行之中，人格形成其独特的"世界观"。

在施泰因看来，精神行为并不是毫无关系地一个挨着一个，而总是存在着一种被体验到的"产生"（Hervorgehen），即一个行为从另一个行为之中"产生"。这种被体验到的"产生"被施泰因称作"动机引发"（Motivation）。换言之，按照施泰因，"精神生活和体验关联的法则是动

---

① 参阅 A. C. Fidalgo, "Edith Stein, Theodor Lipps und die Einfühlungsproblematik", a. a. O., S.105.

② 参阅舍勒《形式主义》，第 382—386 页（边码）。

机引发，精神主体是一个（本原地或以同感的方式）被体验到的意义整体，它本身是**可理解的**。正是这种充满意义的'产生'将**动机引发**区别于**心理的因果性**，将对精神联系的**同感地理解**区别于对心理联系的**同感地把握**"（PE，ESGA 5，114/ CWES 3，96，此处着重为引者所加）。精神的生活和行为完全遵循理性法则性（Vernunftgesetzlichkeit）。① 在通常所说的"精神病"或"心智错乱"与"心灵疾病"的差异中，我们可以更清楚地看到这一点。例如，在大灾难事件之后的抑郁等"心灵疾病"患者中，他们的精神理性法则可能是未受影响的，他的体验变换仍可是在理性法则之内的，他的生活的大部分乃至于他的疾病显现仍然是可理解的。然而在"精神病"或"心智错乱"的情况中，这种"可理解性"消失了，因为患者的行为看起来最多只有一些因果的相继，体验之间的充满意义的"产生"不再存在，当然也不会被同感到。因此，在根本上，"就其本质而言，精神主体从属于理性法则，他的体验也处于可理解的关系中"（PE，ESGA 5，115/ CWES 3，97）。

　　这样一种从属于理性法则、根本上可理解的精神主体，或者说"人格"或"人格自我"，是在"感受体验"（Gefühlserlebnisse）中被构造起来的。"感受"始终是关于某物的感受，它是一个给予性的行为。在理论性的行为（比如感知、想象、思维等）中，"我"指向一个客体，但是"我"可以完全不在此，而是纯粹地面向一个对象世界，只有在反思中，"我"才出现。但是在感受行为中，这种情况却不可能，"因为在感受中，这个'我'不仅体验到客体，而且也体验到它自身，它体验那个来自'它的自我深处'的感受。这也就意味着，这个体验着的自我'自身'就不是一个纯粹自我，因为纯粹自我没有深度（Tiefe）。但是在感受中被体验到的自我却有各种不同的深度层级"（PE，ESGA 5，117/ CWES 3，98）。

---

① 这种看法受到了狄尔泰的影响，参阅 PE，ESGA 5，131f./ CWES 3，113f.。

显然,施泰因这里对感受或自我深度层级的讨论受到了舍勒的影响。[①] 但是施泰因并没有赞同舍勒在"Fühlen"(感受活动)和"Gefühl"(感受状态)之间作出的区分。在舍勒那里,"感受活动"是一种意向性的行为,而"感受状态"则是一种"内容和显现",比如人们可以忍受、承受乃至享受(感受活动)一个"疼"(感受状态)。[②] 但是施泰因认为,"Fühlen"和"Gefühl"并非不同类型的体验,而是同一个体验的不同"方向"。在"Fühlen"中客体被给予我们,而"Gefühl"是同一个行为,它出自"自我"并且揭显出"自我"的层级。当我们的注意力转向"Gefühl"时,这是一种特殊的转向,它既不同于一种反思的转向,也不同于一种朝向"背景体验"的转向,因为在这里,并非是从一个客体被给予性向另一个客体被给予性的过渡,而是一种"主观之物的客体化"(Objektivierung eines Subjektiven)。简单而言,在施泰因这里,我们可以说,"Fühlen"和"Gefühl"就是同一个体验行为,在前者中,一个客体(或客体之中的价值)被给予,而在后者中,一个出自自我本身的感受显现出来,它们本质上是同一个体验行为,只是"方向"不同。

无论是"感性感受"(sinnliche **Gefühl**)或是"一般感受"(Gemein**gefühl**),都已经达及"我"的领域,比如我们会将感官的或感性的快感或痛感体验为我的"自我"的最表层或最外层,像"一般感受"这样与身体紧密相关的"自己—体验"(Sich-erleben)尽管没有明确揭显自我的某一层级,却贯穿到自我的所有层级中,使得自我的每一个现时体验仿佛都被"沐浴"在这种一般感受之中(参阅 PE, ESGA 5, 118f. / CWES 3, 100f.)。

与这两类感受不一样,我们还可以谈论一种"确切意义"上的感受,

① 参阅舍勒《形式主义》,第 104—117 页(边码)。
② 参阅舍勒《形式主义》,第 261—262 页(边码)。

即一种关于某物的感受(**Fühlen**)。在这种感受中,我指向一个客体,这个客体的某些东西(比如它的价值)就被给予我,或者说这个客体的一个层级就对我构造起来。不同于舍勒,施泰因这里跟随着胡塞尔,强调了"理论化行为"(胡塞尔意义上的"客体化行为")对"感受行为"(胡塞尔意义上的"非客体化行为")的奠基作用。① 在她看来,倘若我们要在感受行为中把握客体的一个层级,那么这个层级必须已经在理论化行为中被给予我,一切感受行为的建构(Aufbau)都需要理论化的行为。当我为一件好事而高兴时,就是这件事的好或者其肯定价值面对着我,但是我为了对它高兴就必须了解这件事,因此"了解为高兴奠基"。

但是这种为价值感受奠基的"理论化行为"(感知、表象等)只能是一种反思地被把握的行为,它本身没有自我深度;与此相反,建构在这种理论化行为之上的感受行为总是与自我深度相关,而且这种自我深度根本上又揭示了价值的等级秩序。比如,对一件珠宝遗失的气愤这种感受基于一种自我的较为表层的层级,但如果这个珠宝不仅是珠宝,而是一个爱人的纪念品,那么对此物遗失的失落感受就会基于自我较为深层的层级,如果失去的不是这个纪念品而是这个爱人本身,那么那种痛苦就会更深。因此,在施泰因看来,在"价值的等级秩序、价值感受的深度秩序和借感受而揭显出来的人格的层级秩序"之间存在着本质的联系。在上面的例子中,如果某人对于一个珠宝这样的财富的遗失所表现出来的感受深度远远要强于他对一个爱人的逝世所表现出来的感受深度,那么我们会说他是"不可理解的",因为他违背了"理性法则性",在他这里价值的等级秩序被颠倒了,或者说他丧失了对更高价值的"感受地明察"(fühlende Einsicht),因此他也就缺失了相关的人格层级(参阅 PE,

---

① 对此可参阅倪梁康《现象学的始基:胡塞尔〈逻辑研究〉释要(内外篇)》,中国人民大学出版社 2009 年版,"第六章:感受现象学究竟意味着什么";以及张伟《在奠基关系问题上舍勒对胡塞尔的批评与展开》,载《东吴哲学学报》第 25 期,2012 年,第 81—109 页。

ESGA 5，119f./ CWES 3，101）。

在根本上，人格自身的价值相较于这一人格之实在存在而言是更高的价值。这在对一个人的爱中可以看得很清楚。我们爱这个人并不是因为这个人的实在存在着的行为，因为这个人的价值不仅仅在于他做什么做得好，而是说"他自身"是有价值的，我们是"为了他"而爱他。我们甚至不会因为失去他而不再爱他，我们爱他是因为他的人格价值；即便我们失去他，失去这一人格的实在存在，即便我们会悲伤、会痛苦，但是我们甚至仍然会爱他，仅仅因为他的人格本身。

根本而言，作为精神主体的人格是在感受体验中自身构造的，而这种感受体验含有不同的方向，即既指向一个客体或客体之价值层级，又出自于自我的深度。因此，在这双重方向的感受体验中，作为价值感受（Fühlen）之相关项的价值的等级秩序、感受（Gefühl）的深度秩序显露出来，而正是在这种显露中，人格或"人格自我"本身的层级秩序乃至于人格本身被构造起来。

对于施泰因来说，人格的建构本身只与感受体验相关，而与"理论化行为"无关，因为人格的建构仅仅植根于感受体验。尽管每一个感受行为都要奠基于理论化行为，因而一个纯粹的感受的主体是不可能的，但这也仅仅意味着"理论化行为只能显现为人格性的条件，而非其基本成分"（PE，ESGA 5，125/ CWES 3，107）。在施泰因看来，人格性的构造完完全全基于在体验中自身建构起来的意义统一，这个意义统一从属于理性的法则。人格和世界（或者更确切地说是"价值世界"）具有根本的相关性，而人格的构造理论根本上又基于一种价值学说，正是这种价值学说以及相关的感受理论才使得人格的构造理论得以可能。施泰因的根本目的当然在于借这种人格的构造理论为狄尔泰的精神科学提供一个现象学的、存在论的基础（参阅 PE，ESGA 5，126/ CWES 3，108）。

三、"同感地理解"与异己人格的被给予性

作为"精神主体"的人格在感受体验中自身构造,而每个感受体验本身都有其特定的强度,那些较强的感受会引导我们的意愿。每个意愿在感受的基础上自身建构,而且每个意愿都和一种"能够实现"(Realisierenkönnen)的感受联系在一起,因而每个意愿都嵌入人格结构之中并且揭显着人格或人格自我的深度。而一个行动又在意愿的基础上自身建构,基于此,行动也总是涉及人格的结构并且揭显着人格的深度(参阅 PE,ESGA 5,123ff./ CWES 3,105ff.)。感受、意愿乃至行动都与人格的构造紧紧相关,同时也都揭显着人格的深度。

这一点对于异己人格的被给予非常重要。根据施泰因,要解决"异己人格的被给予性"问题,我们面临着三项最基本的任务:(1)处理异己人格的构造问题,(2)处理人格与心理—物理个体的关系问题,(3)讨论异己人格的构造对于本己人格构造的影响问题。

对于**第一项任务**,施泰因充满信心地指出:"根据之前的研究,这第一项任务似乎不再有太大的困难。就像在本己的精神行为中本己人格自身构造一样,异己人格在同感地体验行为中自身构造"(PE,ESGA 5,126f./ CWES 3,109)。我将其他人的每一个行动体验为"产生"于一个意愿,而这个意愿又"产生"于一个感受,由此他的人格的层级和对他而言可经验到的价值范围被给予我,这样的价值范围又会充满意义地"引发"对未来可能的意愿和行动的期待。因此,任何一个单一的行动以及任何一个单一的身体表达(比如一个眼神或一个微笑)都可以让我瞥见这个人格的核心(Kern der Person)。简言之,依据精神行为的可理解性和它所遵循的"理性法则性",并且根据在"价值的等级秩序、价值感受的深度秩序和借感受而揭显出来的人格的层级秩序"之间的本质关联性,以及依据在感受、意愿和行动之间的内在奠基关系,异己人格在我们"同

感地理解"中被给予或自身构造起来。

但是,我们如何可以说我们"同感地理解"了一个异己人格,而非只是"同感地把握"到一个异己个体? 这涉及施泰因所说的**第二项任务**,即处理人格与心理—物理个体的关系问题,或者更确切地说,首先涉及人格与心灵的关系问题。如前所述,施泰因将心理—物理个体之持续的属性的"载体"称作"实体性的"心灵,比如,我总是将在友好的一瞥中把握到的友好性视为一个习惯性的属性,等等。因此,我们在心灵和人格中都看到了一种持久的属性,它们的区别究竟在哪里?

在施泰因看来,心灵的质性是在内感知和同感中被构造起来的,而人格的质性则在源初的体验或更确切地说在同感地置入之中被揭显出来。如果人格的属性(比如善、随时准备牺牲、我在我的行动中所体验到的精力等)在心理—物理的个体上被感知时,它们也成为心灵的属性。但是它们也可以被思考为一个纯粹的精神主体的属性,这体现在它们可处在因果性的关系之外。一个作为心理—物理的个体的"人"(Mensch)总是依赖于各种环境,受到他人以及周遭环境的影响,进而甚至可以包含物理的和精神的现实性的整体关联,但是这个人的作为心灵的心灵之范畴结构却始终被保留,在其个体的形象中还始终存在一个不可改变的核心:人格的结构(参阅 PE,ESGA 5,127f./ CWES 3,109f.)。

概言之,心灵的持久属性或者心灵之范畴结构并不会随意受到环境的影响,而总是可以保持自身,但是它们会受制于心理—物理的因果性。心灵的这些属性或能力可以通过使用而被培养,或者也可以变得迟钝。比如我可以通过练习被"训练"去享受艺术品,但这种享受也可能会因经常的重复而"审美疲劳"。在这里心灵的属性会受制于我们的"习惯力"(Macht der Gewohnheit)。但是人格的属性不一样,"一个纯粹精神的主体感受价值,并且由此而体验到其本质的相关层级",如果人格的本性本身缺乏相关层级的价值,那么它的心理—物理主体也无法被"习惯"引向那个人格本身所缺乏的价值层级。一个人即便可以通过所谓的"道德教育"来改变其心灵的属性,但是其最核心的人格结构却无法通过"道德教育"而改变;尽管"道德教育"可能会隐藏他的人格核心,但是在某一天他的一个从内心深处爆发的行动中,他自己也会体验到他自身具有一个与至此为止大家所认为的不同的人格本性。因此,"人格的层级既不能'发展'也不能'退化',它们只能在心灵的发展进程中被揭显或不被揭显"(PE, ESGA 5, 128/ CWES 3, 111)。

但是这种最为深层或最为核心的精神人格可以在心理—物理性的人格上或多或少地实现。一个人的生命可能是其人格性展现的完全过程,当然心理—物理的发展也可能不允许这一完整的展现。比如,一个在其心理—物理之整体发展之内从未遇到值得爱或恨的人,就永远不可能体验到爱或恨所扎根的深度。根本而言,"我们可以把作为精神人格之实现的心理—物理个体称作'经验性的人格'(empirische Person)"(PE, ESGA 5, 129/ CWES 3, 112)。当这个心理—物理个体作为"自然"时,他就服从因果性法则,而当他作为"精神"时就服从意义法则。基于此,心灵属性的充满意义的联系之所以会具有"动机引发"的关系,而不仅仅是一种因果联系,恰恰是因为这种心灵属性是一种精神人格属性的实现。在此意义上,人格和心理—物理个体在自然的态度下可以是同一个,只是我们在现象学的态度中它们才在"精神"或"自然"的不同视域中构造起自身(参阅 EES, ESGA 11‑12, 318‑321/ CWES 9, 374‑378)。

只要"精神"被给予我,或者说只要我拥有了"精神",无论以何种方式,那么这个被拥有的"精神"便获得其实存性(Existenz)。施泰因接受了西美尔(Georg Simmel)的看法,"特征的可理解性为其客观性担保,它构成了历史的真理"(参阅 PE, ESGA 5, 130/ CWES 3, 112)。因此,即便是一个自由想象的创造物也可以是一个可理解的人格,比如蓝精灵。

只要蓝精灵是可理解的,或者说,只要蓝精灵被我们所拥有,其"精神人格"便获得其实存①。因此,**"精神的世界和自然的世界一样真实、一样可认识"**(参阅 PE, ESGA 5, 131/ CWES 3, 113. 着重为笔者所加)。

正是由于这一点,施泰因跟随狄尔泰强调了"人格的存在和价值"以及"人格的类型与在人格中同感的可能性条件"(参阅 PE, ESGA 5, 131ff./ CWES 3, 113ff.),这最终会涉及施泰因所设置的**"第三个任务"**,即探究异己人格的构造对于本己人格构造的影响问题。

"基于价值、价值体验以及人格层级之间的相关性,从一种普遍的价值认识出发,所有可能的人格类型先天地被构成,而经验性的人格则显现为这种人格类型的实现"(PE,ESGA 5,132/ CWES 3,114)。这种所谓的"人格类型(Typus)"指的是在人格性中存在着的某种典型(typisch)特性的体验结构。对一个人格性的同感地把握,就意味着学会获得一种这样的人格类型。

在施泰因看来,我可以充实地直观到多少其他人的体验结构根本上依赖于我本己的体验结构。当我们在另一个主体身上同感地把握到一个价值认定(Wertnehmen)行为,我们就把这个主体当作了一个人格,也就把他的体验置入一个可理解的意义总体之中。原则上,我可以同感地体验到价值并且揭显我的人格的相关层级,即使在我的本原经验中还没有获得这种揭显的机会。比如,一个从未直面过危险的人也可以在对他人处境的同感的当下化中体验到自身究竟是勇敢还是懦弱。与此相反,我并不能充实与我本己的体验结构相矛盾的东西,尽管这种东西也还可以以一种"空洞表象"(Leervorstellung)的方式给予我。比如,尽管我会

---

① 要注意,施泰因这里所谈论的这种可理解的精神人格的"实存",并不能混同于她在"自然"领域所讨论的某个自然个体的"实存"。后者基于一种"因果的解释",对其构造同时也需要一种"实在论"的预设;而前者则与一种"同感地理解"相关,其"实存"仅仅是因为它是可理解的。施泰因对于"观念论—实在论"之争论的介入是在"自然"领域内的。

感到怀疑，但是我还是"理解"了另一个人为了他的信仰牺牲了所有的世俗财物。我看到他的表现，并同感到一种作为其行动的动机的价值认定，但是我却无法获得与这一价值认定相关的他的人格层级，因为我自身还未拥有这一人格层级（比如充满信仰的人格生活）。于是，我便借助于同感获得一个对我的本质而言全然异己的人格类型（比如"宗教人"），而且我也"理解"他，尽管我在这里所面对的那些新内容仍未被充实。同样，我也可能看到那些处在"商品拜物教"之下的其他人格，借由同感，我也会认为他们和我不是同一种人格类型。因此，我的本己的体验结构对于"理解"异己的体验结构是本质的，我们只有首先将自己理解为一个人格，体验为一个充满意义的总体，我们才可能理解异己人格（参阅 PE，ESGA 5，133f./ CWES 3，115f.）。

而这种借助于"同感地理解"而被给予的异己人格反过来也会影响到本己人格的构造。通过对"同族本性物"（verwandte Naturen），即同一类型之人格的同感，在我们之中"沉睡"的东西被"扩而充之"；通过对不同类型之人格的同感，我们更清楚我们不是什么，我们比他人多些什么或少些什么。因此，借助于对异己人格的同感，我们不仅获得了"自身认识"（Selbsterkenntnis），同时也可获得"自身评价"（Selbstbewertung）。在同感地理解中，我们获得新的价值以及相关的人格层级，那些对我们自身全然异己的价值和相关的人格层级变得可见。我们开始走出原本对我而言封闭的价值范围，我们开始意识到自身的不足或负价值。因此，根本而言，对相同类型之人格的"同感地理解"可以成为本己人格"扩充"的条件，对不同类型之人格的"同感地理解"则可以成为价值比较的基础，进而可以使我们学着正确地对本己人格进行"自身评价"。

就此而言，对异己人格（无论是相同类型的人格或是不同类型的人格）的"同感地理解"，最终构成了本己人格自身构造的条件（参阅 PE，ESGA 5，134f./ CWES 3，116）。

总结　同感现象学的世界观意义

在本书的第一章，我们曾经讨论了施泰因对"世界观"的两种含义所作的区分：质料的含义和形式的含义。所谓质料的世界观意味着一种封闭的"世界图像"（Weltbild），一种对于"世界"本身乃至于存在于世的人的总体把握；而所谓形式的世界观则是指一种"观"世界的方式（die Welt anzuschauen）。

放到本书的论题上来看，我们这里要讨论的是施泰因"同感现象学"的"世界观意义"。就形式层面而言，这一意义主要体现在施泰因对同感行为的本质现象学的分析，这种广义的"同感行为"既包括"感觉同感"、"同感地置入"、"反复同感"以及"同感行为的修正"、"同感地把握"等（与"自然"的构造有关），也包含"同感地理解"等（与"精神"的构造有关）。而就质料层面而言，这一意义则体现为施泰因借助于"同感行为"对个体与实在世界（"自然"）以及人格与精神世界（"精神"）的构造。最为简单地说，施泰因"同感现象学"的"世界观意义"就在于：在现象学的"同感行为"中"观""自然与精神"的关系，继而形成"自然与精神"的"世界观"。

我们将在第一节处理与"自然"相关的问题，而在第二节处理与"精神"的构造有关的问题。

第一节　构造问题与世界的实在性

菲达尔果曾指出:施泰因的《论同感问题》一书是其现象学研究的第一部著作,无论是在方法或是论题方面都受到了胡塞尔很大的影响,它的主要意图在于对实在或客观世界的交互主体性的构造;另一方面,《论同感问题》一书也可看作是一种为心理学特别是社会心理学提供现象学奠基的尝试,这一意图也在施泰因随后的现象学研究工作中得到进一步的展开。然而,菲达尔果主要抓住了前一方面,并且指出了施泰因同感现象学研究在其计划的意图和实现的结果之间存在着的一个内在"矛盾"(Widerspruch):其研究意图是对实在或客观世界的交互主体性的构造,这是一个超越论现象学或者说现象学的观念论的意图,而其结果则是其意图的对立面,即论证了交互主体性的世界或以同感的方式被给予的世界实际上是不依赖于意识的实存着的世界。① 换言之,菲达尔果揭示出了在施泰因《论同感问题》一书中存在着的所谓现象学的"观念论—实在论"的争论,这一争论在当时是早期现象学运动中十分热门的话题。菲达尔果的这一论断无疑是深富启发的,但是她将"超越论的现象学"与"现象学的观念论""**简单**"相等同,使得这一争论背后很多的问题没有得到清楚的展示。

我们曾在前文谈到,施泰因研究同感本质现象学的出发点是纯然的内在性,而且,她开展的同感现象学研究实际上接受了她所概括的胡塞尔现象学六个基本要点中的前五个,即:(1)转向客体,(2)本质研究,

① 参阅 A. C. Fidalgo, *Der Übergang zur objektiven Welt. Eine kritische Erörterung zum Problem der Einfühlung bei Edith Stein*, a. a. O., S.5f.; 以及 A. C. Fidalgo, "Edith Stein, Theodor Lipps und die Einfühlungsproblematik", a. a. O., S.103f.。

（3）怀疑考察，（4）意识领域的开启，（5）构造问题。换言之，施泰因的研究起点完全是胡塞尔式的，或者更明确地说是胡塞尔在《观念 I》中所开启的"超越论的现象学"。

胡塞尔《观念 I》中的"超越论的现象学"，首先是与"构造"（Konstitution）的整个问题域联系在一起的。在一定意义上可以说，"构造问题"也构成了施泰因同感现象学研究的目标，"当我们获得了我们所谓的进步——**在内在被给予的、纯粹意识中的超验客体的构造**，我们就拥有了最终的清晰性，没有问题悬而未决。这是现象学的目标"（PE，ESGA 5，53f./ CWES 3，38. 着重为笔者所加）。基于此，施泰因所开展的同感现象学的研究无论从其起点还是从其目标来看，在根本上就是一种"超越论的现象学"的研究。

但是在后来，施泰因对胡塞尔超越论现象学的道路提出了质疑，她完全拒绝了她所概括的胡塞尔现象学六个基本要点中的第六个（即将构造的问题与超越论的观念论相联系）。对于施泰因来说，观念论本身并不必然等同于现象学或超越论现象学，胡塞尔的超越论的观念论的立场只是他私人的事情，而与现象学研究本身无关。她所坚决反对的并非胡塞尔的"超越论的现象学"，而是反对其"超越论的观念论"，或者说，她可以接受作为"超越论问题"的"构造问题"，但是坚决反对作为"超越论的观念论问题"的"构造问题"。

然而，问题首先在于，胡塞尔的超越论的现象学和他的超越论的观念论可以分离吗？作为"超越论问题"的"构造问题"与作为"超越论的观念论问题"的"构造问题"难道不是同一的吗？其次还在于，既然施泰因同感现象学研究的出发点是胡塞尔《观念 I》所提出的"超越论的现象学"，而且"观念论"问题也首先在这本书中被表达，那么，施泰因对前者的接受和对后者的拒绝又是如何可能的？或者说，对作为"超越论问题"的"构造问题"的接受与对作为"超越论的观念论问题"的"构造问题"的拒绝又是如何发生的?

对于第一个问题的回答比较简单。对于胡塞尔本人来说,其超越论的现象学和超越论的观念论是紧紧联系在一起而无法分离的,或者说,作为"超越论问题"的"构造问题"与作为"超越论的观念论问题"的"构造问题"在他那里基本没有区别。① 胡塞尔在其《第一哲学》第二卷的最后一篇附录"现象学的还原和绝对的正当性证明"(约写于 1920 年代早期)中恰恰表明了,如果没有对超越论的观念论的接受,整个现象学构造的问题域都是不可能的。借助于现象学的构造,我不仅获得了一切可能的"他我"(*alter ego*),而且,"我由此进一步获得了'客观的'世界之'意义'和'客观的'(交互主体的)世界科学之'意义'[……]。这个整体必然是**超越论的'观念论'**,**然而却又是现象学的'观念论'**,这种观念论并不**否认物理的自然**,物质的存在,以使心灵的存在代替它作为真实的存在登上帝王宝座,**而是**它由被澄清的认识取得下面这种**绝对明见的洞察**,即**一切存在都在意向上返向关联到**(而且是从本质上返向关联到)**诸本我**(*ego*)**的存在"**②。或者如塞普所言,对于胡塞尔来说,"方法的超越论化(Transzendentalisierung)势必带来整体思维概念的观念论化"③。

然而,既然在胡塞尔这里,其超越论的现象学和超越论的观念论原则上无法分离,那么,施泰因对"超越论的现象学"的接受与对"观念论"的拒绝,对作为"超越论问题"的"构造问题"的接受与对作为"超越论的观念论问题"的"构造问题"的拒绝又是如何发生的呢?

---

① 比如施特洛克就将胡塞尔的立场称作"超越论现象学的或构造的观念论",参阅 Elisabeth Ströker, "Die Phänomenologin Edith Stein-Schülerin, Mitstreiterin und Interpretin Edmund Husserls", in: *Edith Stein Jahrbuch I*, Würzburg: Echter, 1995, S.15 – 35, hier S.29。
② 胡塞尔:《第一哲学》下卷,王炳文译,商务印书馆 2010 年版,第 505 页(边码)。译文参看原文略有改动。
③ Hans Rainer Sepp, "Edith Steins Position in der Idealismus-Realismus-Debatte", a. a. O., S.13.

从史实性方面来看,在对施泰因同感现象学研究产生重要影响的胡塞尔的《观念 I》中并没有出现"现象学的观念论"这一表述。[①] 因此我们可以理解,为什么施泰因在写作其博士论文时会将"超越论的现象学"以及"超越论的构造"与"现象学的观念论"分离开来,尽管胡塞尔后来明确表示这种分离是不可能的。在施泰因完成博士论文并成为胡塞尔助手以后与茵伽登的早期通信中,我们可以读到施泰因的基本思想倾向。比如在 1917 年 2 月 3 日写给茵伽登的信中,施泰因写道:"我们〔她与胡塞尔——引者〕最近的一次哲学散步使得我再次满怀信心。此外与此有关,我完全突然地感受到一种突破,我自以为差不多明白了何谓'构造',但却是在背离观念论的前提下。一方面是一个绝对实存着的物理性的自然,另一方面是一个确定结构的主体性似乎被预设了,以便一个直观的自然能得以构造。我仍还没有向'师父'(Meister)坦白我的离经叛道。"(BRI Br. 6,ESGA 4,40/ CWES 5,8)这已经清楚地表明,在此时,施泰因已经了解到胡塞尔将"超越论的现象学"以及"超越论的构造"与"现象学的观念论"联系在一起,并且她一直在寻找"背离"胡塞尔的方式,她"完全突然地感受到"的突破在根本上就意味着一种"离经叛道":在背离观念论道路的前提下谈论构造。而在她更早些时候的博士论文中,施泰因基本上都是沿着胡塞尔的道路在前进,她对胡塞尔及其现象学的归功与感谢随处可见。这或许也表明,在其写作博士论文时,施泰因并不完全理解胡塞尔超越论现象学的基本归宿,所以,一方面她会将其开展的同感现象学研究看作一种"超越论的现象学"的研究(无论是在起点还是在目标上),另一方面也会接受一种"实在世界"的观念,或者更为明确地说,是一种"实在论"的现象学。

撇开施泰因与胡塞尔之间的学术联系上的史实性方面不论,我们也

---

① 参阅兰德格雷贝为《观念 I》所作"主题索引"中的"Idealimus"条。

可以看到,施泰因在其《论同感问题》一书中以一种"误会"的方式展示了早期现象学运动中的"观念论—实在论"之争。

这一论争实际上主要有两波。第一波论争主要发生在 1910 年代,讨论的焦点主要是胡塞尔的《观念 I》。所谓的现象学哥廷根小组和慕尼黑小组的主要代表们[包括舍勒、莱纳赫、马佩尤斯、赫林(Jean Hering)、施泰因等]基本都接受了胡塞尔的本质直观或本质还原,而共同拒绝着**胡塞尔式**的"超越论的还原"。尽管他们之间也各有差异,但基本上都成为实在论现象学的拥护者。按照施泰因的描述,在当时,胡塞尔热忱的学生们在与"师父"的讨论中会不断涉及这个问题,但从没有任何结论,"对胡塞尔而言具有决定性的那些论据在这些讨论中时常显得不能使他的对手信服,即使有对手那时放弃了,但他迟早还是会带着那些旧的或新的反对意见回来"①。但是第一次世界大战打断了这一波的论争。

第二波的论争主要发生在 1930 年前后,讨论的焦点主要是胡塞尔的《笛卡尔式的沉思》,当然也还有《观念 I》。这一轮论争的主要代表及其作品有:舍勒 1927 年左右的长文《观念论—实在论》、海德格尔 1927 年的《存在与时间》(特别是第 43 节)、科尔姆斯(Theodor Celms)1928 年的《胡塞尔的现象学观念论》、茵伽登 1929 年的《关于"观念论—实在论"难题的几个说明》、施泰因 1931 年的《可能性与现实:对存在之哲学的研究》(特别是"有关超越论的观念论的附论",PA,ESGA 10/ CWES 11),等等。这一波论争的最主要特点在于:并非是胡塞尔先以一种特殊的方式将其立场界定为一种观念论,而后他的学生或对手们去找寻一条不同于他的立场的出路,而是参与这一波论争的主要代表们都在论争中占据了一个位置,同时也揭显出自身的哲学立场。换言之,在这后一波论争

---

① Edith Stein, *Festschrift-Artikel*, S.326f.; CWES 8, pp.32f.

中,尽管胡塞尔仍然是重要的一员,但他却不再占据最为中心的位置。①

限于本书的论题,我们这里将目光限制在第一波的论争上面。施泰因在其自传中回顾道,在当时,年轻的现象学家们都是坚定的实在论者(LJF, ESGA 1, 200/ CWES 1, 250)。按照诺塔的说法,是舍勒在哥廷根的私人演讲推动了这种实在论。② 当然,当时与施泰因有着密切学术联系的这种实在论的拥护者还有莱纳赫和马佩尤斯。在 1914 年的《什么是现象学?》一文中,莱纳赫肯定了他对现象学方法的支持,但他接着明确宣称这不是一个关注实存的问题,而是一个关注本质的问题。在该文中莱纳赫还集中讨论了"先天性"的"主观化"和"贫乏化"的问题,对他来说,先天性在根本上是事态的形式而非思维活动的形式。③ 按照贝洛的看法,正是因为莱纳赫"似乎"认为胡塞尔将先天性视为思维的必然而非存在的必然,才导致了现象学分裂为两个方向,即实在论和观念论。④ 这里的"似乎"表明,无论莱纳赫对于胡塞尔的理解是否恰当,但是这一理解以及基于这一理解而对胡塞尔展开的批评事实上影响了早期的现象学运动的成员,比如说施泰因。

在纪念胡塞尔诞辰一百周年纪念文集中,马佩尤斯发表了《超越论现象学与存在论现象学》一文。在该文中,马佩尤斯回顾了早期现象学运动中有关观念论与实在论的论争问题。"在我与胡塞尔的一次偶然的会见中,面对胡塞尔超越论主义的越来越深刻的扩展和越来越纯粹的根

---

① 参阅 Hans Rainer Sepp, "Edith Steins Position in der Idealismus-Realismus-Debatte", a. a. O., S.13f.。

② 参阅 Jan H. Nota, "Die frühe Phänomenologie Edith Steins", a. a. O., S.60。

③ 参阅莱纳赫《什么是现象学?》,靳希平译,载倪梁康主编《面对实事本身:现象学经典文选》,东方出版社 2006 年第 2 版,第 266—291 页。

④ 参阅 Angela Ales Bello, "The Controversy about the Existence of the World in Edmund Husserl's Phenomenological School: A. Reinach, R. Ingarden, H. Conrad-Martius, E. Stein", in: A.-T. Tymieniecka (ed.), *Analecta Husserliana* Vol. LXXIX (2004), pp.97 - 115, here pp.98f.。

据,我变得越来越不知所措了。在我看来这好像是一种空想,这种空想仿佛更为持久地诱惑着他,从而使他恰好失去了那对我们这些旧现象学者来说曾经是哲学上最珍贵的东西即彻底的事实性,凡是与这个事实性领域可能相关的,都始终是关于某个已被着手研究的问题的不可动摇的、永远新的开端"①。对于马悌尤斯来说,哲学或现象学的根本主题在于:追问实际存在本身或独特意义上的自然的本质。不同于胡塞尔的超越论现象学,她提出了存在论现象学,这种现象学保持了世界的他者性和自主性,同时也使其自身可以基于自然科学的新发展。

尽管与舍勒、莱纳赫以及马悌尤斯等都不一样,但是施泰因在其博士论文中还是受到他们极大的影响,特别体现在有关"自然"的构造问题上。与胡塞尔一样,施泰因也特别强调了"构造"问题,并将之视为同感现象学研究的根本目标之一。然而不同于胡塞尔,施泰因同时也强调借由同感构造起来的外部世界是实在的外部世界。被感知的世界与同感地被给予的世界是同一个世界,这同一个世界的"显现"(Erscheinung)依赖于个体的意识,但是这个显现着的世界本身却独立于意识。

或者也可以说,在施泰因这里也存在着所谓的"超越论现象学"和"存在论现象学"的区分,前者主要与一种知识性的、方法论②的意图有关,而后者则涉及存在论的意图。这里的"超越论现象学"指的是"对意识结构的描述,在此意识结构中并通过此意识结构,从内在出发,超越的世界自身建构起来"(PA,ESGA 10,19);而所谓的"存在论"

---

① 马悌尤斯:《先验[超越论]现象学与存在论现象学》,张廷国译,载倪梁康主编《面对实事本身:现象学经典文选》,东方出版社 2006 年第 2 版,第 295 页,译文有所改动。
② 兰姆贝克曾指出,在施泰因看来,胡塞尔的"超越论观念论"是一种"方法论的观念论"(methodischer Idealismus),它根本上并没有与"实在论"决裂,而是尝试着为之奠基,参阅 Karl-Heinz Lembeck, "Die Phänomenologie Husserls und Edith Stein", in: *Theologie und Philosophie* 63 (1988),S.182-202,特别是 S.198ff.。

(Ontologie)指的则是："对对象世界本质建构（Wesensbau）的探究"①。因此，从存在论上来看，外部世界是实在的、实存的，而这样一个实在的外部世界恰恰是在交互主体的经验之中自身构造起来的，同感正是这种交互主体经验的基础。

在此意义上，我们可以再次回顾1917年2月3日施泰因写给茵伽登的信："一方面是一个绝对实存着的物理性的自然，另一方面是一个确定结构的主体性似乎被预设了，以便一个直观的自然能得以构造"（BRI Br. 6，ESGA 4，40/ CWES 5，8）。我们可以明白，对于施泰因而言，若要使对自然的构造得以可能，必须同时关注两个方面，即进行构造的主体性方面以及被构造但本身绝对实存的自然方面。这也是她得以区别于胡塞尔、莱纳赫、马悌尤斯等人的地方。"她坚持主体和对象间非凡的'平衡'，她没有像胡塞尔那样使她的分析偏向主体方面，也没有像她的两个同事[指莱纳赫和马悌尤斯——引者]那样偏向对象方面"②。

然而，施泰因自己也清楚，这样一种"超越论现象学"与"实在论现象学"的"拼接"显然是一种"离经叛道"。事实上，胡塞尔那方面也已经感觉到了这种"离经叛道"。他在晚年（1935年9月4日）同耶格施密特修女（A. Jaegerschmitt OSB）的谈话中也不无伤感地谈及了这场早期现象学运动的分裂："人们如此不理解我让我感到深深的遗憾（这时胡塞尔变得非常严肃和坚决，几乎有些激动——耶格施密特修女描述）。自从我的哲学发生巨大变化以来，自从我的内在转向之后没有人再与我同行。1901年出版的《逻辑研究》，只是一个起步者小小的开端——而如今人们只是根据《逻辑研究》来评价胡塞尔。但在它出版后的许多年我真的不

---

① Edith Stein，"Die weltanschauliche Bedeutung der Phänomenologie"，S.11.

② A. A. Bello，"The Controversy about the Existence of the World in Edmund Husserl's Phenomenological School: A. Reinach，R. Ingarden，H. Conrad-Martius，E. Stein"，pp.108f.

知道该往哪里走。我自己都不清楚,但是若如今每个人仍还在这本书上停滞不前,那将是不幸的。它只是一条道路而已,尽管是一条必经之路。即便是施泰因也只陪伴我到 1917 年……"①而且,胡塞尔也向施泰因本人表达过他对她相关工作的态度。在 1931 年 7 月 17 日写给施泰因的信中,胡塞尔说:"我不再相信,您将克服所谓的'超越论的观念论'的'巨大困难',或者您可以把握超越论—现象学的还原的真正意义以及通过这一还原而打开的无限的工作视域",无论是莱纳赫的整个朋友和学生圈子还是受到舍勒影响的那些人(当然包括施泰因)都没有能够清楚区分"超越论的现象学"和"现象学的心理学"(参阅 SBB I Br. 168, ESGA 2, 186)。 显然,在胡塞尔看来,施泰因所从事的仍然是"现象学的心理学"。②

对于胡塞尔而言,"现象学观念论并不否认实在世界(首先是自然界)的现实存在,好像它以为后者是一种假象似的,在假象背后存在着——尽管未被觉察到——自然的和实证的科学思想。它的唯一任务和功能在于阐明这个世界的意义,准确说它是这样一种意义,按此意义普通人把世界当作,并以不可否认的权利当作实际存在着。无可怀疑的是,世界存在着,它在连续持存着"③。由此可见,胡塞尔并没有否认实在

---

① Husserl, "Gespräche von Sr. Adelgundis Jaegerschmitt OSB mit Edmund Husserl", in: *Edith Stein. Wege zur inneren Stille*, hrsg. von W. Herbstrith, Aschaffenburg: Kaffke, 1987, S. 216.(中译参见《耶格施密特修女与胡塞尔的谈话(1931—1938 年)》,阿德尔君迪斯·耶格施密特修女记撰,张任之译,载《世界哲学》2017 年第 3 期,第 29—43 页)
② 1932 年 9 月 12 日,施泰因在法国的 Juvisy 镇受邀参加了由该地的托马斯协会组织召开的有关现象学和托马斯主义的研讨会。胡塞尔从一位与会者佛林(Daniel Feuling OSB)那里收到该会议的相关报告资讯,并于 1933 年 3 月 30 日给佛林回信,在该信中,胡塞尔再次回顾了早期现象学运动的分裂,并且也就施泰因的发言表达了类似的意见。参阅 M. Amata Neyer, "Edith Stein Studienreise 1932 nach Paris. Teil 3: Juvisy", S. 45 - 48. 该信现在也收入 *Husserliana-Dokumente Bd. III*, *Briefwechsel*, *Band 7*, *Wissenschaftlerkorrespondenz*, hrsg. von Elisabeth Schuhmann & Karl Schuhmann, Dordrecht/ Boston/ London: Kluwer, 1994, S. 87 - 90.
③ 胡塞尔:《观念 I》著者后记",载胡塞尔《纯粹现象学通论》,第 459 页(译文稍有改动)。

世界的存在，只是在"超越论的观念论"中，"对实在世界和一种可能的一般实在世界的存在方式进行现象学意义阐释的结果是，只有超越论的主体才有其绝对存在的存在意义，只有它才是'非相对性的'（即只相对于自身的），而实在世界虽然是存在的，但具有一种针对此超越论的主体的相对性，因此它只有作为超越论主体意向的意义产物才能具有其存在意义"①。

就如同胡塞尔的"超越论的观念论"超越了传统意义上的观念论与实在论一样，施泰因这里的这种被胡塞尔指责为"现象学的心理学"的思想其实在根本上也是一种超出了传统观念论与实在论的"第三种现象学的"立场，一种"温和的实在论"（gemäßigte Realismus）（参阅 EES，ESGA 11 - 12，93/ CWES 9，97f.）②，或者也可以称作一种"温和的超越论的观念论"③。这种"温和的超越论的观念论"主要是一种"认识论的观念论"，即事物和世界"在认识上"由主体性构造出来，但是施泰因拒绝了一种本来意义上的传统"观念论"，即一种"形而上学的超越论观念论"，它主张世界"在存在上"由主体性构造起来。④ 因此，施泰因最终的立场与胡塞尔的立场之间的差异就显得十分的细微。他们都已经超出了传统的观念论与实在论争论，他们的区别也不在于是否承认实在世界的存在，而是在于：究竟是存在着的实在世界具有对超越论的主体的相对性，它只有作为超越论的主体意向的意义产物才能具有其存在意义（胡塞尔）；还是对此实在世界的"构造"本身既预设了超越论的主体性同时也

---

① 胡塞尔：《〈观念 I〉著者后记"，载胡塞尔《纯粹现象学通论》，第 459—460 页（译文稍有改动）。
② 参 阅 B. Beckmann （-Zöller），*Phänomenologie des religiösen Erlebnisses. Religionsphilosophische Überlegungen im Anschluß an Adolf Reinach und Edith Stein*，a. a. O.，S.176 - 179。
③ 这种"温和的超越论的观念论"的标签可能未必能被施泰因本人接受。
④ 参阅 Peter Volek，*Erkenntnistheorie bei Edith Stein. Metaphysische Grundlagen der Erkenntnis bei Edith Stein im Vergleich zu Husserl und Thomas von Aquin*，Frankfurt am Main：Peter Lang，1998，S.61 - 73。

预设了实在的世界存在,而且只是这个实在世界的"显现"依赖于个体意识,但是这个显现着的世界本身却独立于意识(施泰因)。①

概而言之,一方面,施泰因同感现象学研究的起点无疑是胡塞尔的"先验现象学"式的,这意味着对于同感现象学的本质分析将集中于现象学还原以后的纯粹意识领域;另一方面,施泰因同感现象学研究的目标在一定意义上也是胡塞尔式的,即对世界的构造。但是她根本上拒绝将构造问题与"观念论"的立场相联,因此也可以说她的同感现象学研究的目标或意图是实在论现象学式的,或者是一种"现象学的实在论"。在此意义上,菲达尔果对施泰因的指摘是有一定道理的。但是,施泰因同感现象学研究的起点与目标之间的不协调源于她对《观念I》时期胡塞尔根本立场的不完全理解,而她在此之后的"离经叛道"所最终导向的就既不是传统的实在论,也不是传统的观念论,而是一种特殊的、温和的先验观念论。

第二节 对人格的现象学分析与精神科学的现象学基础

基于其研究的基本意图,菲达尔果将《论同感问题》一书的最终目标首先限定在实在世界的构造上面,但这实际上也就错失了施泰因这一研究的另一更为根本的目标,或者说施泰因的"生命项目":对人格的分析。的确,在《论同感问题》现存本的三个部分中,第一部分(第二章)主要讨论同感行为的现象学本质,第二部分(第三章)讨论心理—物理个体的构造问题,而第三部分(第四章)则处理作为精神人格之理解的同感问题。

---

① 兰姆贝克曾将施泰因的立场称为一种"存在论的实在论"(ontologischer Realismus),这是容易产生误解的,对此可参阅 Karl-Heinz Lembeck, "Von der Kritik zur Mystik. Edith Stein und der Marburger Neukantianismus", in: Reto Luzius Fetz, Matthias Rath und Peter Schulz (hrsg.), *Studien zur Philosophie von Edith Stein*, *Phänomenologische Forschungen* Bd. 26/27, Freiburg/ München: Alber, 1993, S.170-196, 特别是 S.172ff.。

前两个部分无论是在思路或是语言用词上都显得比较连贯和统一,也更为符合胡塞尔式的现象学的言说和运思方式,而后一个部分与前两个部分不同,"它要求细心的读者改变节奏。语汇和问题都改变了。阐释不再是一丝不苟的现象学式的,论证也时断时续"①。萨维奇更为尖锐地指出,施泰因这里所进行的是一种"杂混"(hybridize),在这里胡塞尔的"还原"不再有效,施泰因从本质领域转到自然和历史领域,转到先验领域然后再回头,"根本不朝方法论的禁忌的方向上看。这是一个疯狂的拼凑"②。萨维奇甚至有些刻薄地说,众所周知,胡塞尔读书从来坚持不到最后,既因为他的视力弱也因为他没有耐心。施泰因或许正是料到这一点,所以觉得可以在最后一章随意些。

尽管施泰因博士论文的第二、第三部分之间的确存在着很大的差别,但是萨维奇的批评无疑过于严苛了,也很容易被驳斥。一方面,按照我们在引论中的讨论,施泰因的博士论文原稿约有七章,现存本的最后一章实际上只是中间的第四章,因此大致还不会出现施泰因因料想胡塞尔不会读到最后而在该章写作随意的情况;另一方面,更为重要的是,施泰因这里的"杂混"根本上体现着她最终的意图,即在现象学的视域中探究自然和精神的关系,或者说为精神科学寻求现象学的基础。语汇与表达方面的不一致主要源于论题的变换,而并非是因为"疯狂的拼凑",这从胡塞尔《观念 II》后两个部分文本的不连贯中也可以得到佐证。

从施泰因自己的回顾来看,她写作《论同感问题》一书的根本目的在于,借助于同感现象学的本质研究,厘清自然与精神的关系,或者说尝试

---

① M. Sawicki, *Body*, *Text*, *and Science*. *The Literacy of Investigative Practices and the Phenomenology of Edith Stein*, p.131. 我们也可以在利科那里读到对于胡塞尔《观念 II》的类似批评,"读者对[《观念 II》]第二部分和第三部分之间笔调的差别感到吃惊"(参阅保罗·利科《论现象学流派》,蒋海燕译,南京大学出版社 2010 年版,第 116 页)。

② M. Sawicki, *Body*, *Text*, *and Science*. *The Literacy of Investigative Practices and the Phenomenology of Edith Stein*, pp.131f.

为精神科学奠定基础。而选择这一问题作为其博士论文的主题主要导源于胡塞尔1913年的讲座"自然与精神"。

事实上,胡塞尔曾集中做过四次以"自然与精神"为题的讲座,分别是1913年夏季学期(主要文本收入《胡塞尔全集》第四卷)、1919年夏季学期(现编为《胡塞尔全集·资料集》第四卷)、1921/22冬季学期(并无相关文稿存留,很可能是对1919年夏季学期讲座课的重复)以及1927年夏季学期(现编为《胡塞尔全集》第三十二卷)。另外,在《胡塞尔全集》第二十八卷(1909年讲座稿)、第十三卷、第三十卷(1910/11年讲座稿)、第二十五卷(1919年讲演稿)、第三十七卷(1920/24讲座稿)、第八卷(1921年文稿)、第九卷(1925年讲座稿)、第六卷(约1928年文稿)等中还可以读到相关文字。因此,胡塞尔对这个题目所作的研究时间跨度之大、问题展开之深,唯有其"时间问题"研究和"交互主体性"研究可以与之相媲美。这个主题特别重要的意义还在于,一方面,它可以接续胡塞尔晚期的"生活世界"研究以及所谓的"存在论"式的超越论还原的道路;另一方面,胡塞尔也正是借此主题"穿梭于"他同时代的诸哲学倾向之中(比如实证哲学、精神科学、心理学、人类学等)。①

施泰因所特别关注的就是后一个方面,即在自然与精神的总题下,探究现象学与精神科学之间的内在关联。而这一方面当然受到了舍勒的很大影响,当然还有狄尔泰的影响。这恐怕也是施泰因博士论文第三部分看上去运思方式和语言语汇都有很大变化的原因所在,因为在这里,胡塞尔式的思考和语言不再是唯一占据主导地位的了,舍勒的很多术语和表达也进入了施泰因的讨论语境。比如施泰因所强调的人格、感受与价值的本质相关性,感受或自我深度层级,等等,这些都是舍勒的重

---

① 此段文字参照了张任之《舍勒的"超然的具体主体性"现象学》,载《哲学动态》2011年第12期,注释30。

要论题。塞普曾经指出"施泰因最接近舍勒"①。诺塔也曾说,在总体上施泰因总是更为赞同舍勒。② 以至于舍勒在收到施泰因《论同感问题》的赠书后曾很不满地指责施泰因未指明地借用了他私人演讲以及他的历史哲学讲座中的很多思想。但是施泰因写信向舍勒解释了这个事情。她高度赞扬了舍勒的工作并对从他那里接受到的思想激发表达了感谢,但也指出,在相关受到舍勒影响的段落都予以了注明(参阅 SBB I Br. 7, ESGA 2,27f.;以及参阅 BRI Br. 29,ESGA 4,74;BRI Br. 81,ESGA 4,147f.)。③ 无论如何这都表明,在施泰因的《论同感问题》中有着舍勒很深的印记,特别是在这里所说的第三部分之中。

撇开这段"公案"不提,施泰因的确是在胡塞尔、舍勒、狄尔泰等人的共同影响下,对自然与精神或自然科学与精神科学之间的基本关系展开了研究。简单来说:

(1)施泰因将个体一般或个体自我(本己个体自我和异己个体自我)、它的躯体以及心灵,作为自然发生的心理之物以及因果的联系乃至于一个交互主体地构造起来的实在世界等都归属于"**自然**",而作为精神主体的人格或人格自我(本己人格和异己人格)、精神主体的构造物(文化、艺术、历史等)乃至于一个文化世界或价值世界则被归为"**精神**"。

(2)与此相关,包括物理学、化学和最广义的生物学以及经验心理学等在内的"**自然科学**"是描述自然客体的,并试图因果性地"解释"(erklären)其实在的发生。"**精神科学**"或文化科学则描述精神产品,并且追踪那些最广义上的被称作"历史"的东西以及它们从精神中的产生

---

① Hans Rainer Sepp, "Edith Steins Stellung innerhalb der phänomenologischen Bewegung", in: *Edith Stein Jahrbuch* 4 (1998), S.495 - 509, hier S.506f.

② 参阅 Jan H. Nota, "Die frühe Phänomenologie Edith Steins", a. a. O., S.63。

③ 施泰因和舍勒之间的思想联系又是早期现象学运动中的一桩"公案",有关于此的简要讨论可以参阅 M. A. Sondermann, "Einführung", in: PE, ESGA 5, S.XX, Anm.41。

和形成。

（3）从方法论层面来说，人们以一种**"因果的解释"**来从事"自然科学"，对于"自然对象"或自然科学的客体的构造而言，"同感"或"同感地**把握"**（einfühlendes Erfassen）是完全必要的。而人们总是以**"追复生活地理解"**（nachlebendes Verstehen）的方式来从事"精神科学"，在精神科学的客体的构造之中，起作用的是一种"理解"或"同感地**理解"**（einfühlendes Verstehen）。

（4）在自然科学研究中，人们所遵循的法则是**"因果法则"**，而在精神科学探究中人们所遵循的法则则是**"动机引发的法则"、"理性法则"**。

（5）"自然科学"的客观基础在于**"自然的存在论"**和**"自然现象学"**，前者试图揭示自然客体的本质和范畴结构，后者则展示这些客体如何在意识中被构造，因而为自然科学的进行提供澄清性的阐明。"精神科学"的客观基础则在于，一个与"自然之存在论"相对的**"精神之存在论"**，与"自然之现象学"相对的**"精神之现象学"**。

最终，施泰因就是以这种"精神之存在论"和"精神之现象学"来为精神科学提供基础的。前者主要关注精神科学客体的本质和结构，后者则探究这些客体是如何被构造的，或者说，一个精神的价值世界是如何被构造的。

很显然，在明确区分自然科学与精神科学，并且竭力为精神科学找寻基础这一点上，施泰因受到了狄尔泰巨大的影响；而在追问精神科学的基础究竟何在这一问题上，在现象学家胡塞尔和舍勒的影响下[①]，施泰因偏离了狄尔泰。最终，在其同感现象学的大视域下，施泰因强调，精神科学的基础并非狄尔泰那里的"描述的和分析的心理学"，而是"精神之

---

① 关于胡塞尔和舍勒在此大的问题上的区别与联系，可参阅兰德格雷贝《舍勒和胡塞尔思想中的历史哲学维度》，李云飞译，载《广西大学学报·哲学社会科学版》2016 年第 1 期。

存在论"和"精神之现象学"。就此而言,同感,不仅具有自然的面向,而且还具有精神的面向;同感现象学,在宽泛的意义上,不仅可以服务于自然科学,而且最终也为精神科学提供基础。这一点,恰恰构成了施泰因同感现象学研究的基本旨趣。

* * * * * * *

概而言之,就形式的层面而言,施泰因同感现象学的世界观意义体现于她对于(广义的)同感行为的现象学分析。"同感"或"同感地把握"(包含"感觉同感"、"同感地置入"、"反复同感"以及"同感行为的修正"等)行为,构成了人们"观""自然"(个体一般以及外部实在世界)的一个极为重要的方式;而"同感地理解"则构成了人们"观""精神"(人格以及精神价值世界)的一个极为重要的方式。我们不仅可以"感知"、"回忆"、"想象"这个"自然"和"精神"的世界,更为重要的,我们还可以"同感"这个"自然"和"精神"的世界,或者说,在"同感"中构造出这个世界。

就质料的层面而言,施泰因同感现象学的世界观意义主要体现在:借助于"同感"我们构造出"自然"和"精神"的世界,继而我们可以形成一个封闭的"世界之观"。在"同感"或"同感地把握"行为中,异己个体、本己个体被构造起来,一个外部的实在世界也在交互主体的"同感"之"观"之中被构造起来。但是我们所面对的世界并不仅仅就是一个受因果支配的"自然世界",它同时也是一个由精神构造起来的"价值世界"。依据精神行为的可理解性和它所遵循的"理性法则性",并且根据在"价值的等级秩序、价值感受的深度秩序和借感受而揭显出来的人格的层级秩序"之间的本质关联性,以及依据在感受、意愿和行动之间的内在奠基关系,异己人格在我们"同感地理解"中自身构造起来。进而本己人格以及整个精神的价值世界都被构造出来。最终,我们获得了一个封闭的"世界观":我们所面对的这个世界,不仅是自然世界,它同时也是精神的价值世界。从存在论上看,它的存在并不需要依赖于意识或主体性,但是从认识论上看,它要借助于"同感"被构造起来。

　　根本而言,施泰因的同感现象学不仅给人们带来了一种"观"世界的方式,同时也给人们提供了一个封闭的"世界观"。

附录一　施泰因生平年表[①]

1891 年 10 月 12 日,生于布莱斯劳(Breslau,现属波兰)——西里西亚首府,东德的经济文化中心——一个虔诚的犹太家庭。"我,埃迪·施泰因,于 1891 年 10 月 12 日生于布莱斯劳,已故商人齐格弗里德·施泰因与

---

① 本年表的编制综合参考了下述研究传记:

LJF, ESGA 1/ CWES 1.

Waltraud Herbstrith, *Edith Stein*, trans. by Bernard Bonowitz, New York: Harper & Row, 1985.

Hanna-Barbara Gerl(-Falkovitz), *Unerbittliches Licht. Edith Stein-Philosophie*, *Mystik*, *Leben*, Mainz, 1991.

Andreas Uwe Müller undMaria Amata Neyer, *Edith Stein. Das Leben einer ungewöhnlichen Frau. Biographie*, Zürich/ Düsseldorf, 1998.

Maria Amata Neyer, O.C.D., *Edith Stein—Her Life in Photos and Documents*, trans. by Waltraut Stein, Washington, 1999.

Florent Gaboriau, *The Conversion of Edith Stein*, South Bend, Indiana St. Augustine's Press, 2001.

Freda Mary Oben, *The Life and Thought of St. Edith Stein*, New York, Alba House, 2001.

Christian Feldmann, *Edith Stein*, Hamburg: Rowohlt, 2004.

[法]西尔维·库尔廷-德纳米:《黑暗时期的三女哲——施泰因、阿伦特、韦伊评传》,高毅、高煜译,新星出版社 2008 年版。

其妻子奥古斯特(娘家姓库朗特)的女儿。我是普鲁士公民和犹太人。"①

1893年6月,父亲齐格弗里德·施泰因去世。

1906年,结束维多利亚学校的学习,在已婚的姐姐艾尔丝(Else)家里待了十个月。中断了学业,且有意放弃了祷告。

1908—1911年,在布莱斯劳实科中学(Realgymnasium)学习,以优异成绩毕业。

1911—1913年,在布莱斯劳大学学习日耳曼语、历史、哲学,尤其是心理学。阅读中接触到胡塞尔的《逻辑研究》。

1912年冬,教授初级英语。

1912年夏,读了一本从另一面描述学生生活的书(Hermann Popert, *Helmut Harringer. Eine Geschichte aus unserer Zeit*, Dresden, [20]1912),书中所描述的酗酒、决斗、不道德等,与施泰因的理想完全相反,使她非常难过并严重抑郁。后来在巴赫音乐节上听到"一个强大的堡垒是我们的上帝"后停止抑郁。

1913年4月,到达哥廷根,结识莱纳赫等人。

1913—1915年,在哥廷根大学跟随胡塞尔学习现象学。

1913—1914年冬季学期,经历了她在哥廷根最困难的时期。准备关于同感问题的博士论文,却不得要领。"在这段时间内,我失眠,难以觉察地陷于绝望之中。生平第一次我遇上了凭我自己意志无法控制的事情……以至生活在我看来也显得令人难以忍受……与我讲道理,进行推论已没有用处:当我穿越马路时,真想有一辆汽车把我压死,当我出门远足时,真希望自己一失足,坠入万丈深渊,一命呜呼。事实上,没有人能想象到我内心所进行的斗争。"②最后,通过与莱纳赫的谈话重新树立了

---

① 参阅施泰因博士论文出版本后面所附的小传,PE, ESGA 5, 137/ CWES 3, 119。

② LJF, ESGA 1, 134f./ CWES 1, 177f.

信心,完成论文。

1913 年,受舍勒的影响,开始对宗教问题感兴趣。"他在那些年对我的影响……远远超出哲学领域。……这是我第一次遭遇这个至今完全未知的世界。它还没有让我达到信仰。但是它确实为我打开了我再也不能盲目避开的一个'现象'领域。"①

1915 年 4—9 月,作为红十字会护士服务于梅里施-威斯基尔辛(Mährisch-Weisskirchen)的医院。

1916 年初,在布莱斯劳一所中学任助教,教授拉丁文、历史、地理等。

1916 年夏,在弗莱堡大学通过口试,以"最优等"的成绩获博士学位。

1917 年,博士论文的部分公开出版。

1916 年 10 月—1918 年 2 月,在弗莱堡作为胡塞尔的研究助手。教授胡塞尔低年级学生入门课程,整理手稿。

1917 年,A. 莱纳赫在 Flanders 前线遇害。

1918 年,在莱纳赫家帮助莱纳赫遗孀安妮·莱纳赫(Anne Reinach)整理其丈夫的稿件时"遇到十字架"。②

1919—1923 年,从事个人学术工作。尝试获得大学讲师资格却因犹太人和女性的双重障碍而无果。

1921 年夏,与康拉德和马悌尤斯夫妇(Theodor Conrad 和 Hedwig Conrad-Martius)在一起。阅读大德兰(圣阿维拉的特蕾萨)自传,③"为

---

① LJF, ESGA 1, 209f./ CWES 1, 260.

② 莱纳赫夫妇都是犹太人,在莱纳赫去世前不久二人都转宗新教。施泰因在莱纳赫遗孀这里并没有看到她因失去丈夫而崩溃,反而看到她因信仰而坚强,看到对耶稣救赎的十字架之信仰可以给苦难者带来力量。

③ 关于这本书的来源一直以来都认为是来自马悌尤斯家的藏书,但也有人指出这本书来自莱纳赫夫妇,详见施泰因《科隆加尔默罗圣衣会编年史拾遗》,晏文玲未刊中译稿,该文稿现收入 LJF, ESGA 1,但是在英译本 CWES 1 中未收,此处引文参见 LJF, ESGA 1, 350, Anm. 20。

我长久以来追求真信仰的过程画上了句点"①。买弥撒经书和教理问答，并要求受洗。

1922年1月1日，在贝格查贝恩(Bergzabern)受洗。开始阅读托马斯·阿奎纳。

1922年2月2日，施泰因在施佩耶尔(Speyer)教区的一座教堂内领受了坚振圣事②。

1923—1931年，在施佩耶尔的圣梅格达林(St. Magdalena)多明我会女修院任教。

1924年，经 E. 皮兹瓦拉建议翻译 J. H. 纽曼的信件与日记。③

1926年，开始翻译托马斯·阿奎纳的《论真理》。

1929年，为纪念胡塞尔七十寿辰，在胡塞尔纪念文集上发表《胡塞尔现象学与圣托马斯·阿奎纳的哲学：一个比较的尝试》一文。

1931年，离开施佩耶尔。再次尝试申请大学教职无果。在弗莱堡见到海德格尔。

1932年，在明斯特(Münster)的德意志教育科学研究所任教(1932—1933)。开始就妇女职业进行演讲。广播讲话。

1933年1月，希特勒上台。

4月，被纳粹禁止教书。写信给教皇，指出犹太人受迫害之后，教会也必将受到迫害。但没有得到回应。

10月14日，进入科隆加尔默罗会。

---

① LJF, ESGA 1, 350.
② 坚振圣事(Confirmation)，又称坚振礼、坚信礼、按手礼，是基督宗教的礼仪，象征人通过洗礼与上帝建立的关系获得巩固。
③ 参阅 E. Przywara, "Die Frage Edith Stein", in: W. Herbstrith (hrsg.), *Ein neues Lebensbild in Zeugnissen und Selbstzeugnissen*, Freiburg: Herder, 1983, S.176-188；中译参阅 E. 皮兹瓦拉《忆施泰因》，李承言译，载《基督教文化评论》第十一辑，贵州人民出版社2000年版，第221—235页。

1934 年 4 月 15 日,成为加尔默罗会修女:十字架上的特蕾萨·贝尼迪克塔修女。写作《有限和无限的存在》。

1935 年 4 月 21 日,初愿(first vows)①。进行三年的修道誓约。

1936 年 9 月 14 日,施泰因母亲去世。

1938 年 4 月 21 日,永愿(perpetual vows)②。

4 月 27 日,胡塞尔去世。

5 月 1 日,所谓的蒙面仪式。

11 月 8 日,"水晶之夜"(Kristallnacht)。③

12 月 31 日,逃到荷兰埃希特(Echt)加尔默罗会。

1940 年夏,她的姐姐(Rosa)到达埃希特。

1941 年,完成她论伪狄奥尼索斯(Pseudo-Dionysius)的象征神学的著作。

8 月,开始写《十字架科学:关于十字若望的研究》。法令要求 12 月 15 日前将非雅利安德国人驱逐出荷兰。修女们联系瑞士的 Le paquier 加尔默罗会对施泰因进行可能的转移。

9 月 1 日,犹太人被要求佩戴大卫星。

1942 年 7 月 26 日,荷兰主教颁布关于种族主义和反闪米特人的牧函。

7 月 27 日,报复行动,所有天主教犹太人在周末前被驱逐。

8 月 2 日,施泰因和她姐姐(Rosa)被党卫军从埃希特的加尔默罗会带到阿梅尔斯福特(Amersfoort)监狱营地。

---

① 也称"小愿",通常是以一到三年为期的过渡性三圣愿。所谓"三圣愿"是指:誓发神贫、贞洁、服从三样圣愿,并一生在三愿下生活。

② 也称终身愿、大愿、末愿等,指修士或修女(在暂愿期满时)向上帝宣誓,承诺信守终身的三个圣愿。

③ "水晶之夜"是指 1938 年 11 月 9 至 10 日凌晨,希特勒青年团、盖世太保和党卫军袭击德国和奥地利的犹太人的事件,标志着纳粹对犹太人有组织的屠杀的开始。

8月5日,到达威斯特伯克(Westerbork)集中营;给公众留下的最后信息。

8月7日,被从威斯特伯克转送到奥斯威辛。

8月9日,死于奥斯威辛-伯克瑙的毒气室。

1987年5月1日,被教皇约翰·保罗二世(Papst Johannes Paul II.)宣福为殉道者。

1998年10月11日,被约翰·保罗二世封圣为十字架上的特蕾萨·贝尼迪克塔(Teresia Benedicta)。

附录二　施泰因著作年表①

1914

"Husserls Exzerpt aus der Staatsexamensarbeit von Edith Stein,"
(《胡塞尔对埃迪·施泰因国家考试文稿的摘录》) Edited by Karl
Schuhmann, *Tijdschrift voor Filosofie* 53 (1991)：686 – 699.

1916

Zum Problem der Einfühlung (《论同感问题》), Halle：
Buchdrucheri des Waisenhauses，1917. Munich：Kaffke，²1980. 英译
本：*On the Problem of Empathy*，Waltraut Stein 译，第三次修订版，
CWES 3 (1989)。

---

① 本著作年表的编制主要依据了萨维奇教授发布在网络上的"Chronology of Writings of Edith
Stein"（http://www.husserlpage.com/hus_r2st.html），并根据相关最新出版物进行了补充和
修订。

1917

"Zur Kritik an Theodor Elsenhans und August Messer," In Edmund Husserl, *Aufsätze und Vorträge (1911—1921)*, *Husserliana* 25 (1987):226 - 248.

"Zu Heinrich Gustav Steinmanns Aufsatz 'Zur systematischen Stellung der Phänomenologie,'" In Edmund Husserl, *Aufsätze und Vorträge (1911—1921)*, *Husserliana* 25 (1987): 253 - 266.

1918—1919

"Psychische Kausalität," Beiträge zur philosophischen Begründung der Psychologie und der Geisteswissenschaften, Erste Abhandlung, *Jahrbuch für Philosophie und phänomenologische Forschung* 5 (1922): 1 - 116. Tübingen: Niemeyer, ²1970. Mary Catharine Baseheart 和 Marianne Sawicki 英译, CWES 7 (2000): 2 - 128。这是打算作为哥廷根教职论文的。

"Individuum und Gemeinschaft," Beiträge zur philosophischen Begründung der Psychologie und der Geisteswissenschaften, Zweite Abhandlung, *Jahrbuch für Philosophie und phänomenologische Forschung* 5 (1922): 116 - 283. Tübingen: Niemeyer, ²1970. Mary Catharine Baseheart 和 Marianne Sawicki 英译, CWES 7 (2000): 129 - 314。

1920

书评 *Naturerlebnis und Wirklichkeitsbewußtsein*, by Gertrud Kutznizky, *Kant-Studien* 24/4 (1920): 402 - 405。

"前言"及评论, *Adolf Reinach: Gesammelte Schriften*, 第 406 页等多处, Halle: Neimeyer, 1921。

1921

"Eine Untersuchung über den Staat," *Jahrbuch für Philosophie und phänomenologische Forschung* 7（1925）：1 - 123. Tübingen：Niemeyer，²1970. Marianne Sawicki 为 2002 年 CWES 英译。

1924

" Was ist Phänomenologie?" *Wissenschaft/Volksbindung-Wissenschaftliche Beilage zur Neuen Pfälzischen Landes-Zeitung* 5（May 15，1924）. 再版于 *Theologie und Philosophie* 66（1991）：570 - 573。

1926

"Wahrheit und Klarheit im Unterricht und in der Erziehung," *Volksschularbeit* 11（1926）：321 - 328. 再版于 ESW 12（1990）：39 - 46。1926 年 9 月 11 日在施佩耶尔以及第二天在凯泽斯劳腾（Kaiserslautern）的讲座。

1928

John H. Kardinal Newman: Briefe und Tagebücher 1801—1845. Edith Stein 德译。Munich：Theatiner Verlag.

" Die Typen der Psychologie und ihre Bedeutung für die Pädagogik," *Zeit und Schule* 26（1929）：27 - 28. 再版于 ESW 12（1990）：47 - 51。1928 年末的讲座。

1929

"Husserls Phänomenologie und die Philosophie des hl. Thomas v. Aquino：Versuch einer Gegenüberstellung,"（《胡塞尔现象学与圣托马斯·阿奎纳的哲学：一个比较的尝试》）*Jahrbuch für Philosophie und phänomenologische Forschung*. Ergänzungsband，315 - 338. "Husserl's

Phenomenology and the Philosophy of St. Thomas Aquinas：Attempt at a Comparison,"Mary Catharine Baseheart 英译, *Persons in the World: Introduction to the Philosophy of Edith Stein*(《世界中的人格:埃迪·施泰因哲学导论》), 129 - 144 及 179 - 180. Mary Catharine Baseheart 著. Dordrecht：Kluwer，1997. "An Attempt to Contrast Husserl's Phenomenology and the Philosophy of St. Thomas Aquinas." Walter Redmond 英译, CWES 8 (2000)：1 - 62.

"Was ist Philosophie? Ein Gespräch zwischen Edmund Husserl und Thomas von Aquino,"(《什么是哲学? 胡塞尔和托马斯·阿奎纳之间的对话》) ESW 15 (1993) 19 - 48. "What Is Philosophy? A Conversation Between Edmund Husserl and Thomas Aquinas." Walter Redmond 英译, CWES 8 (2000)：1 - 63. 这显然是为 1929 年《哲学与现象学研究年刊》(胡塞尔纪念专刊)所写的初稿,但在海德格尔的坚决要求下不得不改写。现在两篇文章的英译都出现在 CWES 8 的卷目中。

"Zum kampf um den katholischen Lehrer,"*Zeit und Schule* 26 (1929)：121 - 124. 再版于 ESW 12 (1990)：81 - 92。标题来自施泰因在回应的一本有争议的书。问题是民族的和宗教的利益是否冲突。施泰因认为并不冲突;这个主题在后期著作中通过传记(如 1938 年关于"一个德国女人和伟大的加尔默罗会修女"的文章)和自传的例证而再次出现。

"Die Mitwirkung der klösterlichen Bildungsanstalten an der religiösen Bildung der Jugend,"*Klerusblatt* 48/49 (1929)：1 - 4. 再版于 ESW 12 (1990)：95 - 108.*Klerusblatt* 似乎是巴伐利亚教区神职人员的一个简讯。

1930

"Die theoretischen Grundlagen der sozialen Bildungsarbeit," *Zeit und Schule* 27 (1930)：81 - 85，90 - 93. 再版于 ESW 12 (1990)：52 - 72。1930 年 4 月 24 日纽伦堡讲座。

"Eucharistische Erziehung," *Pilger* 30 (1930)：699 - 700.再版于 ESW 12 (1990)：123 - 125。1930 年 7 月 14 日在施佩耶尔为教区圣餐大会所做的讲座。*Pilger* 似乎是教区简讯。

"Zur Idee der Bildung,"*Zeit und Schule* 27 (1930)：159 - 162. 再版于 ESW 12 (1990)：25 - 38。1930 年 10 月 18 日为施佩耶尔天主教教师们做的讲座。

1931

"Der Intellekt und die Intellektuellen," *Das heilige Feuer* 18：193 - 8，269 - 72.再版于 Edith Stein, *Wege zur inneren Stille*，98 - 117，Waltraud Herbstrith 编，Aschaffenburg：Kaffke，1987.

Potenz und Akt: Studien zu einer Philosophie des Seins，ESW 18 (1998). 文稿,后来扩展为 *Endliches und ewiges Sein*。这是打算作为弗莱堡教职论文的。由 Walter Redmond 英译为 *Potency and Act*，CWES 11。

"Aktuelles und ideales Sein- Species-Urbild und Abbild," (Fragment) ESW 15 (1993)：57 - 63. "Actual and ideal Being." Walter Redmond 英译，CWES 8 (2000)：75 - 80.

Einführung in die Philosophie，ESW 13 (1991). 这似乎是 1931 年准备的讲座材料。不过,手稿的情况表明,出现在第 141—224 页上的部分材料大约在 1920 年已经形成了。编者把这本书描述为向布莱斯劳提交的第三篇教职论文,似乎不太可能。

"Das Weinachtsgeheimnis: Menschenwerdung und Menschheit," *Die katholische Schweizerin* 23（1935）：107—112. 作为一个小册子再版，Bonn：Verlag des Borromäusvereins，1948. 再版于 ESW 12（1990）：196 - 207。1931 年 1 月 13 日讲座。

"Die Bestimmung der Frau," *Zeit und Schule* 28（1931）. 再版于 ESW 12（1990）：113 - 122。1931 年 4 月 8 日为青年女教师所做的讲座。

"Elisabeth von Thüringen: Natur und Übernatur in der Formung einer Heiligengestalt," *Das neue Reich* 13（June 13 and 20，1931）. 再版于 *Frauenbildung und Frauenberufe*，München：Schell & Steiner，1949。再版于 ESW 12（1990）：126 - 138。1931 年 5 月 30 日的维也纳讲座。

" Lebensgestaltung im Geist der heiligen Elisabeth," *Benediktinischen Monatsschrift* 13，no. 9/10（1931）：366 - 377. 1932 年 1 月 24 日在苏黎世的讲座。出版于 Freiburg：Herderbücherei，1962。再版于 ESW 11（1987）：27 - 39。"The Spirit of St. Elizabeth as It Informed Her Life," Waltraut Stein 英译，CWES 4（1992）：19 - 28.

1932

Des hl. Thomas von Aquino Untersuchungen über die Wahrheit（Questiones disputate de veritate）. 两卷本，Edith Stein 删节并翻译成德文。Breslau：Otto Borgmeyer. 第二版，附有拉丁语—德语词汇表，1934 年。再版为 ESW 3（1952）和 4（1955）。

Der Aufbau der menschlichen Person，ESW 16（1994）. 1932—1933 年在明斯特所做课堂讲座的背景材料。

"Die ontische Struktur der Person und ihre erkenntnistheoretische Problematik," ESW 6（1962）：137 - 197.

"Die weltanschauliche Bedeutung der Phänomenologie," ESW 6 (1962):1-17.

"Natur und Übernatur in Goethes 'Faust'," ESW 6 (1962): 19-31.

"Husserls transcendentale Phänomenologie," ESW 6 (1962): 33-35.

"Erkenntnis, Wahrheit, Sein," ESW 15 (1993): 49-56. "Knowledge, Truth, Being." Walter Redmond 英译。CWES 8 (2000): 65-73.

"Texte originel des interventions de Mlle. Stein,"*La Phénoménologie. Journée d'Études de la Société thomiste*, Juvisy, 101-109.

" Mütterliche Erziehungskunst," *Bayerisches Frauenland* 6 (1932): 46. 再版于 ESW 12 (1990): 151-163。1932 年 4 月 1 日和 3 日在巴伐利亚"女性时间"广播节目中所做的两个广播演讲。

"Notzeit und Bildung," ESW 12 (1990): 73-75. 1932 年 5 月 8 日在埃森(Essen)对德国天主教女教师所做讲座的笔记。

"Notzeit und Bildung,"*Dokumentationsband über die 46. und 47. Mitgleider- und Delegiertenversammlung des Vereins katholischer deutscher Lehrerinnen*, Paderborn: 1932, S.149-153. 再版于 ESW 12 (1990): 75-80。这个报告包括施泰因讲座的摘录以及对它的通讯评论。

"Akademische und Elementarlehrerin,"*Zeit und Schule* 29 (1932). 再版于 ESW 12 (1990): 109-112。

1933

书评 *Die Abstraktionslehre des hl. Thomas von Aquin*, L. M. Habermehl 著, *Philosophisches Jarhbuch der Görres-Gesellschaft* 46: 502-503。

"Karl Adam's Christusbuch," *Die Christliche Frau* (Münster),
March 1933：84 - 89. 这个书评和 1939 年论 Marie-Aimée de Jésus 修女
的文章似乎是施泰因仅有的对耶稣历史的研究。

Was ist der Mensch? Eine theologische Anthropologie，ESW 17
(1994). 课堂讲座背景材料。

"Jugendbildung im Lichte des katholischen Glaubens," ESW 12
(1990)：209 - 230. 1933 年 1 月 2 日到 5 日在明斯特的德意志教育科学
研究所为一个专业会议所做的讲座。

"Katholische Kirche und Schule," 书评 *Vierteljahresschrift für
wissenschaftliche Pädagogik* 9 (1933)：495 - 496。再版于 ESW 12
(1990)：92 - 94。

1928—1933

"Probleme der Frauenbildung," "Das Bildungsmaterial," "Das
Ethos der Frauenberufe," "Beruf des Mannes und der Frau nach Natur
und Gnadenordnung," *Frauenbildung und Frauenberufe*，München：
Schell & Steiner，1949. 修订和扩充版包括 "Christliches Frauenleben,"
"Grundlagen der Frauenbildung," "Aufgabe der Frau als Führerin der
Jugend zur Kirche," "Eigenwert der Frau in seiner Bedeutung für das
Leben des Volkes," *Die Frau: Ihre Aufgabe nach Natur und Gnade*，
ESW 5 (1959). *Essays on Woman*，Freda Mary Oben 英译，CWES 2
(1987)。ESW 5 最后一篇文章以及 CWES 2 第 1 版。"Challenges
Facing Swiss Catholic Academic Women" 并非施泰因所写，参见
Josephine Koeppel，*Edith Stein Philosopher and Mystic* (Collegeville,
MN：Liturgical Press, 1990)，p.181。CWES 2 也包括没有在 ESW 5 中
出版的材料。这一时期的其他文章由 Freda Mary Oben 在 "An

Annotated Edition of Edith Stein's Papers on Woman" (Doctoral dissertation, The Catholic University of America, 1979)中翻译。

1933—1934

"Liebe um Liebe: Leben und Werke der heiligen Teresa von Jesus," *Kleine Lebensbilder* 84 (1934). 再版于 ESW 11 (1987): 40 - 88。"Love for Love: The Life and Works of St. Teresa of Jesus." Waltraut Stein 英译,CWES 4 (1992): 29 - 66。

1933—1935

Aus dem Leben einer jüdischen Familie. Das Leben Edith Steins: Kindheit und Jugend, ESW 7 (1965). 再版为 *Aus meinem Leben*. Mit einer Weiterführung über die zweite Lebenshälfte von Maria Amata Neyer OCD, Freiburg: Herder, 1987。*Life in a Jewish Family: Her Unfinished Autobiographical Account*（《一个犹太家庭中的生活:她未完成的自传》）,Josephine Koeppel 英译并注解,CWES 1 (1986)。

1934

"Die deutsche Summa,"*Die christliche Frau*（Münster）32（1934年,8—10月）:245 - 252 以及(1934,10月):276 - 281。

"Kreuzesliebe: Einige Gedanken zum Fest des hl. Vaters Johannes vom Kreuz,"ESW 11 (1987): 121 - 123. "Love of the Cross: Some Thoughts for the Feast of St. John of the Cross," Waltraut Stein 英译,CWES 4 (1992): 91 - 93。

"Die heilige Teresia Margareta vom Herzen Jesu," Würzburg: Rita-Verlag, 1934. Reprinted in ESW 11 (1987): 89 - 100. "St. Teresa Margaret of the Sacred Heart," Waltraut Stein 英译,CWES 4 (1992): 67 - 75。

1935

" Über Geschichte und Geist des Karmel," *Augsburger Postzeitung*，1935 年 3 月 31 日。再版于 ESW 11（1987）：1 - 9. "On the History and Spirit of Carmel," Waltraut Stein 英译，CWES 4（1992）：1 - 6.

"Eine Meisterin der Erziehungs-und Bildungsarbeit：Teresia von Jesus,"*Katholische Frauenbildung im deutschen Volk* 48（1935）.再版于 ESW 12（1990）：164 - 187.

1935—1936

Endliches und ewiges Sein: Versuch eines Aufstieges zum Sinn des Seins，ESW Werke 2（1950；second edition，1962；third edition，1986).再版为 CWES 9。

"Die Seelenburg" 本来是 *Endliches und ewiges Sein* 的附录，但被出版方删去了。ESW 6（1962）：39 - 68.

"Martin Heideggers Existentialphilosophie"本来是 *Endliches und ewiges Sein* 的附录，但被出版方删去了。ESW 6（1962）：69 - 135.

"Entwurf eines Vorworts zu Endliches und ewiges Sein," (Fragment) ESW 15（1993）：63 - 64. "Sketch of a Foreword to *Finite and Eternal Being*," Walter Redmond 英译，CWES 8（2000）：81.

1936

"Das Gebet der Kirche," Pamphlet，Paderborn：Akademischen Bonifacius-Einigung，1937.再版于 ESW 11（1987）：10 - 25. "The Prayer of the Church," Waltraut Stein 英译，CWES 4（1992）7 - 17.

1937

书评 "La crise de la science et de la philosophie transcendentale.

Introduction à la philosophie phénoménologique," E.胡塞尔著, *Revue Thomiste* (May-June 1937): 327 – 329.

"Neue Bücher über die hl. Teresia von Jesu," *Die katholische Schweizerin* 24 (1937): 125 – 127. 再版于 ESW 12 (1990): 188 – 192.

1938

"Eine deutsche Frau und große Karmelitin: Mutter Franziska von den unendlichen Verdiensten Jesu Christi, OCD（Katharina Esser）1804 – 1866,"*Die in Deinem Hause wohnen*, S.147 – 163, Eugen Lense 编辑,Einsiedeln: Benziger, 1938。再版于 ESW 12 (1990): 139 – 150。

Review of a new German edition of the Sämtlichen Schriften der hl. Theresia von Jesu, *Die katholische Schweizerin* 25 (1938): 329. 再版于 ESW 12 (1990): 192。

"Sancta Discretio in der Seelenführung,"*Anima* 2 (1947): 360 – 363. Reprinted in ESW 12 (1990): 193 – 195.

"Ich bleibe bei euch,"Unsigned poem, ESW 11 (1987): 172 – 174. " I Will Remain With You," Waltraut Stein 英译, CWES 4 (1992):134 – 139.

" Pater Andreas vom hl. Romuald OCD," *Stimmen vom Karmel*, 1939.

1939

"Ein auserwähltes Gefäß der göttlichen Weisheit: Sr. Marie-Aimée de Jésus aus dem Karmel der Avenue de Saxe in Paris, 1839 – 1874," ESW 11 (1987): 101 – 120. "A Chosen Vessel of Divine Wisdom: Sr. Marie-Aimée de Jésus of the Carmel of the Avenue de Saxe in Paris, 1839 – 1874。" Waltraut Stein 英译, CWES 4 (1992): 76 – 90。

"Kreuzerhöhung, 14.9.1939: Ave Crux, Spes unica," Unsigned, ESW 11 (1987): 124 – 126. "Elevation of the Cross, September 14, 1939: Ave Crux, Spes Unica,"Waltraut Stein 英译,CWES 4 (1992): 94 – 96.

"Ich bin in eurer Mitte allezeit," Unsigned dialogue, ESW 11 (1987): 152 – 158. "I Am Always in Your Midst," Waltraut Stein 英译,CWES 4 (1992): 116 – 121。

1940

"Verborgenes Leben und Epiphanie," Unsigned, ESW 11 (1987): 144 – 147. "The Hidden Life and Epiphany," Waltraut Stein 英译,CWES 4 (1992): 109 – 112。

"Zur ersten hl. Profeß von Schwester Mirjam von der kleinen hl. Teresia: 16.Juli 1940," Unsigned, ESW 11 (1987): 139 – 143. "For the First Profession of Sister Miriam of Little Saint Thérèse, July 16, 1940," Waltraut Stein 英译,CWES 4 (1992): 105 – 108。

"Hochzeit des Lammes: Zum 14. IX. 1940," Unsigned, ESW 11 (1987): 127 – 133. "The Marriage of the Lamb: For September 14, 1940," Waltraut Stein 英译,CWES 4 (1992): 97 – 101。

"Te Deum laudamus: Zum 7.12.1940," Unsigned dialogue. "Te Deum Laudamus: For December 7, 1940," Waltraut Stein 英译,CWES 4 (1992): 122 – 127。

1940—1941

"Wege der Gotteserkenntnis: Die ' symbolische Theologie ' des Areopagiten und ihre sachlichen Voraussetzung,"ESW 15 (1993): 65 – 127. "Ways to Know God," M. Rudolf Allers 英译,*The Thomist* 9

(July 1946)：379 - 420，由埃迪·施泰因协会 1981 年在纽约再版。
"Ways to Know God: The 'Symbolic Theology' of Dionysius the
Areopagite and Its Objective Presuppositions," Walter Redmond 英译，
CWES 8 (2000)：83 - 134。这是对伪狄奥尼索斯著作的一个提要，他影
响了中世纪的神学家。

1941

"Zum 6. 1. 1941," Unsigned，ESW 11 (1987)：148 - 151. "For
January 6，1941,"Waltraut Stein 英译,CWES 4 (1992)：113 - 115。

"Nächtliche Zwiesprache," Unsigned dialogue，ESW 11 (1987)：
165 - 171. "Conversation at Night," Waltraut Stein 英译，CWES 4
(1992)：128 - 133.

"Kreuzerhebung：14. 9. 1941," Unsigned，ESW 11 (1987)：134 -
137. "Exaltation of the Cross: September 14，1941," Waltraut Stein 英
译,CWES 4 (1992)：102 - 104.

1942

Kreuzeswissenschaft: Studie über Joannes a Cruce，ESW 1
(1954; second edition，1983). *The Science of the Cross: A Study of
St. John of the Cross*，Hilda Graef 英译，London：Burns & Oates，
1960。Josephine Koeppel 重新英译，作为 CWES 6 出版，它融合了更多
近来对十字若望的学术研究。

"Und ich bleibe bei euch: Aus einer Pfingstnovene," Unsigned
poem，ESW 11 (1987)：175 - 177. "And I Remain With You: From a
Pentecost Novena," Waltraut Stein 英译，CWES 4 (1992)：140 - 145.

1916—1942

Selbstbildnis in Briefen. Part 1: 1916 - 1934，ESW 8 (1976).

Part 2: 1934 - 1942，ESW 9 (1977). 包括一些写给罗曼·茵伽登的信以及所有写给 H. 康拉德-马悌尤斯的信，尽管这些信件也分别被出版了，见以下：*Self-Portrait in Letters: 1916 - 1942*（《信件中的自画像：1916—1942》），Josephine Koeppel 英译，CWES 5 (1993).

Briefe an Roman Ingarden 1917 - 1939，ESW 14 (1991).

Briefe an Hedwig Conrad-Martius，Munich：Kösel，1960.

1950—1998

由 L. Gelber 和 Romaeus Leuven 主编出版第一套"施泰因著作集"（*Edith Steins Werke*，Freiburg：Herder/ Louvain：E. Nauwelaerts，1950—1998，以下简作 ESW)，该著作集共出版了 18 卷（现在不再继续出版，由新的全集取代，详见后），卷目如下。

ESW I：*Kreuzeswissenschaft. Studie über Johannes a Gruce*，1950，³1983.

ESW II：*Endliches und ewiges Sein. Versuch eines Aufstiegs zum Sinn des Seins*，1950，⁴1987.

ESW III：*Des heiligen Thomas von Aquino Untersuchungen über die Wahrheit.*

（*Quaestiones disputatae de veritate*). Teil I：Quaestio 1 - 13，1952.

ESW IV：*Des heiligen Thomas von Aquino Untersuchungen über die Wahrheit.*

（*Quaestiones disputatae de veritate*). Teil II：Quaestio 14 - 29，1955.

ESW V：*Die Frau. Ihre Aufgabe nach Natur und Gnade*，1959.

ESW VI：*Welt und Person. Beitrag zum christlichen*

Wahrheitsstreben, 1962.

ESW VII: *Aus dem Leben einer jüdischen Familie. Das Leben Edith Stein: Kindheit und Jugend*, 1965.

ESW VIII: *Selbstbildnis in Briefen. Teil I. 1916–1934*, 1976.

ESW IX: *Selbstbildnis in Briefen. Teil II. 1934–1942*, 1977.

ESW X: *Heil im Unheil. Das Leben Edith Steins. Reife und Vollendung*, 1983.

ESW XI: *Verborgenes Leben. Hagiographische Essays. Meditationen. Geistliche Texte*, 1987.

ESW XII: *Ganzheitliches Leben. Schriften zur religiösen Bildung*, 1990.

ESW XIII: *Einführung in die Philosophie*, 1991.

ESW XIV: *Briefe an Roman Ingarden. 1917–1938*, 1991.

ESW XV: *Erkenntnis und Glaube*, 1993.

ESW XVI: *Der Aufbau der menschlichen Person*, 1994.

ESW XVII: *Was ist der Mensch? Eine theologische Anthropologie*, 1994.

ESW XVIII: *Potenz und Akt: Studien zu einer Philosophie des Seins*, 1998.

1986—

由 ICS Publications，Institute of Carmelite Studies，Washington，D. C 组织翻译出版"施泰因英译著作集"(*The Collected Works of Edith Stein*，Freiburg：Herder/ Louvain：E. Nauwelaerts，1950—1998，以下简作 CWES)，该著作集至今共出版了 11 卷(仍在继续翻译出版)，卷目如下。

CWES 1.*Life in a Jewish Family*, trans. by Josephine Koeppel, OCD, 1986.

CWES 2.*Essays on Woman*, trans. by Dr Freda Mary Oben, 1996.

CWES 3. *On the Problem of Empathy*, trans. by Waltraut Stein, 1989.

CWES 4.*The Hidden Life*, trans. by Waltraut Stein, 1992.

CWES 5.*Self-Portrait in Letters*, trans. by Josephine Koeppel, OCD, 1993.

CWES 6.*The Science of the Cross*, trans. by Josephine Koeppel, OCD, 2003.

CWES 7.*Philosophy of Psychology and Humanities*, trans. by Marianne Sawicki & Mary Catherine Baseheart, 2000.

CWES 8.*Knowledge and Faith*, trans. by Walter Redmond, 2000.

CWES 9. *Finite and Eternal Being*, trans. by Kurt F. Reinhardt, 2002.

CWES 10. *An Investigation Concerning the State*, trans. by Marianne Sawicki, 2006.

CWES 11.*Potency and Act*, trans. by Walter Redmond, 2009.

1998—

德国弗莱堡的 Herder 出版社开始陆续出版由 Das Karmelitinnenkloster Maria vom Frieden in Köln 主编、Prof. Dr. H.-B. Gerl-Falkovitz 等专家学者共同编辑的新的考证版"施泰因全集"(*Edith Stein Gesamtausgabe*, Freiburg: Herder, 1998— ,以下简作 ESGA)。该考证版全集共分五个大的部分,收入了 ESW 的全部内容,计划出版 26 卷,至今已经出齐。相关卷目如下。

A. Biographische Schriften

ESGA 1: *Aus dem Leben einer jüdischen Familie*, 2002.

ESGA 2: *Selbstbildnis in Briefen I* (1916-1933), 2000, ²2005.

ESGA 3: *Selbstbildnis in Briefen II* (1933-1942), 2000.

ESGA 4: *Selbstbildnis in Briefen III. Briefe an Roman Ingarden*, 2001, ²2005.

B. Philosophische Schriften

Abteilung 1: Frühe Phänomenologie

ESGA 5: *Zum Problem der Einfühlung*, 2008, ²2010.

ESGA 6: *Beiträge zur philosophischen Begründung der Psychologie und der Geisteswissenschaften*, 2010.

ESGA 7: *Eine Untersuchung über den Staat*, 2007.

ESGA 8: *Einführung in die Philosophie*, 2004, ²2010.

Abteilung 2: Phänomenologie und Ontologie

ESGA 9: *"Freiheit und Gnade" und weitere Beiträge zu Phänomenologie und Ontologie(1917 - 1937)*, 2014.

ESGA 10: *Potenz und Akt*, 2005.

ESGA 11/12: *Endliches und ewiges Sein*, 2006.

C. Schriften zur Anthropologie und Pädagogik

ESGA 13: *Die Frau*, 2000, ²2005.

ESGA 14: *Der Aufbau der menschlichen Person*, 2004.

ESGA 15: *Was ist der Mensch?* 2005.

ESGA 16: *Bildung und Entfaltung der Individualität*, 2001, ²2004.

D. Schriften zur Mystik und Spiritualität

Abteilung 1: Frühe Phänomenologie

ESGA 17：*Wege der Gotteserkenntnis*，2003.

ESGA 18：*Kreuzeswissenschaft*，2003，²2004.

Abteilung 2：Spiritualität und Meditation

ESGA 19：*Geistliche Texte I*，2007.

ESGA 20：*Geistliche Texte II*，2007.

E. Übersetzungen

ESGA 21：*Übersetzungen I. John Henry Newman*，*Die Idee der Universität*，2004.

ESGA 22：*Übersetzungen II*，*John Henry Newman*，*Briefe und Texte zur ersten Lebenshälfte*（*1801－1846*），2002.

ESGA 23：*Übersetzungen III*，*Thomas von Aquin*，*Über die Wahrheit 1*，2007.

ESGA 24：*Übersetzungen IV*，*Thomas von Aquin*，*Über die Wahrheit 2*，2007.

ESGA 25：*Übersetzungen V*，*von Alexandre Koyré*，*Descartes und die Scholastik*，2005.

ESGA 26：*Übersetzung：Thomas von Aquin*，*Über das Seiende und das Wesen*，2010.

主要参考文献

一、外文文献

1. Aquinas, Th. *Summa theological*. Part 1. English Translation: *Treatise on Man* (tran. of *Summa theological*. Part 1. Question 75 - 88). trans. by J. F. Anderson. Connecticut, 1962

2. Avé-Lallemant, E. Edith Stein und Hedwig Conrad-Martius. Begegnung in Leben und Werk. in: Beate Beckmann (-Zöller) und Hanna-Barbara Gerl-Falkovitz (hrsg.). *Edith Stein. Themen-Bezüge-Dokumente*. Würzburg: Königshausen & Neumann, 2003

3. Balzer, C. The Empathy Problem in Edith Stein. in: A.-T. Tymieniecka (ed.). *Analecta Husserliana*. Vol. XXXV

4. Baseheart, M. C. *Person in the World: Introduction to the Philosophy of Edith Stein*. Dordrecht/ Boston/ London: Kluwer, 1997

5. Beckmann-Zöller, B. *Phänomenologie des religiösen Erlebnisses. Religionsphilosophische Überlegungen im Anschluß an Adolf Reinach und Edith Stein*. Würzburg: Königshausen & Neumann, 2003

6. ——. Zugänge zum Leib-Seele-Problem bei Edith Stein im Hinblick auf das Ereignis des religiösen Erlebnisses. in: Cathrin Nielsen, Michael Steinmann und Frank Töpfer (hrsg.). *Das Leib-Seele-Problem und die Phänomenologie*. Würzburg

7. ——. Einführung. in: Edith Stein. *Beiträge zur philosophischen Begründung*

der Psychologie und der Geisteswissenschaften (BBPG). ESGA 6. eingeführt und bearbeitet von Beate Beckmann-Zöller. Freiburg/ Basel/ Wien: Herder Verlag, 2010

8. Beckmann (-Zöller), B. und Gerl-Falkovitz, H.-B. (hrsg.). *Edith Stein. Themen-Bezüge-Dokumente.* Würzburg: Königshausen & Neumann, 2003

9. —— (hrsg.). *Die unbekannte Edith Stein: Phänomenologie und Sozialphilosophie.* Frankfurt am Main/ Berlin/ Bern usw.: Peter Lang, 2006

10. Bello, A. A. From Empathy to Solidarity: intersubjective connections according to Edith Stein, in: A.-T. Tymieniecka (ed.). *Analecta Husserliana.* Vol. XLVIII (1996)

11. ——. The Controversy about the Existence of the World in Edmund Husserl's Phenomenological School: A. Reinach, R. Ingarden, H. Conrad-Martius, E. Stein. in: A.-T. Tymieniecka (ed.), *Analecta Husserliana.* Vol. LXXIX (2004)

12. ——. The Study of the Soul between Psychology and Phenomenology in Edith Stein. in: *Cultura. International Journal of Philosophy of Culture and Axiology*, 8 (2007)

13. Bokhove, N. W., und Schuhmann, K. Bibliographie der Schriften von Theodor Lipps. in: *Zeitschrift für philosophische Forschung* 45 (1991)

14. Borden, S. What Makes You You? Individuality in Edith Stein. in: Joyce Avrech Berkman (ed.). *Contemplating Edith Stein.* Notre Dame: University of Notre Dame Press, 2006

15. Calcagno, A. *The Philosophy of Edith Stein.* Pittsburgh: Duquesne University Press, 2007

16. Conrad-Martius, H. Meine Freundin Edith Stein. in: Waltraud Herbstrith (hrsg.). *Denken im Dialog. Zur Philosophie Edith Steins.* Tübingen: Attempto Verlag, 1991

17. Dilthey, W. Die Typen der Weltanschauung und ihre Ausbildung in den metaphysischen Systemen. in: *Weltanschauung. Philosophie und Religion in Darstellung.* von W. Dilthey usw. Berlin, 1911

18. ——. Ideen über eine beschreibende und zergliedernde Psychologie. in: *Wilhelm Dilthey Gesammelte Schriften.* Bd. V. Stuttgart/ Göttingen, ⁶1966

19. ——. A Descriptive and Analytic Psychology (1894). in: W. Dilthey. *Descriptive Psychology and Historical Understanding.* trans. by Richaed M. Zaner & Kenneth L. Heiges. The Hague: Martinus Nijhoff, 1977

20. ——. Einleitung in die Geisteswissenschaften, Versuch einer Grundlegung für das Studium der Gesellschaft und Geschichte I. in: *Wilhelm Dilthey Gesammelte*

Schriften. Bd. I. Stuttgart/ Göttingen，⁹1990

21. Elders，L. （hrsg.）. *Edith Stein. Leben，Philosophie，Vollendung.* Würzburg：Naumann，1991

22. Ewert，O. ［Art.］ Einfühlung. in：Joachim Ritter （hrsg.）. *Historisches Wörterbuch der Philosophie.* Band 3. Basel/ Stuttgart，1972

23. Feldmann，Chr. *Edith Stein.* Hamburg：Rowohlt，2004

24. Fetz，R. L.，Rath，M.，und Schulz，P. （hrsg.）.*Studien zur Philosophie von Edith Stein，Phänomenologische Forschungen.* Bd. 26/27. Freiburg/ München：Alber，1993

25. Fidalgo，A. C. *Der Übergang zur objektiven Welt. Eine kritische Erörterung zum Problem der Einfühlung bei Edith Stein.* Diss. der Julius-Maximilians-Universität zu Würzburg，Würzburg，1985

26. ——. Edith Stein，Theodor Lipps und die Einfühlungsproblematik. in：Reto Luzius Fetz，Matthias Rath und Peter Schulz （hrsg.）. *Studien zur Philosophie von Edith Stein，Phänomenologische Forschungen.* Bd. 26/27. Freiburg/München：Alber，1993

27. Gaboriau，F. *The Conversion of Edith Stein.* South Bend，Indiana St. Augustine's Press，2001

28. Geiger，M. Über das Wesen und die Bedeutung der Einfühlung. in：F. Schuhmann （hrsg.）. *Bericht über den IV. Kongreß für experimentelle Psychologie in Innsbruck vom 19. bis 22. April 1910.* Leipzig，1911

29. Gelber，L. Vorwort der Herausgeber. in：WP，ESW VI

30. Gerl (-Falkovitz)，H.-B. *Unerbittliches Licht. Edith Stein-Philosophie，Mystik，Leben.* Mainz，1991

31. Gurmin，J. H. A *Study of the Development and Significance of the Idea of the Image of God from its Origins in* Genesis *through its Historical-Philosophical Interpretations to Contemporary Concerns in Science and Phenomenology.* Dissertation presented to the Department of Philosophy. National University of Ireland，Maynooth，2010

32. Hackermeier，M. *Einfühlung und Leiblichkeit als Voraussetzung für intersubjektive Konstitution. Zum Begriff der Einfühlung bei Edith Stein，Edmund Husserl，Max Scheler，Martin Heidegger，Maurice Merleau-Ponty und Bernhard Waldenfels.* Hamburg，2008

33. Hedwig，K. Über den Begriff der Einfühlung in der Dissertationsschrift Edith Steins. in：Leo Elders （hrsg.）.*Edith Stein. Leben，Philosophie，Vollendung.*

Würzburg: Naumann, 1991

34. Heidegger, M. *Zur Bestimmung der Philosophie. Frühe Freiburger Vorlesungen Kriegsnotsemester 1919 und Sommersemester 1919.* GA 56/ 57. hrsg. von Bernd Heimbüchel. Frankfurt am Main: Vittorio Klostermann, 1987

35. Heise, I.*Einfühlung bei Edith Stein.* Wien: Börsedruck, 2005, ²2006

36. Herbstrith, W. (hrsg.). *Ein neues Lebensbild in Zeugnissen und Selbstzeugnissen.* Freiburg: Herder, 1983

37. ——. *Edith Stein.* trans. by Bernard Bonowitz. New York: Harper & Row, 1985

38. ——. Das philosophische Denken Edith Steins. in: Waltraud Herbstrith (hrsg.). *Denken im Dialog. Zur Philosophie Edith Steins.* Tübingen: Attempto Verlag, 1991

39. —— (hrsg.).*Denken im Dialog. Zur Philosophie Edith Steins.* Tübingen: Attempto Verlag, 1991

40. Hughes, J. Edith Stein's Doctoral Thesis on Empathy and the philosophical climate from which it emerged, in:*Teresianum*, 36 (1985)

41. Husserl, E. *Ideen zu einer reinen Phänomenologie und phänomenologischen Philosophie. Zweites Buch: Phänomenologische Untersuchungen zur Konstitution.* hrsg. von Marly Biemel. Den Haag, 1953

42. ——.*Zur Phänomenologie der Intersubjektivität. Texte aus dem Nachlass. Erster Teil: 1905 - 1920*, Hua XIII. hrsg. von Iso Kern. Den Haag: Martinus Nijhoff, 1973

43. ——. *Ideen zu einer reinen Phänomenologie und phänomenologischen Philosophie. Erstes Buch: Allgemeine Einführung in die reine Phänomenologie. In zwei Bänder. 1. Halbband: Text der 1. - 3.* Auflage. Neu hrsg. von Karl Schuhmann. Dordrecht/ Boston/ London: Den Haag, 1976

44. ——. Gespräche von Sr. Adelgundis Jaegerschmitt OSB mit Edmund Husserl. in: W. Herbstrith (hrsg.). *Edith Stein. Wege zur inneren Stille.* Aschaffenburg: Kaffke, 1987

45. ——. Husserls Gutachten über Steins Dissertation, 29. VII. 1916. in: Elisabeth Schuhmann & Karl Schuhmann (hrsg.). *Husserliana-Dokumente Bd. III, Briefwechsel, Band 3, Die Göttinger Schule.* Dordrecht/Boston/London: Kluwer, 1994

46. Imhof, B. W. *Edith Steins philosophische Entwicklung: Leben und Werk.* Bd. 1. Basel/ Boston/ Stuttgart: Birkhäuser, 1987

47. Ingarden, R. Edith Stein on her Activity as an Assistant of Edmund Husserl. in: *Philosophy and Phenomenological Research*, Vol. XXIII, No. 2 (1962)

48. ——. Über die philosophischen Forschungen Edith Steins. in: Roman Ingarden. *Schriften zur frühen Phänomenologie*, *Roman Ingarden Gesammelte Werke*. Bd. 3. hrsg. von W. Galewicz. Tübingen: Max Niemeyer Verlag, 1999

49. Jahoda, G. Theodor Lipps and the Shift from "Sympathy" to "Empathy". in: *Journal of the History of Behavioral Sciences*, Vol. 41(2), Spring 2005

50. Kelly, E. *Structure and Diversity. Studies in the Phenomenological Philosophy of Max Scheler*, *Phaenomenologica 141.* Dordrecht/ Boston/ London, 1997

51. Kenny, A. *Aquinas on Mind*. New York, 1993

52. Körner, R. Einfühlung nach Edith Stein. Phänomenologie und Christsein heute. in: *Edith Stein Jahrbuch*. Bd. 5 (1999). Würzburg: Echter, 1999

53. Kühn, R. Leben aus dem Sein. Zur philosophischen Grundintention Edith Steins. in: Waltraud Herbstrith (hrsg.). *Denken im Dialog. Zur Philosophie Edith Steins*. Tübingen: Attempto Verlag, 1991

54. Lembeck, K.-H. Die Phänomenologie Husserls und Edith Stein. in: *Theologie und Philosophie* 63 (1988)

55. ——. Zwischen Wissenschaft und Glauben. Die Philosophie Edith Steins. in: *Zeitschrift für katholische Theologie* 112 (1990)

56. ——. Von der Kritik zur Mystik. Edith Stein und der Marburger Neukantianismus. in: Reto Luzius Fetz, Matthias Rath und Peter Schulz (hrsg.). *Studien zur Philosophie von Edith Stein, Phänomenologische Forschungen*. Bd. 26/ 27. Freiburg/München: Alber, 1993

57. Lipps, Th. *Die ethischen Grundfragen. Zehn Vorträge*. Hamburg/ Leibzig, 1899

58. ——. *Ästhetik. Psychologie des Schönen und des Kunst I*. Hamburg/ Leibzig: Voss., 1903

59. ——. Einfühlung, innere Nachahmung und Organempfindungen. in: *Archiv für die gesamte Psychologie* I (1903)

60. ——. *Leitfaden der Psychologie.* Leibzig: Wilhelm Engelmann, 1903, [3]1909

61. ——. Weiteres zur Einfühlung. in: *Archiv für die gesamte Psychologie* IV (1905)

62. ——. *Ästhetik. Psychologie des Schönen und des Kunst II.* Hamburg/

Leibzig: Voss. 1906, ²1920

63. ——.Das Wissen von fremden Ichen. in: Th. Lipps (hrsg.). *Psychologische Untersuchungen I*. Leipzig: Wilhelm Engelmann, 1907

64. Lohmar, D. Husserl's Concept of Categorial Intuition. in: D. Zahavi & F. Stjernfelt (eds.). *One Hundred Years of Phenomenology. Husserl's Logical Investigations Revisited*, Phaenomenologica 164. Dordrecht: Kluwer, 2002

65. MacIntyre, A. *Edith Stein. A Philosophical Prologue, 1913 - 1922*. London/ New York: Rowman & Littlefield Publishers ,2006

66. Makkreel, R. A. How is Empathy Related to Understanding? in: Thomas Nenon and Lester Embree (ed.). *Issues in Husserl's Ideas II*. Dordrecht/ Boston/ London, 1996

67. Marbach, E. *Das Problem des Ich in der Phänomenologie Husserls*, Phaenomenologica 59. Den Haag, 1974

68. Matzker, R. *Einfühlung. Edith Stein und die Phänomenologie*. Bern: Peter Lang, 1991

69. Moran, D. *Introduction to Phenomenology*. London & New York, 2000

70. ——. The Problem of Empathy: Lipps, Scheler, Husserl and Stein. in: Thomas A. Kelly and Phillip W. Rosemann (ed.). *Amor Amicitiae: On the Love that is Friendship. Essays in Medieval Thought and Beyond in Honor of the Rev. Professor James McEvoy*. Leuv

71. Müller, A. U. *Grundzüge der Religionsphilosophie Edith Steins*. Freiburg/ München: Alber, 1993

72. Müller, A. U. und Neyer, M. A. *Edith Stein. Das Leben einer ungewöhnlichen Frau. Biographie*. Zürich/ Düsseldorf, 1998

73. Neyer, M. A. *Edith Stein—Her Life in Photos and Documents*. trans. by Waltraut Stein. Washington, 1999

74. ——. Edith Stein Studienreise 1932 nach Paris. Teil 3: Juvisy. in: *Edith Stein Jahrbuch 13*. Würzburg: Echter, 2007

75. Nota, J. H. Misunderstanding and Insight about Edith Stein's Philosophy. in: *Human Studies* 10 (1987)

76. ——. Die frühe Phänomenologie Edith Steins. in: Waltraud Herbstrith (hrsg.). *Denken im Dialog. Zur Philosophie Edith Steins*. Tübingen: Attempto Verlag, 1991

77. ——. Edith Stein-Max Scheler-Martin Heidegger. in: Leo Elders (hrsg.). *Edith Stein. Leben, Philosophie, Vollendung*. Würzburg: Naumann, 1991

78. Oben, F. M. *The Life and Thought of St. Edith Stein*. New York: Alba House, 2001

79. Przywara, E. Die Frage Edith Stein. in: W. Herbstrith (hrsg.). *Ein neues Lebensbild in Zeugnissen und Selbstzeugnissen*. Freiburg: Herder, 1983

80. Sawicki, M. *Body, Text, and Science. The Literacy of Investigative Practices and the Phenomenology of Edith Stein, Phaenomenologica 144.* Dordrecht/ Boston/ London: Kluwer, 1997

81. Scheler, M. *Zur Phänomenologie und Theorie der Sympathiegefühle und von Liebe und Hass.* Halle, 1913

82. ——. *Wesen und Formen der Sympathie.* GW VII. Bern: Francke-Verlag, 1973

83. Schestow, L. Memento mori: Anläßlich der Erkenntnistheorie von Edmund Husserl. in: ders., *Potestas Clavium oder die Schlüsselgewalt*. übers. von Hans Ruoff. München, 1926

84. Schmitz-Perrin, R. Phänomenologie und Scientia Crucis im Denken von Edith Stein. Von der Einfühlung zur Mit-Fühlung. in: *Freiburger Zeitschrift für Philosophie und Theologie* 42:3 (1995)

85. Schuhmann, F. (hrsg.). *Bericht über den IV. Kongreß für experimentelle Psychologie in Innsbruck vom 19. bis 22. April 1910.* Leipzig, 1911

86. Schuhmann, K. *Husserl-Chronik. Denk- und Lebensweg Edmund Husserls, Husserliana- Dokumente.* Bd. I. Den Haag: Martinus Nijhoff, 1977

87. ——. Edith Stein und Adolf Reinach. in: Reto Luzius Fetz, Matthias Rath und Peter Schulz (hrsg.). *Studien zur Philosophie von Edith Stein, Phänomenologische Forschungen.* Bd. 26/27. Freiburg/ München: Alber, 1993

88. Schulz, P. *Edith Steins Theorie der Person. Von der Bewußtseinsphilosophie zur Geistmetaphysik.* Freiburg/ München, 1994

89. Sepp, H.-R. Edith Steins Stellung innerhalb der phänomenologischen Bewegung. in: *Edith Stein Jahrbuch* 4 (1998)

90. ——. Edith Steins Position in der Idealismus-Realismus-Debatte. in: Beate Beckmann (-Zöller) und Hanna-Barbara Gerl-Falkovitz (hrsg.). *Edith Stein. Themen-Bezüge-Dokumente.* Würzburg: Königshausen & Neumann, 2003

91. Sondermann, M. A. Einführung. in: PE, ESGA 5

92. Sokolowski, R. *Introduction to Phenomenology.* Cambridge, 2000

93. Steinbock, A. J. *Home and Beyond: Generative Phenomenology after Husserl.* Evanston, Illinois: Northwestern University Press, 1995

94. Stockhausen，A. von. Edith Stein und die Phänomenologie von Edmund Husserl. in：Leo Elders（hrsg.）. *Edith Stein. Leben，Philosophie，Vollendung*. Würzburg：Naumann，1991

95. Ströker，E. Die Phänomenologin Edith Stein-Schülerin，Mitstreiterin und Interpretin Edmund Husserls. in：*Edith Stein Jahrbuch I*. Würzburg：Echter，1995

96. Volek，P. *Erkenntnistheorie bei Edith Stein. Metaphysische Grundlagen der Erkenntnis bei Edith Stein im Vergleich zu Husserl und Thomas von Aquin.* Frankfurt am Main：Peter Lang，1998

97. Wolf，Nicole. *Wie werde ich Mensch? Annäherung an Edith Steins Beitrag zu einem christlichen Existenzdenken.* Dissertation an der Universität Hildesheim，2008

98. Wulf，C. M. Rekonstruktion und Neudatierung einiger früher Werke Edith Steins. in：Beate Beckmann（-Zöller）und Hanna-Barbara Gerl-Falkovitz（hrsg.）. *Edith Stein. Themen-Bezüge-Dokumente.* Würzburg：Königshausen & Neumann，2003

99. ——. Hinführung：Bedeutung und Werkgestalt von Edith Steins *Einführung in die Philosophie.* in：EPh，ESGA 8

100. ——. Freiheit und Verantwortung in Gemeinschaft. Eine brisante Auseinandersetzung zwischen Edith Stein und Max Scheler. in：Beate Beckmann Zöller & Hanna-Barbara Gerl-Falkovitz（hrsg.）. *Die unbekannte Edith Stein: Phänomenologie und Sozialphilosophie.* Frankfurt am Main / Berlin / Bern usw.：Peter Lang，2006

101. Zahavi，D. Empathy，Embodiment and Interpersonal Understanding：From Lipps to Schutz. in：*Inquiry: An Interdisciplinary Journal of Philosophy* 53（3）2010

二、中文文献

1. 亚里士多德.灵魂论及其他.吴寿彭译.商务印书馆，1999

2. 狄尔泰.精神科学引论.第一卷.艾彦译.译林出版社，2012

3. 西尔维·库尔廷-德纳米.黑暗时期的三女哲——施泰因、阿伦特、韦伊评传.高毅，高煜译.新星出版社，2008

4. 陈立胜.自我与世界——以问题为中心的现象学运动研究.广东人民出版社，1999

5. 曼弗雷德·弗林斯.舍勒的心灵.张志平，张任之译.上海三联书店，2006

6. 傅乐安.托马斯·阿奎那传.河北人民出版社,1997

7. 海德格尔.形式显示的现象学:海德格尔早期弗莱堡文选.孙周兴编译.同济大学出版社,2004

8. ——.现象学之基本问题.丁耘译.上海译文出版社,2008

9. 胡塞尔.纯粹现象学通论.李幼蒸译.商务印书馆,1992

10. ——.经验与判断.邓晓芒,张廷国译.三联书店,1999

11. ——.现象学的方法(修订本).[德]克劳斯·黑尔德编.倪梁康译.上海译文出版社,2005

12. ——.逻辑研究.第二卷.倪梁康译.上海译文出版社,2006

13. ——.第一哲学.王炳文译.商务印书馆,2006

14. ——.现象学的观念(五篇讲座稿).倪梁康译.人民出版社,2007

15. ——.文章与讲演(1911—1921年).胡塞尔全集.第25卷.托马斯·奈农,汉斯·莱纳·塞普编.倪梁康译.人民出版社,2009

16. ——.哲学作为严格的科学.倪梁康译.商务印书馆,2010

17. 安东尼·肯尼.阿奎那.黄勇译.中国社会科学出版社,1987

18. 耿宁.心的现象——耿宁心性现象学研究文集.倪梁康编.商务印书馆,2012

19. 利普斯.伦理学底基本问题.陈望道译.上海:中华书局,1936

20. 苗力田主编.古希腊哲学.中国人民大学出版社,1989

21. 德穆·莫伦(莫兰).现象学导论.蔡铮云译.台北:桂冠图书公司,2005

22. 倪梁康.自识与反思——近现代西方哲学的基本问题.商务印书馆,2002

23. ——.现象学及其效应——胡塞尔与当代德国哲学.三联书店,2005

24. ——.胡塞尔现象学概念通释.修订版.三联书店,2007

25. ——.现象学的始基:胡塞尔《逻辑研究》释要(内外篇).中国人民大学出版社,2009

26. 奥卡姆.逻辑大全.王路译.商务印书馆,2006

27. 保罗·利科.论现象学流派.蒋海燕译.南京大学出版社,2010

28. 舍勒.伦理学中的形式主义与质料的价值伦理学.倪梁康译.三联书店,2004

29. 舍斯托夫.凡人皆有一死——论埃德蒙德·胡塞尔的认识论.舍斯托夫.钥匙的统治.张冰译.上海人民出版社,2004

30. 施皮格伯格.现象学运动.王炳文,张金言译.商务印书馆,2011

31. 张任之(张伟).质料先天与人格生成——对舍勒现象学的质料价值伦理学的重构.商务印书馆,2014

32. 马悌尤斯.先验现象学与存在论现象学.张廷国译.倪梁康主编.面对实事本身:现象学经典文选.东方出版社,2006(第2版)

33. 陈立胜.从"世界观哲学"之批判看现象学哲学之转向.《开放时代》2000年第

11 期

34. 高新民."他心"的证明与认识问题——西方心灵哲学中的他心知研究.《江海学刊》1998 年第 4 期

35. 耶格施密特修女与胡塞尔的谈话(1931—1938 年).阿德尔君迪斯·耶格施密特修女记撰.张任之译.《世界哲学》2017 年第 3 期

36. 科凡克斯,G.海德格尔论作为原初科学的哲学——出自他 1919 年的讲课稿.蔡祥元译.张祥龙校.《世界哲学》2005 年第 3 期

37. 兰德格雷贝.舍勒和胡塞尔思想中的历史哲学维度.李云飞译.《广西大学学报·哲学社会科学版》2016 年第 1 期

38. 里普斯.移情作用,内摹仿和器官感觉.朱光潜译.古典文艺理论译丛.第八辑.人民文学出版社,1964

39. 里普斯.再论"移情作用".朱光潜译.古典文艺理论译丛.第八辑.人民文学出版社,1964

40. 洛马尔.镜像神经元与主体间性现象学.陈巍译.《世界哲学》2007 年第 6 期

41. 倪梁康.何为本质,如何直观?——关于现象学观念论的再思考.《学术月刊》2012 年第 9 期

42. 皮兹瓦拉.忆施泰因.李承言译.基督教文化评论.第十一辑.贵州人民出版社,2000

43. 莱纳赫.什么是现象学?靳希平译.倪梁康主编.面对实事本身:现象学经典文选.东方出版社,2006(第 2 版)

44. 舍勒.论哲学的本质及哲学认识的道德条件.曹卫东译.刘小枫校.刘小枫选编.舍勒选集.上海三联书店,1999

45. ——.现象学与认识论.倪梁康译.刘小枫选编.舍勒选集.上海三联书店,1999

46. ——.同情现象的差异.朱雁冰译.刘小枫选编.舍勒选集.上海三联书店,1999

47. 汉斯·莱纳·塞普.现象学是如何被动机触发的? 余洋译.《广西大学学报·哲学社会科学版》2014 年第 4 期

48. 王华平.他心的直接感知理论.《哲学研究》2012 年第 9 期

49. 维特根斯坦.心理学哲学评论.维特根斯坦全集.第九卷.涂纪亮译.河北教育出版社,2003

50. 张任之(张伟).爱与同情感——舍勒思想中的奠基关系.《浙江学刊》2003 年第 3 期

51. ——."自身欺罔"与"内陌己感知"——舍勒交互主体性现象学之导引.《哲学论集》第 44 期,2011 年

52. ——.舍勒的"超然的具体主体性"现象学.《哲学动态》2011 年第 12 期

53. ——.在奠基关系问题上舍勒对胡塞尔的批评与展开.《东吴哲学学报》第 25

期,2012

54.——.质料先天与人格生成——对舍勒现象学的质料价值伦理学的重构.商务印书馆,2014

55. ——.意识的"统一"与"同一"——再思胡塞尔的"纯粹自我"问题.《哲学研究》2018年第7期

56.——.心性与体知——从现象学到儒家.商务印书馆,2019

后　记

　　本书以本人 2012 年提交的博士论文《同感、个体与人格——埃迪·施泰因的同感现象学研究》为基础扩充而成。虽然我在马克思主义学院工作，但这并不妨碍我将自身研究与学院的工作方向相融合，因此这些年我并未放弃原有领域的研究。哲学研究本就艰难，需要大量独立思考的时间，而这恰恰是我比较缺少的，将更多的时间投入家庭的代价就是学术研究上的举步维艰，因此本书多有粗浅疏漏，恳请读者包涵指正。

　　这一路行来，首先要感谢我的导师倪梁康教授。正是他对我的哲学启蒙才使我有可能来到广州。感谢他一直以来对我的宽容，是他为我的博士论文指明了方向，推荐我出国学习，在我工作以后，也多方面关心我的工作、学习和生活。除了专业知识，我从老师那里更看到治学的认真严谨和为人的宽容豁达，这对学生的影响更胜过知识上的。也感谢林伟老师的帮助和关心，老师的生活经验和智慧使我受益匪浅。

　　2008 年 9 月到 2009 年 8 月，我作为国家公派研究生在捷克首都布拉格的查理大学跟随塞普（Hans Rainer Sepp）教授学习一年。感谢塞普教授接受我到查理大学学习，并对我的学习和论文写作进行了悉心指导,也感谢他推荐我参加 2009 年 6 月在德国德累斯顿召开的国际学术会议——会议上的发言也成为本书的一部分。

这里,我要特别感谢我的硕士导师张宪教授。张老师在我印象里的剪影有两幅。一是坐在他办公室的书堆里埋头工作,一是背着书包矫健地走在路上(要么是去运动,要么是运动回来)。张老师对学生十分关心爱护,尽可能地为学生提供所需的帮助。我们的很多次谈话都是在他办公室的书堆里进行的,他的那么多书似乎总是处在"被查阅"状态中。张老师也十分喜爱游泳,一次偶遇时他说刚买了一对蹼要把游泳姿势练好。这些画面此刻都那么生动地呈现在我眼前,很难想象他已经离开我们。他一定是去了他一直关注的基督那里,继续平静安详地进行他的哲思。这里仅以这短短的文字纪念他,他的"剪影"已在我的生命之流中定格!

此外,感谢在我哲学之路上引领帮助过我、为我授业解惑的南京大学的王恒教授,华中科技大学的张廷国教授,中山大学的翟振明教授、陈立胜教授、梅谦立教授、朱刚教授等。感谢意大利的贝洛(Angela Ales Bello)教授、德国的佐勒(Beate Beckmann-Zöller)教授、爱尔兰的乐贝希(Mette Lebech)教授和莫兰(Dermot Moran)教授、瑞士的霍伦斯坦(Elmar Holenstein)教授等在本书的准备和写作期间所给予的资料与学问上的帮助;感谢德国的法尔科维奇(Hanna-Barbara Gerl-Falkovitz)教授邀请我参加德累斯顿会议并对我的论文提出学术内行的建议,还将该文收入她主编的会议文集予以发表;感谢捷克的诺沃特尼(Karel Novotny)先生接受我到查理大学学习;感谢捷克布拉格歌德学院的汉恩(Helga Blaschek-Hahn)女士对我生活与健康的关心;还要感谢那些在国外为我搜集资料的同学和朋友们:王鸿赫、晏文玲、曾云、卢冠霖、陈正之等。

感谢张燕、高松夫妇,李云飞、汪慧夫妇,肖德生、朱金红夫妇,高燕、王国栋夫妇,卢冠霖、杨杏文夫妇多年的友谊,感谢史克卓、李际卫夫妇和王行知博士、陈琼霞博士这些学友、伙伴,他们是我生活的不可分部分,是我完成本书的"背景"。感谢池田裕辅(Ikeda Yusuke)的友情与鼓励。也要谢谢我的同门夏宏、夏志前、马迎辉、张小龙、单斌、陈伟等。

感谢我工作中的伙伴们:胡莹教授、李珍副教授、徐亮副教授、林钊副教授和石德金副教授。他们在工作中给予了我许多的帮助,让工作变得轻松有趣,让我深刻地感受到"大家庭"的温暖。

感谢凯利(Eugen Kelly)教授夫妇的友谊。——题外话:与凯利夫妇在布拉格的见面,特别是凯利夫人 Susanna 谈到的"中国人缺乏同情"这一点让我感触颇多。自己批评自己似乎较易接受,但当一个外国人这样评价我们时,我们就尤须对此深刻反省。虽然这与我论文主题中的"同感"问题并不相即,但是我们是到了更该关注他人的时候了。

写到这里忽然觉得这就像一篇"获奖感言"(当然,论文的完成在我就如获奖般兴奋),接下来自然就要到"我要感谢我的爸爸妈妈,没有你们就没有我的今天"之类。而我下面确实要感谢我的家人。我的论文虽然算不上深刻的哲学思考,但是作为哲学研究论文,其完成过程对我而言也殊为不易,没有家人的默默付出、无私帮助和鼎力支持是不可能完成的。我这时才深切体会到"获奖感言"真的不是人名的简单罗列,它是在一项事务达成时对一路走来的途中曾经或一直帮助你、伴随你、鼓励你、丰富你生命经验的人的真心答谢。

最后感谢我的两个宝贝,你们是我人生最伟大的作品,谢谢你们来到我、我们的生命中!

郁　欣
2019 年 3 月 17 日